NOUVELLES ÉTUDES SUR L'IDÉALISME ALLEMAND

Ouverture philosophique
Collection dirigée par Dominique Chateau,
Agnès Lontrade et Bruno Péquignot

Une collection d'ouvrages qui se propose d'accueillir des travaux originaux sans exclusive d'écoles ou de thématiques.

Il s'agit de favoriser la confrontation de recherches et des réflexions qu'elles soient le fait de philosophes "professionnels" ou non. On n'y confondra donc pas la philosophie avec une discipline académique ; elle est réputée être le fait de tous ceux qu'habite la passion de penser, qu'ils soient professeurs de philosophie, spécialistes des sciences humaines, sociales ou naturelles, ou... polisseurs de verres de lunettes astronomiques.

Dernières parutions

Jean PIWNICA, *L'émotion à l'œuvre*, 2009.
Nicole PERUISSET-FACHE, *Aux sources de l'image. Petit traité d'iconopoïétique*, 2009.
Muhammad Ghazzâli, *De la perfection. Tiré des Lettres en persan de Ghazzâli*, 2009.
Jan Amos Comenius, *L'unique nécessaire*, 2009.
Dominique BERTHET (Sous la direction de), *Visions de l'ailleurs*, 2009.
Claudia Fernanda BARRERA, *Puissances de la séduction. La présence poétique au monde*, 2009.
Nadia TAÏBI, *La philosophie au travail. L'expérience ouvrière de Simone Weil*, 2009.
Daniel PIMBÉ, *L'explication interdite. Essai sur la théorie de la connaissance de Karl Popper*, 2009.
Nicolas de LONGEAUX, *La nature et la norme. La philosophie politique contemporaine face aux questions écologiques*, 2009.
Dan SOLCAN, *La piété chez Platon*, 2009.
Xavier ZUBIRI, *Nature, Histoire, Dieu*, 2009.
Gisèle HELLOU, *Complexité, systémique et herméneutique. Pour une philosophie pratique des soins intensifs*, 2009.
Fabien TARBY, *Démocratie virtuelle*, 2009.
Paul DAWALIBI, *L'Amour comme aban-don de soi*, 2009.
Boukari Aristide GNADA, *Le principe don en éthique sociale et théologie morale*, 2009.
Djibril SAMB, *Etude du lexique des stoïciens*, 2009.

Miklos Vetö

NOUVELLES ÉTUDES SUR L'IDÉALISME ALLEMAND

L'HARMATTAN

5-7, rue de l'École-Polytechnique ; 75005 Paris

http://www.librairieharmattan.com
diffusion.harmattan@wanadoo.fr
harmattan1@wanadoo.fr

ISBN : 978-2-296-09117-7
EAN : 9782296091177

DU MÊME AUTEUR

La Métaphysique Religieuse de Simone Weil. Bibliothèque d'Histoire de la Philosophie. Vrin, Paris, 1971.
La Métaphysique Religieuse de Simone Weil. 2ème édition, L'Ouverture Philosophique, L'Harmattan, Paris, 1997.
The Religious Metaphysics of Simone Weil. Translated by Joan Dargan, State University of New York Press, Albany, 1994.
La Metafisica religiosa di Simone Weil. Tradotta da Giuseppe Giaccio. Segnavia, Arianna, Casalecchio di Reno, 2001.
Simone Weil Vallasos Metafizikaja. Forditotta Bende Jozsef. A filozofia utjai. L'Harmattan, Budapest, 2005.
Simone Weil No Tetsugaku. Sonokeijijyogakutekitekaistai, Imamura Junko yaku, KeioGiyukuDaigakusuppankai, Tokyo, 2006.
F.W.J. Schelling : Stuttgarter Privatvorlesungen. Version inédite, accompagnée du texte des *Œuvres*, publiée, préfacée et annotée. Philosophia Varia Inedita vel Rariora, Bottega d'Erasmo, Torino, 1973.
F.W.J. Schelling : Conférences de Stuttgart. *Stuttgarter Privatvorlesungen.* Version inédite, accompagnée du texte des *Oeuvres*, publiée, préfacé et annotée par Miklos Vetö. Seconde édition corrigée et complétée. L'Ouverture Philosophique, L'Harmattan, Paris, 2009.
Le Fondement selon Schelling. Bibliothèque des Archives de Philosophie. Beauchesne, Paris, 1977.
Le Fondement selon Schelling. 2ème édition, L'Ouverture Philosophique, L'Harmattan, Paris, 2002.
Le Mal. Éléments d'une doctrine chrétienne du Mal. St Thomas More Lectures 1979, Vrin, Paris, 1981.
La Pensée de Jonathan Edwards avec une concordance des différentes éditions, Cerf, Paris, 1987.
La Pensée de Jonathan Edwards avec une concordance des différentes éditions de ses *Oeuvres*. Nouvelle édition remaniée, L'Ouverture Philosophique, L'Harmattan, Paris, 2007, 556 pp.
The Thought of Jonathan Edwards, translated by Roy Carpenter, The Jonathan Edwards Center at Yale University, (en préparation).
Pierre de Bérulle. Opuscules de Piété 1644. Texte précédé de **La Christo-logique de Bérulle** par Miklos Vetö, Millon, Grenoble, 1997.
Études sur l'Idéalisme Allemand. L'Ouverture Philosophique, L'Harmattan, Paris, 1998.
De Kant à Schelling. Les deux voies de l'Idéalisme Allemand I, Krisis, Millon, Grenoble, 1998.

DU MÊME AUTEUR

De Kant à Schelling. Les deux voies de l'Idéalisme Allemand II, Krisis, Millon, Grenoble, 2000.
Von Kant bis Schelling. Die zwei Wege des Deutschen Idealismus übers. von Hans-Dieter Gondek, Walter de Gruyter, Berlin/New York (en préparation).
Le Mal. Essais et Études. L'Ouverture Philosophique, L'Harmattan, Paris, 2000.
Fichte. De l'Action à l'Image. L'Ouverture Philosophique, L'Harmattan, Paris, 2001.
La Naissance de la Volonté. L'Ouverture Philosophique, L'Harmattan, Paris, 2002.
O Nascimento da vontade. Traduçao de Alvaro Lorenzini, Coleçao Ideias, Unisinos, Sao Leopoldo, 2005.
Philosophie et Religion. Essais et Études. L'Ouverture Philosophique, L'Harmattan, Paris, 2006.

OUVRAGES ÉDITÉS, COÉDITÉS ou PRÉFACÉS

Laszlo Gondos-Grünhut : Die Liebe und Das Sein. Eine Auswahl. Hrsg. von Miklos Vetö, Abhandlungen zur Philosophie, Psychologie und Pädagogik. Band 219. Bouvier Verlag, Bonn, 1990.
La Vie et la Mort. Actes du XXIVème Congrès de l'A.S.P.L.F. préparés par M. Vadée avec le concours de Mme Castillo et MM. Bourdin, Vieillard-Baron et Vetö. Société Poitevine de Philosophie, 1996.
Chemins de Descartes. Colloque de Poitiers, coord. Philippe Soual et Miklos Vetö, L'Ouverture Philosophique, L'Harmattan, Paris, 1997.
Schelling et l'élan du Système de l'idéalisme transcendantal. Colloque du C.R.H.I.A. de Poitiers, Avril 2000, coord. par Alexandra Roux et Miklos Vetö, L'Ouverture Philosophique, L'Harmattan, Paris, 2001.
Gabriel Marcel : La Métaphysique de Royce. 2è édition, publiée, préfacée et annotée par Miklos Vetö, Classiques de l'Histoire de la Philosophie, L'Ouverture Philosophique, L'Harmattan, Paris, 2005.
Historia Philosophiae. Hommage à Alexis Philonenko, textes réunis par Miklos Vetö, L'Ouverture Philosophique, L'Harmattan, Paris, 2007.
Adrian Nita : La Métaphysique du Temps chez Leibniz et Kant. Préf. de Miklos Vetö, L'Ouverture Philosophique, L'Harmattan, Paris, 2008.
L'Idéalisme allemand et la religion. Sous la direction de Philippe Soual et de Miklos Vetö, L'Ouverture Philosophique, L'Harmattan, Paris, 2008.

BAADER

Werke Franz Xaver von Baader. Sämtliche Werke. Leipzig, 1851-1860

BOEHME

De Elect. Gr.	De Electione Gratiae
De Sign. Rerum	De Signatura Rerum
De Tribus Princ.	De Tribus Principiis
De Tripl. Vitae	De Triplici Vitae
Epist. Theos.	Epistolae Theosophicae
Myster. Magn.	Mysterium Magnum
Myst. Pansoph.	Mysterium Pansophicum
Quaest. Theos.	Quaestiones Theosophicae
Sex Puncta Theos.	Sex Puncta Theosophica

FICHTE

GA	J.G. Fichte - Gesamtausgabe der Bayerischen Akademie der Wissenschaften, Stuttgart, 1962-
W	J.G. Fichte's sämmtliche Werke, Berlin, 1845/1846 J.G. Fichte's nachgelassene Werke, Bonn, 1834/1835 (réimprimées en 11 vols, Berlin, 1971)
TL	Ueber das Verhältniss der Logik zur Philosophie oder Transscendentale Logik, Hambourg, 1982
Gespr.	Fichte im Gespräch. Berichte der Zeitgenossen, éd. E. Fuchs, Stuttgart-Bad Cannstatt, 1978-1992
Dest.	La Destination de l'Homme (1800), tr. J.-Chr. Goddard, Paris, 1995
Dest. Sav.	Conférences sur la Destination du Savant, tr. J.-L. Vieillard-Baron, Paris², 1980
Disc.	Discours à la Nation Allemande, tr. A. Renaut, Paris, 1993
Dr. Nat.	Fondement du Droit Naturel selon les Principes de la Doctrine de la Science, tr. A. Renaut, Paris, 1984
Ess.	Essais Philosophiques Choisis, tr. L. Ferry et A. Renaut, Paris, 1984
Init.	Initiation à la Vie Bienheureuse, tr. M. Rouché, Paris, 1944
Nov. Meth.	La Doctrine de la Science Nova Methodo, tr. I. Radrizzani, Lausanne, 1989

ABRÉVIATIONS

D. Sc. 1801	Doctrine de la Science (Exposé de 1801-1802) et Textes Annexes, tr. A. Philonenko, Paris, 1987
O.P.	Œuvres Choisies de Philosophie Première, tr. A. Philonenko, Paris, 1964
R.	Rapport Clair comme le Jour..., tr. A. Valensin, P. Druet, Paris, 1986
Conc.	Sur le Concept de la Doctrine de la Science
Enésid.	Recension de l'Enésidème
1. Introd.	Première Introduction à la Doctrine de la Science
2. Introd.	Seconde Introduction à la Doctrine de la Science
Princ.	Les Principes de la Doctrine de la Science
Rapp.	Rapport Clair comme le Jour
Silh.	La Silhouette Générale de la Doctrine de la Science

HEGEL

GW	Georg Wilhelm Friedrich Hegel – Gesammelte Werke. Hambourg, 1968-
W	Theorie Werkausgabe, Francf./M. 1971
Werke	Sämtliche Werke. Jubiläumsausgabe, éd. H. Glockner, Stuttgart, 1927.
Br.	Briefe von und an Hegel, éd. J. Hoffmeister, Hambourg, 1952 ; vol. 4, 2e partie, éd. F. Nicolin, Hambourg, 1977
Enz. Heid.	Enzyklopädie der Philosophischen Wissenschaften im Grundrisse... Jubiläumsausgabe 6, Stuttgart, 1927
Naturphil.	Naturphilosophie I. Die Vorlesung von 1819/20, éd. M. Gies, Naples, 1982
Rechtsph.	Vorlesungen über Rechtsphilosophie, éd. K.H. Ilting, Stuttgart-Bad Cannstatt, 1973-74
Vorl.	Vorlesungen. Ausgewählte Nachschriften und Manuskripte, Hambourg, 1983
V.G.	Die Vernunft in der Geschichte[5], éd. J. Hoffmeister, Hambourg, 1963
Zus.	Zusatz
Corresp.	Correspondance, tr. J. Carrère, Paris, 1990
Différ.	La Différence entre les Systèmes Philosophiques de Fichte et de Schelling. Premières Publications, 2. éd. tr. M. Méry, Paris, 1964
Droit Nat.	Des Manières de Traiter Scientifiquement le Droit Naturel (1802-1803), tr. B. Bourgeois, Paris, 1990

ABRÉVIATIONS

Enc.	Encyclopédie des Sciences Philosophiques, tr. B. Bourgeois, Paris, 1979, 2004, 1988.
Esth.	Cours d'Esthétique, tr. J.-P. Lefebvre et V. von Schenk, Paris, 1995-1998
Jac.	Recension des Œuvres de F.H. Jacobi, tr. sous la Dir. d'A. Doz, Paris, 1967
Hist. Phil.	Leçons sur l'Histoire de la Philosophie, tr. P. Garniron, Paris, 1971-1991
Leç	Leçons sur les preuves de l'existence de Dieu, tr. J.-M. Lardic, Paris, 1994
Log. Mét.	Logique et Métaphysique (Iéna 1804-1805), tr. D. Souche-Dagues, Paris, 1980
Phénom.	Phénoménologie de l'Esprit, tr. J. Hyppolite, Paris, s.d.
Phil. Droit	Principes de la Philosophie du Droit, tr. J.-L. Vieillard-Baron, Paris, 1999
Propéd.	Propédeutique Philosophique, tr. M. de Gandillac, Paris, 1964
Rais. Hist.	La Raison dans l'Histoire, tr. K. Papaoiannou, Paris, 1988
Scept.	La Relation de Scepticisme à la Philosophie, suivie de l'Essence de la Critique Philosophique, tr. B. Fauquet, Paris, 1972
Sc. Log.	Science de la Logique, tr. G. Jarczyk et R-J. Labarrière, Paris, 1972-1981

KANT

1, 2, 3	Emmanuel Kant – Œuvres Philosophiques I, II, III, Pléiade, Paris, 1980, 1985, 1986
Ak	Kants gesammelte Schriften. Ausgabe der Königlichen Preussischen Akademie, Berlin, 1902-
A	Kritik der reinen Vernunft 1, Riga, 1781
B	Kritik der reinen Vernunft 2, Riga, 1787
Log.	Logique[2], tr. L. Guillermit, Paris, 1970
Anthrop.	Anthropologie du Point de Vue Pragmatique
C.F.J.	Critique de la Faculté de Juger
C.R. Prat.	Critique de la Raison Pratique
C.R. Pure	Critique de la Raison Pure
Diss.	De la Forme et des Principes du Monde Sensible et Intelligible

Fondem.	Fondements de la Métaphysique des Mœurs
Hist. Univ.	Idée d'une Histoire Universelle au Point de Vue Cosmopolitique
1. Introd.	Première Introduction à la Critique de la Faculté de Juger
Met. M.	Métaphysique des Mœurs
Orient.	Qu'est-ce que s'orienter dans la Pensée?
Paix perp.	Projet de Paix Perpétuelle
Proleg.	Prolégomènes à Toute Métaphysique Future qui Pourra se Présenter comme Science
Progr.	Sur la Question... Quels sont les Progrès Réels de la Métaphysique en Allemagne depuis le Temps de Leibniz et de Wolff ?
Relig.	La Religion dans les Limites de la Simple Raison
Théol. Mor.	Recherches sur l'Évidence des Principes de la Théologie Naturelle et de la Morale
Th. Prat.	Sur le Lieu Commun : Il se peut que ce soit Juste en Théorie mais, en pratique, cela ne vaut point

SCHELLING

HK	Friedrich Wilhelm Joseph Schelling - Historisch-Kritische Ausgabe, Stuttgart, 1976-
W	Friedrich Wilhehn Joseph von Schellings sämmtliche Werke, Stuttgart et Augsbourg, 1856-1861
Pl.	Aus Schellings Leben in Briefen, éd. G.L. Plitt Leipzig, 1869-1870
Fu	F.W.J. Schelling. Briefe und Dokumente, éd. H. Fuhrmans, Bonn, 1962-1975
Gr.	Grundlegung der Positiven Philosophie. Münchner Vorlesung WS 1832/33 und SS 1833, éd. H. Fuhrmans, Turin, 1972
IP	Initiae Philosophiae Universae. Erlanger Vorlesung WS 1820/21, éd. H. Fuhrmans, Bonn, 1969
Offenb. UF	Urfassung der Philosophie der Offenbarung, éd. W. Ehrhardt, Hambourg, 1992
Phil. Offenb.	Philosophie der Offenbarung 1841/42, éd. M. Frank, Francf./M., 1977
Rar.	Schellingiana Rariora, éd. L. Pareyson, Turin, 1977
Sch Sp.	Schelling im Spiegel seiner Zeitgenessen, éd. X. Tilliette, Turin, 1975-1997

ABRÉVIATIONS

St.	F.W.J. Schellings naturphilosophisches System *in* Stuttgarter Privatvorlesungen. Version Inédite, Accompagnée du Texte des *Œuvres,* éd. M. Veto, 2.éd. 2009
Tageb.	Das Tagebuch 1848, éd. H.-J. Sandkühler, Hambourg, 1990
WA UF	Die Weltalter. Fragmente. In den Urfassungen von 1811 und 1813, éd. M. Schröter, Munich; 1946
WA 1827/28	System der Weltalter. Münchner Vorlesung 1827/28 ... Nachschrift[2], éd. S. Peetz, Francf./M., 1998
Âges	Les Âges du Monde. Fragments dans les versions de 1811 et 1813, tr. P. David, Paris, 1999
Introd.	Introduction à la Philosophie de la Mythologie, tr. sous la direction de J.-Fr. Courtine et J.-Fr. Marquet, Paris, 1998
Intr. Phil.	Introduction à la Philosophie, tr. M.-C. Challiol-Gillet et P. David, Paris, 1996
LH	La Liberté Humaine et Controverses avec Eschenmayer, tr. B. Gilson, Paris, 1988
Monoth.	Le Monothéisme, tr. A. Pernet, Paris, 1992
Mythol.	Philosophie de la Mythologie, tr. A. Pernet, 1994, Grenoble
O. Mét.	Œuvres Métaphysiques (1805-1821), tr. J. Fr. Courtine et E. Martineau, Paris, 1980
Phil. Mod.	Contribution à l'Histoire de la Philosophie Moderne, tr. J.-Fr. Marquet, Paris, 1983
Pr. E.	Premiers Écrits (1794-1795), tr. J.-Fr. Courtine, Paris, 1987
Révél.	Philosophie de la Révélation, tr. sous la dir. de J.-Fr. Marquet et J.-Fr. Courtine, Paris, 1989-1994
S.I.T.	Le Système de l'Idéalisme Transcendantal, tr. Ch. Dubois, Paris-Louvain, 1978
Univ.	Philosophies de l'Université, tr. L. Ferry et A. Renaut, Paris, 1979
Acad.	Leçons sur la Méthode des Études Académiques
Aphor.	Aphorismes sur la Philosophie de la Nature
Conf.	Conférences de Stuttgart
Déd.	Autre Déduction des Principes de la Philosophie Positive
Dogm. Crit.	Lettres Philosophiques sur le Dogmatisme et le Criticisme

ABRÉVIATIONS

Hist. Crit.	Introduction Historico-Critique à la Philosophie de la Mythologie
Moi	Du Moi comme Principe de la Philosophie ou sur l'Inconditionné dans le Savoir Humain
Ph. Rel.	Philosophie et Religion
Rat.	Exposé de la Philosophie Rationnelle Pure
Rép.	Réponse à Eschenmayer
Vér. Ét.	De la Source des Vérités Éternelles

LIMINAIRE

Il y a maintenant exactement cinquante ans, j'étais allé voir Jean Wahl qui m'avait conseillé de travailler sur Schelling. J'allais attendre quelque temps avant de me mettre à l'étude de son œuvre. Au début, je l'ai lue surtout dans la perspective de la théologie philosophique, j'ai été également fasciné par sa relation à la théosophie chrétienne, notamment à l'immense spéculation boehmienne. Or l'intérêt général pour la philosophie religieuse schellingienne s'était rapidement élargi et approfondi en direction de l'idéalisme allemand tout entier, de cette immense école de philosophie qui aura renouvelé la métaphysique occidentale. Schelling m'avait conduit à Fichte et Fichte à Kant. À Fichte qui m'a permis de comprendre les véritables implications et perspectives de la *Critique*. À Kant d'où partent les *deux* voies de l'Idéalisme Allemand : la première qui trouve son accomplissement chez Hegel, dans le panlogisme de l'*Encyclopédie*, la seconde qui aboutit dans la *Spätphilosophie* de Schelling, cet empirisme supérieur, précurseur des philosophies de l'existence.

Les premiers résultats de ces études schellingiennes sont l'édition critique des deux versions des *Stuttgarter Privatvorlesungen* et surtout *Le Fondement selon Schelling*, parus, tous deux, en deuxième édition chez L'Harmattan, respectivement en 2009 et en 2002. Par la suite, l'élargissement de l'aire du travail, l'étude, au lieu d'un seul, des quatre grands idéalistes, mènera vers *De Kant à Schelling. Les deux voies de l'idéalisme allemand*, un ouvrage en deux tomes, parus chez Jérôme Millon, le premier en 1998, le second en 2000. Une traduction allemande de ce travail qui se veut le pendant de Richard Kroner : *Von Kant bis Hegel*, est en préparation chez Walter de Gruyter. Deux recueils d'articles qui conduisent vers *De Kant à Schelling* : *Études sur l'idéalisme allemand* et *Fichte. De l'Action à l'Image* ont été publiés chez L'Harmattan, le premier en 1998, le second en 2001. Le présent recueil, lui aussi, rassemble des études, des travaux qui, avec l'exception de eux, ont déjà paru. Ils datent, en dehors des *Appendices* qui sont presque tous bien plus anciens, de la période de la rédaction de *De Kant à Schelling* ou des années qui l'ont immédiatement suivie. Il s'agit dans la majorité des cas d'écrits qui illustrent et déploient plus en détail certains arguments et thèmes de l'ouvrage synthétique, même si trois études, celle sur Kant, celle sur Fichte et l'essai sur *Philosophie de l'existence et théisme scientifique chez Schelling* représentent d'une certaine manière une nouvelle étape et de nouveaux résultats de la réflexion sur l'idéalisme allemand, un approfondissement des perspectives métaphysiques qu'il recèle. Tous ces textes se rapportent à la pensée des quatre grands idéalistes, avec l'exception du premier, consacré à Boehme et du dernier qui recueille le lointain écho du boehmisme chez un écrivain français plus tardif, lecteur des grands penseurs allemands.

Les écrits qui constituent ce volume sont en leur majorité d'articles de revue. Il s'y trouve le texte de trois exposés oraux et finalement, quelques longues recensions. Ces études sont rééditées pratiquement inchangées par rapport à leur publication originelle, sinon par l'uniformisation des références qui se conforment, presque sans exception, aux *Abréviations* en cours dans *De Kant à Schelling*. Nous nous contentons en général de renvois à la page, sauf dans certains articles sur Hegel où, s'agissant d'analyses de textes, nous donnons également des références de ligne. Nous n'avons pas cru devoir ajouter à ce recueil une bibliographie, en revanche, nous voudrions attirer l'attention sur l'importance de l'*Index des Thèmes*. Il permettra de mieux dégager les quelques lignes directrices de ces pièces d'occasion, et de confirmer qu'à la suite de l'exposition des idées dans le temps a comme ressort et comme guide la Suite dans les Idées.

JACOB BOEHME ET L'IDÉALISME POSTKANTIEN

1. Convergences et affinités

Depuis la première moitié du XIXe siècle, depuis l'historiographie contemporaine de Hegel et de Schelling, on a beaucoup écrit sur les rapports entre le « philosophe teutonique » et les idéalistes. Plus récemment de savants travaux essayèrent de retracer son influence à travers l'analyse de ses textes que les philosophes ont pu lire. Or notre propos n'est pas historique mais proprement philosophique. On ne désire pas contribuer aux études concernant les influences et les filiations, on voudrait plutôt présenter les grands thèmes par lesquels Boehme a pu pour ainsi dire « préfigurer » la spéculation des postkantiens. D'ailleurs, c'est cette thématique qui pourrait fournir une explication plus profonde de l'influence boehmienne sur les idéalistes.

Boehme a été beaucoup lu de son vivant et pendant tout le XVIIe et XVIIIe siècles mais surtout dans des milieux théosophiques ou piétistes. Sans doute, Leibniz a cru devoir remarquer que ses écrits ont « quelque chose de beau et de grand pour un homme de cette condition »[1], mais Leibniz n'est qu'une exception et les philosophes allemands continuent à ignorer Boehme. A l'étranger aussi, il est surtout étudié dans des cercles religieux et même le Français Louis-Claude de Saint-Martin, lecteur et traducteur fervent de ses œuvres, n'était pas un philosophe de métier. Kant lui-même ne mentionnera Boehme que d'une manière tout à fait accidentelle[2]. Or les choses changeront avec les Romantiques. Novalis et Tieck introduisent la pensée boehmienne dans la haute culture allemande et grâce à eux, les grands philosophes de l'époque font la connaissance de ses écrits. Fichte, il est vrai, semble récalcitrant, reste ironique et négatif en face de ces « rêveries confuses »[3], mais Schelling et Hegel subiront, fascinés, l'attrait de cet écrivain immense et ils sauront aussi reconnaître explicitement sa grandeur[4]. Et à travers les écrits et les cours de Franz von Baader, interlocuteur influent et respecté de Hegel et de Schelling, Boehme entre pour ainsi dire dans le trésor d'idées philosophiques du temps. Des contemporains ont été étonnés de la soudaine réapparition de cette pensée submergée,

---

[1] Leibniz, *Nouveaux essais* VI 19, 1.

[2] Kant, Ak XV 219, 668 ; XVI 176, etc.

[3] *Gespr.* 2 271. Fichte certainement ignore que son admirateur fervent le romancier Foucquet recommande à des adultes désireux de s'introduire à la doctrine du Christ la lecture de Boehme et de Fichte, *Gespr.* 4 351.

[4] Sans doute, les choses sont plus compliquées en réalité. Hegel et Schelling, séminaristes de Tübingen, ont subi - par l'intermédiaire d'Oetinger et du piétisme wurtembergeois - l'influence de Boehme dès leur jeunesse. Parmi un grand nombre de travaux le meilleur reste toujours R. Schneider, *Schellings und Hegels schwäbische Geistesahnen*, Bonn, 1938.

oubliée et ceci dans un contexte qui ne semblait pas être *a priori* le sien, à savoir la philosophie la plus moderne de l'époque. Dans ses cours de Munich, Baader fait remarquer que les écrits de Boehme sont « comme la graine de la plante aquatique qui disparaît dans le courant des temps pour, une fois bien enracinée, redresser sa floraison au-dessus de la surface d'eau »[5]. Or, cette réapparition soudaine n'avait rien de fortuit ou d'accidentel. Si Boehme a pu être tellement prisé par les Romantiques et les idéalistes c'est que sa pensée était en affinité profonde avec la leur[6]. Comme le dit Hegel, Boehme est « le premier philosophe allemand »[7] et le jeune Feuerbach rappelle que Boehme et « son école », rendant justice à la sensibilité, donc à la corporéité, à l'imagination, à la fantaisie, forment ainsi un véritable contrepoids allemand à la métaphysique abstraite de l'Occident de Hobbes à Leibniz[8]. Toutefois, le fait d'assumer et d'affirmer avec vigueur le sensible n'est qu'un aspect de la pensée boehmienne. Si Jacob Boehme est précurseur des postkantiens, c'est dans la mesure où il entame une réflexion qui élargit les frontières de l'intelligence et veut inclure le devenir et le conflit en philosophie. Des critiques hargneux déclarent que Schelling rédige ses œuvres en consultant l'index de son édition de Boehme[9], que ses *Recherches sur la Liberté humaine* ne sont qu'un remaniement du *Mysterium Magnum*[10]. Or si on a pu discerner une telle proximité entre la théosophie boehmienne et la philosophie idéaliste, c'est que la logique de leur spéculation, leur visée métaphysique de base sont en profonde affinité.

C'est Hegel qui met en lumière les moments principaux de ces affinités. En Boehme, écrit-il, le principe de l'intériorité a déployé ses richesses[11]. Au-delà de son anthropomorphisme naïf, le théosophe construit sa métaphysique à l'image des principes intérieurs de l'esprit, d'après les structures de la subjectivité. D'autre part, il comprend avec profondeur que le réel est un conflit de forces et il sait montrer la nécessité de ce conflit, de même que sa résolution dans un troisième qui dépasse et réunit les opposés. Et finalement, Hegel remarque que la réflexion boehmienne a son point de départ dans la spéculation religieuse, la méditation sur les mystères chrétiens[12]. Or l'idéalisme allemand est, entre autres choses, une théologie spéculative.

---

[5] Baader, *Werke* XIII 162.

[6] En fait, avant l'idéalisme, la philosophie n'était pas mûre pour « la réception » de Boehme. C. H. Weisse, *Boehme und seine Bedeutung für unsere Zeit*, Zeitschrift fur Philosophie und spekulative Theologie, 1845, p. 157s.

[7] Hegel, *Hist. Phil.* 6 1304 / W 20 94.

[8] Feuerbach, *Geschichte der neueren Philosophie. Werke* 2, Berlin, 1969, p. 228 n.

[9] C. Kapp, *Friedrich Wilhelm Joseph von Schelling*, Leipzig, 1843, p. 247.

[10] Schopenhauer, *Der Handschriftliche Nachlass* II, Francfort, 1967, p. 314.

[11] Hegel, *Hist. Phil.* 6 1304 / W 20 94.

[12] Hegel, *Hist. Phil.* 6 1310 sq / W 20 96 sq.

Bien sûr, les affinités et les convergences ont leur limite. Hegel est impressionné par la profondeur de Boehme mais il ne manquera pas de remarquer que c'est « une profondeur trouble »[13]. S'il admire l'art du théosophe qui se sert des réalités physiques matérielles pour exprimer des thèses métaphysiques, il y retrouve la limitation radicale de la pensée boehmienne, cette absence d'une véritable forme philosophique qui conduit à « la barbarie »[14]. Toutefois, les limites véritables du boehméisme, celles qui l'empêchent de rester solidaire avec la philosophie moderne dans son épanouissement propre, sont surtout notées par Schelling. Schelling qui était pourtant plus fortement influencé par le cordonnier de Görlitz que Hegel, Schelling qui pense que Boehme a précédé tous les systèmes modernes par ses tentatives incessantes de déduire la genèse de la divinité de l'être, ce Schelling reproche à Boehme de n'être qu'une « nature théogonique », incapable de se soustraire au tourbillon de devenir, d'ignorer la liberté véritable qui est l'alpha et l'oméga de la philosophie positive[15].

Boehme n'anticipe pas seulement les idéalistes grâce à une brochette de thèmes : ces thèmes sont plutôt fonction d'un essentiel élargissement de la problématique de la métaphysique. La philosophie classique se vouait à être doctrine des essences universelles et voulait confiner l'intelligible à l'identique, au limpide, voire à l'immuable. Or Boehme qui inclut dans sa spéculation les catégories particulières de la nature, de même que certaines données essentielles du christianisme, annonce les diverses branches « positives » de la philosophie hégélienne. D'autre part, le goût ou plutôt l'exigence profonde de la manifestation, de la révélation interdisent au philosophe teutonique de confiner sa réflexion au domaine des essences pures. Finalement, l'inspiration dynamique, la pratique incessante d'une dialectique des contraires feront entrer dans le domaine de l'intelligible — au-delà du particulier — le mouvement, la vie, bref, le devenir. La nature éternelle, cette nature en Dieu qui ressourcera la spéculation schellingienne sur le *Grund,* est en dernière instance le chiffre central de toute cette nouvelle intelligibilité qui s'étend aussi bien sur le particulier que sur le devenir et la nouveauté.

Or — et ici la spéculation boehmienne révèle d'étonnantes analogies avec l'idéalisme absolu — cette apothéose du particulier et du positif est célébrée contre l'arrière-fond de profondes velléités monistes ou au moins panthéistes. La métaphysique hégélienne se comprend elle-même comme un déploiement philosophique, une radicalisation conceptuelle des grands thèmes théologiques de la

---

[13] Hegel, GW 21 102.
[14] Hegel, *Hist. Phil.* 6 1299, 1305 / W 20 92, 95.
[15] Schelling, *Révél.* I 147s / W XIII 123.

Trinité, de la Révélation, de l'Incarnation, et Hegel retrouve en Boehme cette même inspiration. Boehme lit toutes choses à partir de Dieu. Son dynamisme ne saurait accepter les séparations que des philosophes de la transcendance stricte croient devoir instaurer, et sa tendance profonde d'élargir l'intelligibilité ne veut rien soustraire à la lumière qui émane du Centre. De même, comme en contrepartie de cette trop grande générosité d'élargir le divin et de lui subsumer les richesses du monde, Boehme se fera également praticien d'un apophatisme radical. À travers toute son œuvre il réitère la thèse de l'*Ungrund,* inspiratrice de la spéculation schellingienne sur *Grund* et *Ungrund* et anticipatrice de l'Indifférence Absolue du Système de l'Identité. L'Abîme est au-delà ou plutôt en deçà de l'être et de l'essence. Il n'est ni lumière ni ténèbres mais seulement « l'un éternel »[16]. Il est au-delà de toute détermination et de toute révélation, « un néant éternel, un silence sans être ».

Une béance infinie sépare l'*Ungrund* du déploiement de l'être, du monde des essences réalisées. Or si le théosophe ne cesse d'insister sur la transcendance apophatique de l'Un, il consacre néanmoins son œuvre tout entière à la monstration de la naissance des êtres, à l'explication de l'avènement de la pluralité articulée à partir de l'Un sans nom. Cette théogonie spéculative est une espèce d'archétype des grands projets des postkantiens. Les idéalismes absolus de Schelling et de Hegel sont des déductions ontologiques, mais à leur origine se trouve la déduction transcendantale dans sa reformulation fichtéenne. À savoir comment la conscience, le monde de la représentation provient du Moi pur. Cette préhistoire transcendantale est une étape immanente des idéalismes absolus : la philosophie de l'identité naît à partir de l'acquis métaphysique du *Système de l'idéalisme transcendantal,* la *Science de la Logique* est, pour l'essentiel, une formalisation de la *Phénoménologie de l'esprit.* Évidemment, ce mouvement propre à une philosophie plus sophistiquée, qui va en se décantant à partir du moi vers l'être, manque chez Boehme où c'est encore au sein même de la théogonie que surgit la métaphysique de la subjectivité.

2. Subjectivité et révélation

Le dynamisme panthéisant de Boehme est spéculation sur un Dieu à qui l'unité des deux natures divine et humaine donne une image de moi. Et inversement, la métaphysique reçoit une empreinte de subjectivité à partir de cette théogonie à visage personnel. Toute cette spéculation a été qualifiée d'anthropomorphisme naïf par ses détracteurs. Or cette appréciation péremptoire est à nuancer à la lecture de la pensée postkantienne, son lointain aboutissement. L'anthropomorphisme réaliste peut très bien être compris comme une préfiguration de l'idéalisme qui ne se trouve pas d'ailleurs seulement anticipé,

---

[16] *De Elect. Grat.* 1, 3.

mais aussi effectivement déployé sur ces pages fulgurantes. Boehme renoue avec la vision traditionnelle de l'homme comme microcosme, tout en la renouvelant et la spécifiant. L'Anthropos n'est pas seulement un miroir et un échantillon des essences et des êtres. Il n'est pas seulement Adam nommant « toutes les choses »[17], cette créature centrale « exprimant » toutes les essences[18]. Il est aussi et surtout l'être en qui les opposés de l'Univers, les deux grands principes ontologiques sont réunis pour constituer un troisième. De cette sorte, le troisième, recherché ardemment par Kant, revendiqué avec des accents triomphants par l'idéalisme absolu, ce troisième principe *sui generis* qui n'est ni néant, ni infini, ni mal ni bien, est établi.

Toutefois, l'homme n'est pas seulement catégorie ontologique *sui generis* mais il est - et c'est ce qu'il est comme tel - moi, subjectivité. On pourrait presque dire qu'en dernière instance les recherches boehmiennes ne visent que les conditions de la construction de la personne divine, de la personne absolue[19]. D'autre part, Boehme se défend contre les accusations de gnose : il ne veut pas découvrir les mystères de Dieu, il cherche seulement le cœur du Christ[20]. Or le Christ c'est le *je* de la divinité[21] ! Autant dire qu'on a affaire ici à un anthropomorphisme qui est égocentrisme au sens littéral du terme. Pour Boehme, l'homme est la créature centrale et sa conscience embrasse d'une certaine manière les contenus de la création tout entière[22], mais aussi et surtout l'être tout entier est, dans un certain respect, de condition subjective ou plutôt : la subjectivité est la catégorie métaphysique par excellence.

Boehme multiplie les développements autour des images du miroir et de l'œil, et la genèse de l'être se centre autour des métaphores se rapportant à la vision. Or la vision n'est plus la simple réception passive de l'extérieur mais son accueil actif qui implique un dédoublement. Voyant et vu constituent une dualité qui se retrouvera également au sein de l'intelligence elle-même. L'intelligence est une relation entre contenant et contenu, un thème explicité déjà par Leibniz à travers la notion de l'aperception qui est dédoublement de soi. Il ne suffit pas de savoir, il faut encore savoir qu'on sait et ce savoir est savoir de soi-même. Le moi n'est pas le simple organe et lieu de la connaissance mais aussi une condition et une tâche de la connaissance de soi. Conscience et conscience de soi sont indissociables dans le moi.

---

[17] *De Tribus Princ.* 21, 12.

[18] Voir les textes cités par A. Koyré, *La philosophie de Jacob Boehme*, Paris, 1929, p. 453 sq.

[19] E. Boutroux, *Le philosophe allemand Jacob Boehme. Études d'histoire de la philosophie*, Paris, 1897, p. 229 sq.

[20] *Epist. Theos.* 12, 6.

[21] *Quaest. Theos.* 2, 7.

[22] La chute réduit cette connaissance à une condition seulement « substantielle » c'est-à-dire potentielle. Schelling, *Phil. Mod.* 204 / W X 185.

Il s'agit ici de la duplication, du « redoublement » discerné déjà par Leibniz[23] et explicité par les idéalistes[24]. Et Boehme traite ce thème comme le ressort propre de tout devenir : « L'un ne peut pas se percevoir... et il se dédouble pour qu'il soit deux », et alors « dans la dualité il se perçoit »[25].

Boehme préconise le dédoublement mais non pas comme une fin en soi, et surtout ce processus ne doit pas être compris selon une stricte littéralité. Le produit de ce procès, le second où se reflète le premier ne saurait en être une simple copie, et l'opération elle-même doit avoir ses dimensions propres. Le lieu conceptuel de la métaphore est l'intelligence, or « la réflexion » des textes boehmiens n'est pas une notion purement théorique. Plus exactement, comme plus tard chez les idéalistes, on voit ici le rôle essentiel du volontaire au sein du noétique. La primauté du pratique kantienne et postkantienne est anticipée par le dédoublement boehmien où la subjectivité est conçue en termes du volontaire. Le mouvement primitif de l'être est un gisement ou flottement silencieux ou encore un « tirage » élémentaire mais qui doivent accéder à une dualité, ou plus exactement à un dédoublement dynamique. Le simple flottement aussi bien que l'impulsion originaire ont comme horizon d'accomplissement un retour sur soi volontaire[26]. À partir de ce moment, à partir de la compréhension du dédoublement, on dispose des éléments de base, des ressorts principaux de cette métaphysique. La catégorie fondamentale du dédoublement aboutit à la révélation qui est épanouissement et articulation mais dont le nerf est la négativité. Le devenir de l'être ne cesse de porter des fruits, mais sa germination est nourrie par le conflit.

La révélation, catégorie par excellence théologique, ne gagne droit de cité philosophique qu'avec Boehme. Par la suite, elle réapparaît triomphante dans l'idéalisme postkantien où à travers le grand principe métaphysique de la manifestation de soi, elle conduit à la philosophie de l'histoire, lieu de déploiement du *Geist* et à l'apologie de la corporéité et de la matérialité, voire dans un certain sens, de l'extériorité comme correspondances adéquates et nécessaires de l'intérieur et du spirituel. Boehme traite d'abord la révélation en elle-même comme désir et aspiration de tout être. Même l'*Ungrund* n'a en lui-même qu'une existence muette « sans compréhension et vie »[27], et de ce fait, aspire obscurément à la révélation. Sans doute, les principes, les réalités du monde étaient là dès toujours mais seulement dans une inexistence, une espèce d'involution - pour se servir d'un terme de Schelling - et il fallait qu'ils s'explicitent, qu'ils accèdent à l'être comme tel. La révélation est

---

[23] Leibniz, *Remarques de Mr. Leibniz sur le livre d'un Anti-Trinitarien Anglais... Opera Omnia* 1, éd. L. Dutens, Genève, MDCCLXVIII, p. 27.

[24] Cf. Fichte, *Nov. Meth.* 267 / GA IV 2 225 ; Schelling, *Conf. O.M.* 207 / W VII 425.

[25] *Quaest. Theos.* 3, 6.

[26] Voir pour cela les textes cités par A. Koyré, *La philosophie de Jacob Boehme*, Paris, p. 1929, 332 sq.

[27] *Sex Puncta Theos.* 1, 3.

conjecturée d'abord comme ayant lieu en soi-même, d'une manière à peine perceptible, comme une espèce de dédoublement interne. En réalité toutefois, elle se rapporte toujours à un autre. Ce n'est que dans un autre, par un autre qu'on peut se révéler. Dieu a créé le monde pour pouvoir manifester en lui ses merveilles[28] et toute production sert avant tout à refléter et à expliciter les contenus de l'esprit qui l'avait appelée à l'existence. Sans doute, cet autre où on se révèle peut déjà exister en soi-même, or, conçue sur un plan ontologique, comme genèse véritable, la révélation est l'ouverture de l'Un expulsant pour ainsi dire « quelque chose » de lui-même pour se refléter en lui[29]. Et cette doctrine de révélation dans un autre aboutit à une révélation par un autre impliquant la justification de cet autre. « Si le mal n'était pas reconnu - lit-on dans *Mysterium Magnum* - la joie ne serait pas manifeste »[30], c'est à partir de la colère que naît l'amour[31]. Or le principe de la révélation n'est pas seulement synonyme d'une espèce de théodicée ou d'ontodicée où l'autre, l'opposé sont déduits comme condition d'existence du Même, de l'Affirmé. Il devient également principe suprême d'articulation. Selon un des grands traités de la maturité boehmienne *De Electione Gratiae,* si le principe de différenciation n'avait pas prévalu dans la divinité, il n'y aurait eu ni ange ni aucune autre créature. Tout serait resté en inséparation, en indifférenciation, « tous les êtres ne seraient qu'un être mais où seraient alors la vie et la joie ? »[32].

La révélation est à comprendre comme un mouvement dialectique où l'opposition des contraires explicite ce qui n'était qu'implicite, conduit à l'acte ce qui se trouvait en puissance. Pour le dynamisme boehmien la révélation est le chiffre d'une œuvre universelle d'activation et de réactivation du réel sur tous les plans. Elle signifie mouvement ou plutôt mobilité, sensation ou plutôt sensibilité. Toute cette activation n'est pas un processus graduel et pacifique mais une lutte intense et violente des contraires, une aspiration aiguë à vaincre l'inertie et l'enfermement. Sans courroux il n'y a pas de mobilité[33], c'est dans le conflit que s'épanouit et s'enrichit la perception, devient senti et ressenti le réel. La méditation silencieuse tourne ses yeux vers l'actualité entrevue à l'horizon, les *exemplars* éternels qui sommeillent en inactualité dans la Sagesse doivent être conduits en « figures »[34]. Or tous ces épanouissements ne se font qu'à travers et à partir des ruptures et des conflits. Le réel tout entier ne serait pas venu à l'existence sans cette violence

[28] *De Tribus Princ.* 20, 10.
[29] *Theoscopia* 1, 17.
[30] *Myster. Magn.* 61, 48.
[31] *Myster. Magn.* 26, 8.
[32] *De Elect. Grat.* 2, 6.
[33] *De Tribus Princ.* 21, 13.
[34] *Sex Puncta Theos.* 11, 30.

féconde. Sans « opposition et conflit... il n'y aurait aucune nature mais seulement un silence éternel et aucune volonté car c'est la volonté opposée qui fait la mobilité »[35].

3. Le conflit et le mal

Avec Héraclite et Hegel, Boehme est un des grands chantres de la dialectique et il retrouve la négativité jusqu'à la structure ontologique des choses. Les yeux du théosophe discernent une lutte incessante entre les essences au sein des ténèbres[36] et une inimitié interne, une rupture immanente à l'intérieur de toutes choses : « Chaque corps est désuni avec soi-même ». L'intuition de base du philosophe teutonique c'est que « l'essence de toute chose consiste dans la lutte »[37], une intuition qu'illustre la très célèbre phrase : « Toute chose consiste en oui et en non »[38].

On pourrait multiplier les passages suggestifs, des développements splendides sur négativité et conflit mais le boehmisme est plus qu'une métaphysique dynamique et dialectique. Il ne se contente pas de développer le domaine du pensable, par l'introduction du mouvement et du devenir dans l'être, il aspire aussi à la conceptualisation de ce qui avait toujours été considéré comme non-intelligible. On vient de citer le passage : « Chaque corps est désuni avec soi-même. » Or la phrase continue : « Dans tout il y a du poison et de la malignité. » A première vue on croirait avoir affaire à une espèce de métaphysique pessimiste, au pire à un pansatanisme qui retrouve la corruption et le mal au sein du réel tout entier. Or les choses sont plus compliquées car le boehmisme n'est pas une ontologie dualiste mais plutôt une métaphysique dont les catégories sont qualifiées en fonction de leur lieu au sein d'un ordre. Boehme avait choqué ses lecteurs en plaçant l'amer, l'igné, le courroucé dans la divinité, en retrouvant le mal jusqu'en Dieu. Or le cordonnier de Görlitz ne veut pas souiller le Très-Haut par des taches du mal, mais il espère retrouver dans ce qui est le sommet et la catégorie par excellence de l'Être l'explication du mystère du mal. L'essentiel de son intuition c'est que ce qui en dehors de son lieu natif et arraché à son contexte est de la malignité, en lui-même et au sein d'un ordre non entamé, serait neutre, voire salutaire et bon.

Citons ici parmi des milliers deux textes. D'abord : « Bien que le feu de Dieu soit la racine de tout, il n'appartient pas encore à Dieu »[39]. Et puis : « La qualité amère... en Dieu n'est pas du fiel... mais une source de joie »[40]. Boehme tient à la

[35] *De Sign. Rerum* 2, 1-2.
[36] *Sex Puncta Theos.* 9, 2-4.
[37] *Sex Puncta Theos.* 2, 30.
[38] *Quaest. Theos.* 3, 2.
[39] *Sex Puncta Theos.* 5, 18.
[40] *Aurora* 2, 40.

toute-puissance de Dieu et à l'intelligibilité de l'être tout entier, alors il croit pouvoir et devoir discerner dans la divinité la base et le principe de ce qui « devient » nocif et mauvais mais qui ne relèvera plus alors de la divinité comme telle. D'autre part, il discerne le négatif ontologique, le négatif de par sa nature mais il sait également que cette négativité *sui generis* peut être prise en charge et transsubstantiée par le bien. Le poison et la malignité qui se trouvent au sein de tous les corps, le non constitutif de chaque être n'est pour ainsi dire qu'une matière première pour les œuvres de Dieu, pour les productions de la liberté. Composant indispensable de toute existence concrète, le négatif est à utiliser par la dialectique de la révélation.

Conçues de cette sorte comme ingrédient nécessaire d'un dosage fécond des éléments ou plutôt comme base et tremplin du réel effectif et articulé, les figures du non-être et de l'anti-être recouvrent une part d'intelligibilité. L'être trouve ici son autre nécessaire pour son épanouissement et l'autre lui-même reçoit à partir de cet épanouissement une concrétion et une intelligibilité propres. Sur le plan le plus général Boehme condense pour ainsi dire toutes ces vues dans la notion d'une Nature éternelle, d'une Nature de ou plutôt en Dieu. Certains textes parlent naïvement d'un « corps de Dieu », ou encore c'est l'« enfer » en tant que région ontologique inférieure qui est le fondement de Dieu. La Nature éternelle est ce qui n'est pas Dieu en Dieu, ce qui pour ainsi dire anticipe en lui le monde, la création. Elle permet à Dieu de se révéler en elle et de ce fait, de s'expliciter ou comme le disent les idéalistes, de venir à soi sans sortir de soi-même.

La doctrine de la Nature éternelle est celle par laquelle le philosophe teutonique a exercé l'influence la plus explicite sur ses successeurs postkantiens. La philosophie intermédiaire de Schelling est comme centrée autour du thème du *Grund,* racine cachée de l'existence, chiffre conceptuel de tout l'aconceptuel, ce facteur indispensable de toute chose qui en limite l'être et l'action tout en les rendant possible[41]. Chez Boehme cette problématique apparaît avec les deux grands moments du *Grund :* la tendance primitive de l'Un vers l'être et la notion proprement dite d'un fondement. La spéculation apophatique dépeint l'*Ungrund* comme un néant, or ce néant n'est pas absence totale d'être mais plutôt un pré-être en aspiration et en mouvement vers l'être : « Le néant est une quête du quelque chose »[42] et ce « quelque chose » est le centre[43], le centre où se condense et se contracte le frémissement de l'Abîme. Ce mouvement n'est pas d'ailleurs seulement une aspiration vague. L'Un ne se laisse pas flotter ou s'écouler mais se saisit

[41] Voir pour cela M. Vetö, *Le fondement selon Schelling* 2. éd. Paris, 2002, *passim.*
[42] *Myst. Pansoph.* 1, 1.
[43] *De Elect. Grat.* 1, 22.

activement. Plus exactement : l'Abîme « se saisit comme fondement »[44]. Et l'agir immémorial de l'Abîme conduit à l'avènement de l'être effectif, inconcevable sans le Fondement où le Premier s'était saisi. « Chaque chose, écrit Boehme, doit avoir une racine, autrement rien ne croîtrait »[45], et un autre texte précisera : « Notre monde se repose sur un monde ténébreux, le monde ténébreux lui donne essence, volonté et propriété »[46]. La réflexion sur la révélation mène vers la doctrine du fondement, or cette métaphysique élargie conduit inévitablement vers le problème du mal et de la théodicée. La dialectique boehmienne esquisse une réflexion sur la cause formelle du mal et de ce fait, elle pratique plus ou moins consciemment la théodicée. Or l'interrogation sur la cause finale présente également des lumières sur la cause formelle.

Le mal est une notion clef de l'idéalisme allemand. Kant en avait renouvelé la problématique philosophique à travers sa doctrine du mal radical. Quant à Schelling, la belle harmonie de son système de l'identité se brisa surtout contre l'écueil du mal et les grands textes de sa période intermédiaire sont essentiellement une méditation spéculative sur le mal. Finalement Hegel, accusé très souvent de minimiser le mal, de pratiquer à son égard du réductionnisme, présente d'admirables descriptions des phénomènes du mal et à travers toute sa métaphysique repense, autour de l'intuition de base de la Ruse de la Raison, la théodicée comme philosophie de l'histoire[47]. L'historiographie a su mettre en lumière l'influence boehmienne sur la pensée postkantienne du mal, surtout à partir du contexte du *Grund* mais — on voit cela admirablement à travers les commentaires de Baader — les affinités et les convergences, ou plutôt les anticipations conceptuelles de la plupart des propos postkantiens sur le mal sont présents chez le grand Précurseur. Le contexte immédiat de la spéculation est ici, encore plus qu'ailleurs, théologique et biblique. Lucifer, Adam, la Chute, le Péché, l'Enfer sont des thèmes qui reçoivent une interprétation et une consécration métaphysiques dans les traités boehmiens[48].

L'interrogation boehmienne sur le mal est motivée surtout par des considérations de causalité finale mais celle-ci est indissociable de la causalité formelle. En méditant sur *le pourquoi* du mal, on se trouve fatalement conduit à ce que le mal *est*. La spéculation boehmienne est particulièrement féconde dans le domaine du mal et elle est très novatrice. Pour le philosophe germanique le mal n'est pas un principe ontologique mais une catégorie métaphysique. Il n'est pas simple privation ou négation mais une réalité positive et au lieu d'être confiné dans la sphère de la matière, il est essentiellement le fait de l'esprit.

---

[44] *De Elect. Grat.* 1, 6.

[45] *Aurora* 19, 56.

[46] *Sex Puncta Theos.* 9, 17.

[47] Cf. *infra* p. 111-122

[48] Voir pour cela M. Vetö, *Le mal selon Boehme. Le Mal. Essais et Études*, Paris, 2000, p. 145-158.

La pensée occidentale reste tributaire du rationalisme grec qui, incapable d'envisager une transgression volontaire, repousse le mal dans les ténèbres de la privation, du non-être et de l'irrationalité. Ou bien si elle se résout à lui concéder de la réalité, elle croit devoir le situer dans la finitude et la matérialité. Sans doute, le christianisme, religion de la Rédemption et de la Rémission des péchés, source d'une morale de l'intention ne se laisse pas complètement égarer par des considérations étroitement ontologiques mais à travers toute son évolution, la pensée classique de l'Occident ne saura surmonter une intuition de base qui trouve la racine de la transgression dans la limitation. Boehme, lui, est radicalement novateur ici, même s'il part des prémisses des plus simples et des plus traditionnelles.

Tout ce qui est en tant qu'il est, est bon. Et tout ce qui est créé par Dieu est bon ajoute le théologien et l'homme pieux qu'est le cordonnier de Görlitz. Augustin, on le sait, allait jusqu'à dire que même le feu de l'enfer était bon en lui-même en tant que créature de Dieu, œuvre de Ses mains[49]. La réflexion boehmienne n'offre pour l'essentiel que des variantes subtiles et profondes sur ce thème. Les ténèbres, c'est l'enfer, mais l'enfer n'est vraiment *infernal* que pour ceux qui ont été jetés en lui et non pas pour ceux qui sont nés en lui, fondement et soubassement « naturel » du monde de Dieu. Il existe une différence entre les diables et les démons. Tandis que les diables sont des anges rebelles qui furent précipités dans l'enfer en y souffrant, ce monde « a ses créatures / = les démons / mais elles sont de la même essence courroucée. Elles ne sentent pas de peine ; pour elle la lumière serait de la peine. Mais aux diables déchus qui au commencement furent créés dans le monde de la lumière, à eux les ténèbres causent de la peine »[50]. Originellement, les ténèbres furent créées comme le contraire de la lumière et en tant que telles, elles appartenaient à l'ordre universel et Boehme de rappeler : « Dans la vie des ténèbres il n'y a pas de tristesse mais ce qui est de la tristesse avec nous sur terre... est de la puissance et de la joie selon la propriété des ténèbres, de même que l'angoisse est la vie du poison... »[51].

Cette relecture métaphysique du mal permet d'en reformuler l'essence et la portée. Le mal ne saurait plus relever d'un principe donné de l'être et, de ce fait, il se trouve transposé sur le plan de la volonté. Tout d'abord, on met fin à l'antique équivoque qui pèse sur les relations entre mal et matière. C'est surtout Baader qui s'évertue à montrer que pour Boehme le mal n'est pas de la matérialité. Dans sa lourdeur finie, dans sa grosse opacité la matière est plutôt une protection devant la

---

[49] Augustin, *Civ. Dei* XII 4.

[50] *Sex Puncta Theos.* 2, 36. Il se trouve une distinction entre Lucifer, être créé, et Satan qui n'est pas une créature, mais « un fondement infernal », *Quaest. Theos.* 11, 6, 4, 6.

[51] *Sex Puncta Theos.* 9, 13.

brûlure du mal, un rempart devant ses assauts, une digue pour ses débordements. La matière ralentit l'action du mal, entrave ses initiatives, le contraint à des compromis avec la finitude[52]. Rompre de cette sorte avec les dogmes de l'intellectualisme classique a des conséquences importantes. D'une part, on discerne et on clarifie la spiritualité du mal. D'autre part, on met en lumière sa positivité.

Boehme situe résolument le mal dans la sphère de la subjectivité. Plus précisément, dans le moi, dans l'ipséité virant dans l'égoïsme. Le paradigme de tout péché est la chute du diable. Or Lucifer, cette figure emblématique du mal, « voulut dans son orgueil aller au-delà de la divinité, ne trouvant aucun lieu, il n'a pu aller qu'en lui-même »[53]. Le retour sur soi signifie l'affirmation de soi illicite, coupable. L'être intelligent aurait pu se mettre au service de tout. Au lieu de cela, il se saisit lui-même et s'assume comme centre propre. « Tous les péchés, écrit Boehme, naissent de l'ipséité car l'ipséité s'élance avec le désir dans son propre »[54]. Comme l'ipséité elle-même, « le propre » n'est pas un principe ou un lieu donné mais la volonté qui se qualifie bonne ou mauvaise. Le propre n'est pas une région ou une couche du réel parmi d'autres mais l'action même de prendre position, non pas une opération donnée particulière mais la forme même de notre être et de notre agir.

Affranchi de cette sorte de ses concomitants matériels, de toute cette multitude de figures matérielles, bref, au terme d'une véritable réduction phénoménologique, le mal apparaîtra si l'on veut dans sa pureté et dans sa positivité. Selon sa vérité le mal n'est ni une simple privation ni une quête élémentaire du plaisir et du profit. Il n'est pas une absence d'être et de lumière mais une véritable opposition à l'être et à la lumière. « Les ténèbres, écrit Boehme, sont terrifiées par la lumière, elles tremblent éternellement devant elle »[55]. Ce caractère purement spirituel du mal, cette dissociation du mal de toute épaisseur et de toute pesanteur ontologiques est illustrée par la vision du mal en déchirement interne, par le mal opposé à lui-même. Le monde des ténèbres « est en inimitié à soi-même » le méchant est un royaume divisé[56].

4. La Roue de la Naissance

À travers la dialectique de la révélation et par la doctrine du mal Boehme fait figure de précurseur et anticipateur des thèmes idéalistes. Or si le cordonnier de Görlitz anticipe l'idéalisme qui le vénère, il tombera fatalement sous la coupe du

---

[52] Voir pour cela Baader, *Werke* XIII 121 ; VII 243 ; II 418.

[53] *De Tribus Princ.* 14, 85.

[54] *De Sign. Rerum* 15, 12.

[55] *Sex Puncta Theos.* 9, 6.

[56] *Sex Puncta Theos.* 3, 6.

jugement de ce même idéalisme en conflit interne, aspirant à se dépasser. Selon l'historiographie « dynastique » l'idéalisme postkantien a son point culminant en Hegel[57]. Or Schelling qui survit presque un quart de siècle à son ancien ami croit pouvoir et devoir aller au-delà de *l'Encyclopédie des sciences philosophiques.* L'attitude de Hegel et de Schelling à l'égard de Boehme atteste fidèlement la fracture qui traverse l'idéalisme. Hegel reproche à Boehme - et sous sa plume ce reproche est essentiel - l'absence d'une véritable forme philosophique mais pour le reste, il célèbre ses découvertes et assume pour ainsi dire ses résultats. Par contre, Schelling pourtant davantage influencé par la spéculation du philosophe germanique le jugera d'une manière beaucoup plus radicale. L'essentiel de la critique schellingienne c'est que le boehmisme n'est qu'une philosophie dynamique de la vitalité qui n'accède jamais à la véritable liberté. Boehme célèbre la liberté, fondement de l'être, du réel tout entier et explique que la nature elle-même, cette catégorie par excellence du donné, de la limitation sourde, de l'involution désire éperdument la liberté[58]. Boehme entend rendre justice à son intuition profonde. Il « définit » la liberté comme se trouvant en deçà ou au-delà de l'être, comme une réalité non substantielle, élevée, légère. En face de l'être solide, il convient de penser « la liberté tenue »[59]. Cependant si le théosophe comprend le caractère para-ontologique de la liberté et il en sait généraliser la notion - après tout, ses préoccupations sont davantage avec la liberté de Dieu qu'avec la liberté des hommes ! — il n'arrive pas pour autant à la « décrocher » de la nature. La liberté reste dans le sillage du désir, du mouvement, de l'aspiration, bref, elle se trouve conceptualisée en termes matériels et non pas formels. Elle est plutôt un principe du dynamisme ontologique, si l'on veut comme des ailes de l'être mais pas encore une catégorie résolument subjective, ou pour parler comme Kant, « pratique ». Boehme est fasciné par la liberté mais il continue à la situer dans une sphère qui demeure de la *Naturphilosophie.* Et c'est le thème de la nature, la notion qui pourtant lui permit d'élargir l'intelligible, de « fonder » Dieu et le réel où pivote la réflexion, où le théosophe va pour ainsi dire « caler ».

En préfigurant des thèmes de la *Naturphilosophie* romantique Boehme insiste sur la violence de la Nature, plus particulièrement de la vie. La vie n'est pas seulement épanouissement joyeux, elle est aussi convulsion, impuissance tragique. La vie c'est un feu qui se dévore et opposée à la liberté qui est expansion et découverte, elle constitue la sphère de la contraction et de l'enfermement[60].

---

[57] X. Tilliette, *L'actualité de Schelling*, Revue de Métaphysique et de Morale, LXIV, 1954, p. 350.
[58] *De Tripl. Vitae* 9, 86-87.
[59] *Sex Puncta Theos.* 1,38.
[60] Cf. H. Grunsky, *Jacob Boehme*, Stuttgart, 1956, p. 150 sq.

La vérité métaphysique de la vie et au-delà d'elle de la nature se lit à travers la notion traditionnelle de la Roue de la Naissance. La nature est le lieu de la naissance et de la mort mais naissance et mort succèdent l'une à l'autre sans véritable liberté, avec une régularité, une nécessité de fer. La roue symbolise la condition cyclique des phénomènes naturels, l'existence saisonnière des plantes, l'ordre implacable du Bios : de la naissance, par la croissance vers la mort. La nature est le lieu de l'opposition des choses qui, dans la mesure où elle ne trouve pas de résolution se perpétue. Ou plus exactement : elle n'aboutit qu'à une résolution stérile. Les moments différents de la nature s'affirment les uns après les autres mais cette auto-affirmation ne conduit pas encore à la production du neuf. C'est le vieux dieu Saturne qui symbolise la nature, ce Dieu qui dévore ses enfants[61]. La nature concède l'existence à ses rejetons mais seulement une existence passagère et elle ne leur laisse aucune liberté véritable. Les figures de la nature jouent un rôle écrit d'avance, sans possibilité d'improvisation, de novation aucune. N'agit et ne compte vraiment que le tout, et la partie n'est qu'en fonction du tout. Or le tout lui-même ne fait que se répéter, tourner en rond.

La Roue de la Naissance est le chiffre de l'être comme nature. Il s'y trouve de la régularité, et à défaut d'une véritable liberté les moments de l'être n'ont aucune latitude de devenir eux-mêmes, de conquérir leur autonomie. La richesse bariolée de ces figures n'est que la succession nécessaire des chaînons d'une chaîne. Le dynamisme extérieur des phénomènes de la vie masque l'impuissance désespérée, l'immobilité secrète du procès tout entier. Boehme certes inspire chez sa postérité une vision dynamique du réel et aide puissamment le combat contre les rationalismes abstraits. Toutefois, en dernière instance, Boehme échoue car il ne réussit pas à se libérer de la vision classique de l'être comme nature. Le destin profond de l'idéalisme allemand c'est de devenir une philosophie historique, une philosophie de l'histoire, or Boehme ignore l'histoire. La métaphore de la roue exprime le retour du même, la répétition de l'ancien et ne laisse aucune place pour l'apparition du neuf.

C'est Schelling qui met à nu les limites de Boehme. Il rappelle la caractéristique de son écriture : la même idée, les mêmes développements apparaissent et réapparaissent dans ses différents traités. Boehme ne consacre pas ses ouvrages à des thèmes particuliers, spécifiques. Il dit toujours tout et de ce fait, il dit toujours la même chose. C'est « une nature théogonique » productrice d'une cascade d'idées qui se répètent et dont elle n'arrive pas à se libérer. L'esprit du théosophe semble être déterminé à donner naissance à des idées qu'il ne choisit pas vraiment avec liberté et la structure de l'esprit du penseur se reflète fidèlement dans sa pensée. C'est une spéculation où la pensée ne cesse de se déployer avec vigueur mais elle n'aboutit pas

---

[61] *De Signat. Rerum* 9, 9.

à des résultats particuliers et permanents et reste perpétuellement empêtrée dans les mêmes questions[62]. Comme la *Naturphilosophie* schellingienne, « le système de Boehme »[63], lui aussi, est une espèce de philosophie négative qui, faute d'accéder à la liberté, ne saura jamais conduire à des figures déterminées et effectivement existantes. Qui plus est, cette philosophie dynamique, qui a souvent l'allure d'une espèce de mythologie spéculative, partage en secret le destin du grand rationalisme hégélien, lui aussi incapable de dépasser la sphère de l'essence. Sevrée de l'actualité véritable, ignorant les actes libres de la pensée, la spéculation, qu'elle soit rationalisme hautement conceptuel ou déploiement d'images théosophiques, *Science de la Logique* ou *Mysterium Magnum*, n'est pas une philosophie de la liberté[64].

Repensée de cette sorte, la pensée boehmienne devient une précieuse instruction sur le destin de l'idéalisme postkantien : l'élargissement de l'intelligibilité sur de nouveaux plans du réel, ne dispense pas encore d'un choix, d'une option par rapport à l'interrogation ultime sur existence et liberté. La question demeure tout entière : la philosophie s'accomplit-elle dans la mesure où elle décrit le réel tout entier, y compris les événements de l'histoire ? Ou bien doit-elle encore s'interroger sur les conditions fondamentales de cette description à partir d'une réflexion sur les rapports entre raison et liberté, sur la question ultime de l'automédiation et de la facticité de la raison ?

[62] Schelling, *Phil. Mod.* 206ss / W X 187ss.
[63] Baader, *Werke* XIII 173.
[64] Schelling, *Révél.* I 148s / W XIII 124.

KANT ET LES NOUVELLES INTELLIGIBILITÉS

1. La science du particulier

Un quasi-consensus considère Kant comme le plus grand philosophe des temps modernes, celui qui a inauguré une nouvelle époque dans l'histoire de la philosophie, qui est parvenu à remettre en question la portée et le pouvoir de notre pensée[1]. Bien sûr, cette lecture de la postérité est précédée par les dithyrambes des contemporains. La Critique est « un chef d'œuvre de l'art, qui, comme les pyramides d'Égypte, sera dans tous les siècles l'objet d'une admiration générale », elle est le plus grand ouvrage métaphysique qui ait été écrit depuis Aristote[2]. Le philosophe de Königsberg est l'Homère de la Raison Pure[3], le Moïse du peuple allemand[4], sa réputation dépassera en un siècle celle de Jésus-Christ[5]. Mais le jugement des grands philosophes de la postérité ne sera pas moins avide de louanges. Schelling parle de cet « Hercule parmi les penseurs »[6], selon Schopenhauer la fréquentation de l'œuvre kantienne produit une véritable renaissance spirituelle[7], et plus récemment M. Heidegger rappelle comment les écailles lui seraient tombées des yeux lors d'une relecture de la Critique[8].

Kant lui-même a toujours été très conscient de la portée de son œuvre. La Critique - écrit-il - n'est pas une simple amélioration de la philosophie classique, mais « une réforme complète ou plutôt une nouvelle naissance de la métaphysique[9]. Le philosophe est conscient d'avoir « tout renversé »[10], mais il ne détruit pas seulement l'ancien, il reconstruit aussi un nouvel édifice complet. Grâce à la Critique, qui aura altéré les manières mêmes de penser métaphysiques[11], il ne reste plus de question non résolue ou au moins de question pour la résolution de laquelle la clef n'aurait pas été fournie[12].

---

[1] Les chiffres romans dans les notes qui suivent se réfèrent aux volumes de l'*Akademie Ausgabe* (= Ak).

[2] H. Vaihinger, *Kommentar zu Kants Kritik der reinen Vernunft* I, 2 éd., Stuttgart, 1922 (réimpr. Aalen, 1970), p. 130.

[3] Hamann, *Werke* III, Vienne, 1951, p. 289.

[4] Hölderlin, *Briefe. Sämmtliche Werke. Grosse Stuttgarter Ausgabe* 6.1, 1954, p. 304.

[5] H. Vaihinger, *op. cit.* p. 9.

[6] Schelling, W VIII 48.

[7] Schopenhauer, *Die Welt als Wille und Vorstellung. Sämtliche Werke.* II, Brockhaus, 1949, p. XXIV.

[8] Heidegger, *Gesamtausgabe* 25, 2. éd., Francfort/M., 1987, p. 431.

[9] *Prolég.* 2 19 / IV 257.

[10] XVIII 62.

[11] *Correspondance*, tr. M.-C. Challiol-Gillet, etc… Paris, 1991, p. 181 / X 251.

[12] *C. R. Pure* 1 728 / A XIII.

Kant et ses lecteurs sont d'accord pour reconnaître la portée épochale de la philosophie critique mais, une fois qu'on se met à l'analyse de ce en quoi consiste cet immense héritage, le consensus se lézarde rapidement. Pratiquement, tout le monde renvoie à la Révolution copernicienne et à l'œuvre « critique » qui a su discerner les limites propres de notre faculté de connaître, mais il se trouve des voix, et ceci depuis l'époque des grands postkantiens, pour affirmer que le kantisme implique moins une limitation de la raison que l'élargissement de sa portée. La Critique a certes donné un coup de grâce à l'ancienne métaphysique, mais elle a aussi posé les fondements d'une philosophie de l'existence finie qui a pu s'élargir dans l'Encyclopédie jusqu'à couvrir la totalité des moments de la Nature et de l'Histoire.

Le kantisme est à l'origine de la *Naturphilosophie* schellingienne et des philosophies de l'art, de la religion, de l'histoire de Hegel. Avec la réhabilitation du temps et de l'imagination, il engage une réflexion. jusqu'alors interdite à la métaphysique. Avec la doctrine des catégories, il entreprend l'élaboration d'un savoir des formes de la particularité qui finira par aboutir à cette métaphysique des contenus qu'est l'Encyclopédie. Or, cette lecture de la portée spéculative de la Critique a ses richesses mais aussi des limites, elle est franchement insuffisante. Nous pensons que si la Critique est bel et bien à l'origine de ces métaphysiques de contenus que sont l'hégélianisme et le schellingisme, si elle seule rend possibles les philosophies de l'histoire, de la religion, du droit, de l'art des deux derniers siècles, elle ouvre aussi une autre voie de la métaphysique qui ne conduit pas au savoir absolu, à l'Encyclopédie. Si la Critique se trouve à l'origine de l'élargissement postkantien de l'intelligibilité philosophique, elle constitue aussi le point de départ d'une réflexion qui, au lieu de construire l'intelligibilité homogène du réel tout entier, découvre l'horizon d'un univers métaphysique ayant une pluralité d'intelligibilités, irréductibles les unes aux autres[13].

Depuis Aristote, la philosophie se veut savoir universel ou plutôt savoir de l'universel. *Sensibilium. non datur scientia*[14] : le sensible n'est qu'une diffraction fragmentaire et éphémère de l'universel, il est privé de toute intelligibilité. Sans doute, il y a des degrés dans cette absence d'intelligibilité : après tout, une odeur flottant dans l'air est d'une contingence encore plus radicale que la fleur dont elle émane ! Néanmoins, la fleur n'est pas moins un être non universel, particulier, que son parfum. La philosophie classique entend sauvegarder un minimum d'intelligibilité du particulier dans la mesure où elle le lit comme un échantillon d'universel, à savoir une essence. Depuis Platon, « le

---

[13] Ce qui suit présente sous une forme raccourcie l'essentiel de la thématique exposée dans M. Vetö, *De Kant à Schelling*, Grenoble, 1998, 2000, I, p. 43-311 ; II, p. 469s.

[14] XV 313 cf. XXVIII 618.

sublime philosophe »[15], on enseigne que les choses du monde sont connaissables du fait de refléter leur *eidos*. L'intelligibilité d'une chose est due à sa participation à sa forme, si l'on veut à la présence de cette forme en elle, mais alors une chose n'est connaissable qu'à partir de quelque chose d'autre qu'elle-même, dans la mesure où cet autre descend et s'incarne en elle !

Kant, lui, ne saurait s'accommoder de cette conception mais, contrairement aux Empiristes du siècle, il ne livre pas d'attaque frontale à l'Essence. Il contournera plutôt le problème en mettant quasiment entre parenthèses la notion de l'essence, cette « totalité des prédicats qui constituent le concept d'un objet »[16]. Kant n'étudie guère un être particulier comme le représentant d'une essence universelle, il s'intéresse plutôt à l'intelligibilité du particulier en tant que tel ; non pas à la manière dont l'ectype représente l'archétype mais aux structures *sui generis* où le particulier existe comme particulier. Kant ne pense pas à mettre en question la nature éphémère de l'image, la réalité seulement empirique, conditionnée, d'une chose matérielle. Il entend plutôt « déduire » les structures selon lesquelles une chose matérielle, foyer d'images singulières, existe et subsiste.

C'est par la déduction des catégories que le kantisme investit le sensible de sens a priori. Opposés aux concepts empiriques qui correspondent finalement aux essences, les concepts purs - ou catégories - ne se rapportent qu'aux relations entre les concepts[17]. La causalité présente la relation entre deux choses dont l'une est cause, l'autre l'effet, la substantialité désigne la relation d'une chose qui vaut comme substance à l'égard d'autres choses, ses accidents. Les catégories ne se situent pas *dans* les choses elles-mêmes, mais pour ainsi dire entre les choses. Or, cet « entre-deux » ne signifie pas un *no man's land,* une espèce de milieu spatial isolé, mais plutôt un lien actif. Les catégories sont des concepts relationnels qui correspondent aux diverses manières de connexion entre les choses[18], aux diverses modalités dont les choses particulières existent.

En dépit de leur pure relationalité, ces « concepts souches de l'entendement »[19] ne sont pas des universaux abstraits. Ils encadrent l'exister des choses particulières et se situent à mi-chemin entre universaux et transcendantaux d'une part et les choses singulières, foyers d'images, d'autre part. Les catégories ne sont rien moins que des images. En revanche, ce sont elles qui rendent possibles les images. Si le schème est pour ainsi dire le

---

15 *C. R. Pure* 1 1027 / B 370.

16 *Log.* 68 / IX 61.

17 *Prolég.* 74 / IV 301, XVII 378, etc.

18 Cf. C. *R. Pure* 1 976 n / A 244s.

19 *C. R. Pure* 1 835 / B 107.

principe des images en général[20], la catégorie correspond à « l'objet en général »[21]. Les catégories - et leurs schèmes - constituent l'armature de l'Analytique Transcendantale qui fournit les principes purs pour gouverner la nature, donc constitue le préambule d'une éventuelle « physique spéculative ».

La physique spéculative, le plus beau fleuron de la Science du Particulier, Kant a tenté de l'élaborer par deux fois. D'abord, dans les *Premiers Principes métaphysiques de la nature*, où il « applique » les catégories de l'entendement sur la nature matérielle. L'ouvrage a passionné les contemporains, notamment le jeune Schelling, mais la portée et la signification de l'écrit se trouvent amoindries du fait que, si Kant « applique » les catégories, il « oublie » les schèmes. Et précisément, en l'absence des schèmes, la traduction matérielle de l'Analytique perd sa dimension de philosophie de l'image, donc finalement de Science du Particulier.

La seconde et la plus importante tentative de faire s'épanouir l'acquis de l'Analytique Transcendantale, c'est l'*Opus postumum*. Si les *Premiers Principes* limitent leur visée aux lois générales de la physique et de la chimie[22], l'*Opus postumum* va en direction d'une déduction des grands moments de la Nature, ou au moins envers une « intelligibilisation » de la Nature tout entière. Dès la Dialectique Transcendantale, Kant énonce les trois grands principes généraux de la continuité, de l'homogénéité et de la spécification de la Nature[23]. Maintenant, il voudrait penser la nature comme une grande chaîne des êtres[24] où « l'échelle des catégories »[25] articule un *cosmos,* un *physis* représenté comme un grand « tout avec des degrés »[26]. Bref, un tout cohérent, à structure rationnelle.

Kant ne réussira pas à mener à bien sa physique spéculative. Or, pendant que le vieillard fatigué lutte dans la solitude avec des déductions à jamais inachevées, Schelling reprend la problématique et se met à construire la *Naturphilosophie,* cette « philosophie théorique appliquée »[27]. La *Naturphilosophie* est la première grande tentative postkantienne d'une Science du Particulier, même si le particulier n'est pas encore aussi le singulier. Le Singulier, bien sûr, un singulier ennobli, intelligibilisé, du fait d'être assumé et sursumé par la liberté, sera le grand thème de l'Encyclopédie. Véritable logique

[20] Cf. *C. R. Pure* 1 887 / B 181.
[21] XVI 272, *C.R. Pure* 1 977s / B 304, *C R. Prat.* 2 274 / V 136, etc.
[22] Les lois particulières, elles, se trouvent « au-dessous des catégories mais ne sauraient en être déduites « complètement »,. *C. R. Pure* 1 876 / B 165.
[23] *C. R. Pure* 1 1258 / B 685.
[24] C. F. J. 2 1219 / V 419, cf. « la chaîne des apparences » XXIX 862.
[25] XXII 478 cf. « l'échelle des idées » XXI 82.
[26] XXI 513.
[27] Schelling, HK I 5 61 (W II 3s).

positive, le système hégélien va parfaire la réhabilitation du Particulier. La boucle est pour ainsi dire bouclée. La philosophie, qui, à Athènes, croyait devoir réserver toutes ses attentions à la Forme, finira par annoncer et énoncer le Contenu.

2. L'intelligibilité théorique

Même si on fait abstraction de l'ébauche de physique spéculative qu'est *l'Opus postumum,* déjà par la doctrine des catégories, formes de l'expérience, formes de l'existence particulière, le kantisme inaugure la Science du Particulier. Cette Science du Particulier aboutit, chez les postkantiens, à une philosophie du Contenu : logique positive, métaphysique matérielle. Autant dire que la Critique servira à un ressourcement de l'ontologie classique où la totalité du réel sera repensée comme un immense système d'essences. Kant lui-même pose les jalons de cette vision à travers le grand philosophème de la Totalité Transcendantale des Prédicats qui constitue un premier enseignement sur la Compossibilité[28]. Or, le rationalisme victorieux de la compossibilité qu'épanouiront les systèmes de Schelling et de Hegel semble être une franche dérive. Kant, on se souvient, a appelé de ses vœux « la naissance d'une nouvelle métaphysique »[29], il n'a jamais abandonné l'objectif du « système »[30]. Toutefois, on ne peut pas ne pas poser la question : si la Science du Particulier est un aboutissement organique de l'Analytique Transcendantale, comment se concilie en elle la visée « restrictive » de la Critique avec l'éclosion d'un Savoir Absolu ?

C'est le déploiement des nouvelles intelligibilités qui permet au kantisme de sauvegarder l'inspiration critique, tout en assumant également l'œuvre d'élargissement de la Raison. La Critique vise, certes, à établir les limites de la connaissance, mais cette limitation n'est pas seulement d'ordre quantitatif. Il ne s'agit pas seulement de dire : on ne doit pas aller plus loin ! mais aussi et surtout de proscrire les empiètements. La Raison a plusieurs faces, donc plusieurs voies, et ses Voies doivent rester à jamais différentes.

La Critique préconise la prudence de la Raison. Elle entend respecter la spécificité irréductible de ses propres domaines. Cette prudence, ce respect ont été pour ainsi dire anticipés d'une manière négative par une première mise en garde de l'étudiant contre les tentatives de vouloir déduire toutes les vérités à partir d'une seule[31], et surtout par le refus d'attribuer un statut conceptuel à l'existence. Si déjà le Kant précritique se trouve en accord avec Aristote pour refuser la condition de prédicat à l'être, à l'existence, pour ne le prendre que pour une

---

[28] *C. R. Pure* 1 1196 sq / B 600 sq.
[29] Cf. *supra* p. 33 n 9.
[30] *Proleg.* 2 225 / IV 262, *Progr.* 3 1262 / XX 350, *C. R. Prat.* 2 614 / V 7.
[31] I 9.

simple position[32], c'est pour couper court aux tentatives d'ontologisme, d'établissement d'un système d'essences, *d'eidê* où s'articule et se déploie l'Être Absolu. Le refus de l'ontologisme que l'historiographie kantienne rencontre surtout dans la réfutation de « la preuve d'Anselme », a une finalité générale cachée : s'opposer à la constitution d'une intelligibilité unique, homogène, qui empêcherait de tirer la conclusion métaphysique de la condition ternaire de la raison, et rappeler que le maître de Königsberg a écrit *trois* Critiques.

La Critique, les trois *Critiques,* sont une véritable machine de guerre contre le rationalisme, car le Rationalisme est en réalité l'ennemi de la Raison et il est dangereux, il est pernicieux en proportion même de ses prétentions totalitaires. Le rationalisme, les dogmatismes de toute trempe représentent un péril mortel pour les véritables pouvoirs et privilèges de la Raison dans la mesure où ils revendiquent tous les droits et toutes les facultés de la Raison au seul profit de la Raison Théorique. Ce n'est pas un hasard si au moins en philosophie pratique la raison est identifiée à la volonté, si elle correspond à la Faculté de Désirer[33]. Il ne s'agit pas ici d'un « moralisme » quelconque mais de la profonde intuition philosophique que seule une faculté intellectuelle autopositrice serait « Raison » au sens plein du terme. La dignité, la force même de la Raison dépendent de sa condition d'autonomie, de donation de soi. C'est pour cela d'ailleurs que même dans le domaine théorique, la Raison, en l'occurrence l'Entendement, est une faculté de spontanéité, positrice de ses propres moments ![34] Avoir hissé de cette sorte la Raison à la Position de soi, à l'Autonomie, contribue d'ailleurs à démythologiser la Raison Théorique à partir de l'acquis du système, mais aussi quasi indépendamment de toute « Critique ». La Raison doit être dépouillée de sa double auréole de perfection pure et d'appartenance au monde du Divin. À cette fin, Kant repensera le rôle philosophique des mathématiques, dissociera précision et intelligibilité au sein du Rationnel et refusera à la raison théorique ses antiques accointances théologiques.

Depuis Platon, on considère les mathématiques comme le paradigme du savoir pur. Leur pureté, leur immanence analytique constituent l'idéal même de tout véritable savoir, surtout du savoir philosophique. Or, si Kant est bon mathématicien et ne cesse de réfléchir sur le rôle et le statut de cette discipline, il en minimise résolument la portée et surtout redessine sa place dans l'univers des savoirs. Sans doute, la clarté de la démonstration mathématique continue à fasciner le philosophe et les mathématiques retrouvent une place jusqu'au

[32] II 72 sq.
[33] Cf. *infra* p. 53 n 116, p. 54 n 121.
[34] Cf. *infra* p; 54 n 120.

sacro-saint de l'Analytique, la doctrine du schématisme[35]. Toutefois, la connaissance de l'expérience, le savoir *a priori* se rapportant aux choses du monde n'est pas d'ordre mathématique. Kant ôte certes aux mathématiques le douteux privilège historique d'être le plus haut échantillon du Savoir Analytique et les réfère résolument au monde de la synthèse *a priori*. Or, cette récupération du mathématique dans l'apriorité équivaut aussi à son assignation définitive dans le sensible, bien entendu dans le sensible transcendantal. Les mathématiques - déclarent les *Prolégomènes* - ne se rapportent qu'aux apparences[36], la géométrie est le prototype même de la science du sensible[37].

Cette réduction des mathématiques à la condition d'une science du sensible contribue puissamment à dissocier le théorique du rationnel. Or, Kant ne se contente pas de s'attaquer aux privilèges de la Raison Théorique par l'exploitation des résultats propres de la Critique, il va encore s'en prendre à la coupable identification du Théorique et du Rationnel à partir des considérations se situant sur le plan le plus général de sa philosophie. C'est dans *l'Anthropologie* qu'il distinguera avec la plus grande clarté l'homme en tant que doué de facultés rationnelles, *animal rationabile,* et ce que l'homme fait de lui-même par sa volonté, à savoir *animal rationale*[38]. L'usage de ses facultés théoriques permet à l'homme de déchiffrer les structures physiques et mathématiques du Cosmos, mais il ne touche encore de cette sorte qu'à un fragment ou plutôt à une dimension partielle de l'intelligible du monde. La faculté rationnelle n'est qu'un des rameaux de la rationalité, elle n'est pas la Raison dans sa plénitude... Des considérations analogues inspirent aussi des thèmes essentiels de la théologie de Kant. La métaphysique classique en tant que théologie naturelle s'évertue à « prouver » Dieu et à l'exposer comme le *summum rationabile.* Or, Kant pense que la rationalité (théorique) n'est qu'un des attributs (naturels) de Dieu[39], et que la spéculation théorique n'a guère de rôle à jouer en théologie[40].

Ces divers procédés pour rabaisser le statut et la portée du Concept ont comme finalité cachée d'ériger une notion du Théorique affranchie de son identification fatale avec le rationnel comme tel, afin de pouvoir consolider son intelligibilité spécifique. Bien sûr, après « la préparation » critique, on pourra se mettre à l'exposition positive. Kant dévalorise une notion générale, « populaire »,

---

[35] *Proleg.* 2 136 / IV 352.
[36] *Diss.* 1 641 / II 395.
[37] *Anthrop.* 3 1133 / VII 321.
[38] XVIII 513.
[39] L'idéalisme transcendantal libère la théologie de la spéculation dogmatique *(Proleg.* 2 172 / IV 383), le désir de connaître la nature de Dieu est comme « la foi mercenaire, dont parlent les anciens écrivains religieux *(Progr.* 3 1258 / XX 305), celui qui cherche des connaissances »en matière religieuse veut la récompense immédiate, il veut être payé « en liquide » (XVIII 509).
[40] XVIII 513.

du concept afin de pouvoir présenter le Concept par excellence, à savoir la Catégorie. Selon un texte important de la Critique, « on appelle dans chaque jugement les concepts donnés la matière logique... et leur rapport (par la copule) *la forme* du jugement »[41]. Le concept peut donc jouer - mais ce n'est finalement qu'un axiome classique de la Logique - le rôle de la matière. Or, la philosophie transcendantale s'inspirera d'une manière créatrice de cette thèse en distinguant entre des concepts qui de par leur nature même ne sont que matière et ceux qui jouissent de la condition métaphysique de la forme.

Sans doute, avant de s'engager dans la discussion de la notion du concept formel, la catégorie, il faudra encore clarifier ce que Kant entend par Forme. « La forme - lit-on déjà dans la *Dissertation de 1770* - n'est pas proprement une esquisse ou une sorte de schème de l'objet mais seulement une certaine loi implantée dans l'esprit pour 'coordonner' les représentations »[42]. Toutefois, récusant de cette sorte la lecture facile de la forme comme cadre ou figure, on reste finalement en accord avec les hauts enseignements de la philosophie antique. Chez Platon et Aristote, *l'eidos* n'est pas à comprendre comme une image pure mais plutôt comme un principe d'existence et d'essence spécifique. Or, Kant va finalement plus loin que les Anciens et les classiques. La forme - c'est la thèse véritable de l'idéalisme transcendantal - n'est ni figure ni *eidos*. Dans quelques passages épars de son œuvre, le fondateur de la philosophie critique frôle le paradoxe pour pouvoir exprimer le sens profond de la Forme. Le temps et l'espace – écrit-il - ne signifient, n'enseignent, ne disent « rien »[43]. Selon un célèbre passage de la *Critique,* dans le *Cogito* transcendantal « je suis *l'être même* ; mais par là rien de cet être ne m'est encore donné par la pensée »[44]. Ou encore : la véritable visée de la connaissance synthétique *a priori* est « le concept indéterminé » d'un objet en général « dont on ne saurait affirmer aucun prédicat... »[45]. L'objet intentionnel du savoir pur *a priori,* du véritable savoir transcendantal, est « un objet » qui n'est pas susceptible de traduction matérielle, qui ne se rapporte pas à un contenu.

L'Analytique Transcendantale cherche à discerner et à établir les déterminations conceptuelles de cet objet en général. Elle les trouve dans les catégories. De temps en temps identifiée franchement avec « l'objet »[46], la catégorie présente pour l'essentiel les moments de structuration de l'objet, les facteurs logico-mathématiques de « l'objectité ». Kant se complaisait à établir

[41] *C. R. Pure* 1 993 / B 322.
[42] *Diss.* 1 638 / II 393.
[43] *C: R. Pure* 1 790 / B 44.
[44] *C. R. Pure* 1 1067 / B 429.
[45] *C. R. Pure* 1 1413 / A 109.
[46] *C R. Pure* 1 1052 / B 422.

des « Tables des Catégories » dont la première et la plus importante est celle qu'il avait placée quasiment au début de l'Analytique Transcendantale. En réalité, cette construction où le philosophe de Königsberg se trouve dans la proximité voulue et assumée de l'École a une portée plutôt limitée : sur les douze catégories, seules trois, celles qu'un cours appelle les « relations réelles », à savoir la communauté-réciprocité, la substantialité et la causalité[47], jouent finalement un rôle véritable dans l'idéalisme transcendantal. À leur origine aristotélicienne, les catégories désignent des fonctions noétiques universelles, valides pour tout être, tout événement, toute chose. La catégorie kantienne, elle, a une signification différente. D'une part, elle ne vaut que pour les phénomènes physiques et psychologiques qui constituent le monde de la Raison-Théorique, un monde dont l'espace et le temps restent l'horizon noétique. D'autre part, elle dénote, au moins ce qui concerne les trois grandes catégories, une relation à deux termes.

Les catégories, ces concepts purs, s'opposent aux concepts empiriques comme la forme à la matière[48]. Ils sont nos concepts « primordiaux et primitifs »[49]. Selon une *Réflexion*, l'entendement est la cause formelle de ses concepts[50]. L'entendement est le pouvoir synthétique *a priori* de notre esprit, donc la source et le paradigme de toute relation active entre le sujet et le prédicat. Le caractère actif et relationnel des catégories est fondé et déterminé par cette cause formelle qu'exerce à leur égard leur matrice, l'entendement. L'entendement n'est pas une faculté passive de la réceptivité cognitive mais un pouvoir actif de mise en relation, et les catégories sont des concepts relationnels par excellence.

Les catégories constituent « les actions générales » de l'entendement[51]. Elles ne sont pas des contenus qui seraient « abstraits » à partir des matériaux de la connaissance mais exercent plutôt une fonction « abstrayante »[52]. Une catégorie n'est pas un trait caractéristique, une qualité ou une propriété. Elle ne joue pas le rôle du simple adjectif d'un sujet mais celui de lui attribuer un prédicat. Le sens de cette attribution active se voit particulièrement bien dans les deux grandes catégories de la causalité et de la substantialité. Il faudrait rappeler que tout d'abord on doit parler de la substantialité, non pas de la substance, de la causalité, non pas de la cause. Ou plus précisément encore : la causalité n'est ni la cause ni l'effet, ni même la somme de ces deux termes comme la substantialité n'est ni la substance, ni l'accident, ni leur addition. Une catégorie n'est pas la

[47] XXIX 769.
[48] XVII 378.
[49] *C R. Pure* I 836 / B 108.
[50] XVI 538.
[51] XVI 492.
[52] *Diss.* I 640 / II 394.

somme de ses termes mais la connexion active qui les maintient et relie. Dans les catégories de la substantialité et de la causalité on a affaire à un mouvement irréversible qui va d'un terme vers l'autre. L'irréversibilité de cette succession révèle déjà que le mouvement a une direction, donc il possède un sens. Or, ce sens n'est pas le même dans les deux cas : l'irréversibilité de la relation qui fait déployer l'accident à partir de la substance n'obéit pas à la même règle conceptuelle que celle qui gouverne la projection de l'effet par sa cause.

La clarification de la nature relationnelle de la catégorie, la mise en lumière de sa condition d'irréversibilité déterminée par une règle révèle en elle une « nouvelle intelligibilité », celle de l'entendement s'autoarticulant à travers la sensibilité. Les catégories sont des synthèses conceptuelles où la connexion créatrice instituant les deux termes de la relation, la substance et l'accident, la cause et l'effet, va être comprise à travers les schèmes par lesquels le temps, « l'image pure de tous les objets des sens en général »[53], procède à la détermination de soi transcendantale. Au milieu, ou plutôt au-delà des deux grandes instances traditionnelles du savoir théorique, à savoir les lois de la logique formelle et les essences métaphysiques (ou phénoménologiques), les catégories constituent le monde *sui generis* du Théorique, c'est en et par elles que s'articule l'intelligibilité propre à la Raison théorique, cette intelligibilité qui est une synthèse originaire de l'intellectuel et du sensible.

L'originalité profonde de la conception kantienne de la connaissance théorique consiste dans l'intégration de la sensibilité dans l'entendement. La sensibilité n'est pas un degré élémentaire de la connaissance théorique - Kant loue « la grande clarté » du savoir sensible[54] -, mais la sensibilité, la sensibilité *a priori,* transcendantale, et l'entendement constituent la Raison Théorique. À partir de ses deux grandes catégories, le temps et l'espace[55], la sensibilité transcendantale détermine la cohérence et l'articulation du théorique. Le temps est le mode par excellence de la connaissance théorique, c'est lui qui constitue en creux l'articulation eidétique qui se déploie dans les catégories.

Kant définit le temps comme « l'unité objective » la plus pure, c'est-à-dire selon « le concept »[56], la forme véritable de l'aperception et, de ce fait, de toute intuition[57]. Or, si le temps est apte à jouer ce rôle d'unification et d'articulation primitive, c'est qu'il est lui-même une réalité articulatrice originaire. La vision la plus simple, la plus élémentaire, la plus commune du temps est celle qui le comprend comme une succession. Or, la succession n'est

[53] *C. R Pure* 1 885 / B 182.

[54] XV 79.

[55] XXVIII 181.

[56] *C. R. Pure* 1 1412 / A 107.

[57] XIV 119.

pas encore du temps. Dès la *Dissertation de 1770,* Kant insiste : le temps est « plus ancien » que la succession[58]. La succession n'engendre pas le temps, elle renvoie plutôt au temps comme à son origine. Je ne comprends le sens du terme « après » que si une connaissance du temps l'a déjà précédé[59]. Le temps est une série, or il n'est une série que du fait qu'on peut distinguer en lui des antécédents et des conséquents[60]. Et cette distinction présuppose à son tour un pouvoir de différenciation. On serait tenté de retrouver à l'arrière-fond de cette faculté de différenciation le donné élémentaire de la division, de la découpe primitive du temps que constituent les trois « temps ». Or, Kant ne semble guère s'intéresser aux trois temps du passé, du présent et de l'avenir qui ne correspondent finalement qu'à des intuitions empiriques, et, pour rendre compte du pouvoir d'autoarticulation, d'autodifférenciation du temps, il se tournera vers une autre triade de notions.

La succession est, certes, la modalité primordiale du temps, mais elle ne l'est qu'en vertu de la connexion des après. Pour constituer une succession, les « après » doivent être reliés entre eux et on ne saurait constituer cette synthèse sans le concours de l'autre moment *a priori* du temps qu'est la coexistence. D'autre part, la coexistence réunie à la succession donne la permanence. Les véritables moments transcendantaux du temps ne sont pas alors le passé, le présent et le futur, mais « la succession, la simultanéité et ce qui est simultané avec la succession, à savoir la permanence »[61].

La succession, la simultanéité et la permanence, principes des trois « analogies de l'expérience », sont des moments *sui generis* du temps, ses « concepts » propres : elles expriment l'essence du temps qui n'est pas un flux mais une succession réglée, une succession reposant sur la présence continue de ce qui a « passé ». C'est dans ce sens proprement métaphysique que le temps est mémoire, rétention active de ce qui n'est plus là. Les moments du temps sont des notions relationnelles, autant d'espèces de connexions entre des différents. Le temps est un *totum,* non pas un compositum[62] : il n'est pas, une somme c'est-à-dire une suite d'instants. Des instants sans continuité, sans division propre, des relations infra-synthétiques ne sont pas des parties véritables du temps - mais comme les points pour l'espace - ils n'en constituent que les frontières[63]. Si l'instant était une partie, un moment authentique du temps, le temps ne serait alors qu'un effondrement, un évanouissement, or le temps n'est pas un

[58] *Diss.* 1 647 / II 399.
[59] *Diss.* 1 647 / II 399.
[60] *C. R. Pure* 1 1079 / B 438.
[61] *C. R. Pure* 1 807/B 67.
[62] XVII 293.
[63] *C. R. Pure I* 909/B 211.

effondrement-évanouissement, mais une force de différenciation et de construction actives. L'essentiel du temps n'est pas son « déroulement » mais son « ordre ». Selon la Seconde Analogie, « la relation demeure même quand il n'y a aucun écoulement ». Autrement dit : « Le temps entre la causalité de la cause et de son effet immédiat peut être comme s'évanouissant, leur relation mutuelle demeure néanmoins toujours déterminable selon le temps »[64]. Les moments véritables du temps ne sont pas des instants insécables mais des connexions continues. Le temps est une cohérence différenciatrice qui se comprend contre l'arrière-fond des trois moments transcendantaux de la succession, de la coexistence et de la permanence. Or, le déploiement ultime de ce pouvoir de différenciation ne s'effectuera selon sa pluralité conceptuelle que dans les schèmes.

La doctrine du schématisme, la notion du schème renvoie à la plus haute manifestation de « l'art caché » de l'imagination. Elle était comprise, reçue dès le commencement comme une véritable pièce maîtresse de la disposition critique. Si un Schopenhauer a cru encore pouvoir désigner l'enseignement sur le schématisme comme « une hypothèse arbitraire et indémontrable »[65], pour Schelling, il représente quasiment la clef de voûte de l'édifice du théorique[66], pour Heidegger, il est un véritable « contenu-noyau » de la Critique[67]. Le schème sert à rendre compte de « l'application » de l'intellectuel au sensible, il joue un rôle médiateur entre les deux univers du concept *a priori* et du divers sensible. Or, cette médiation n'a rien à voir avec une condition de passage, de simple transition. Le schème est moins un entre-deux, une passerelle qui relierait deux réalités substantielles, que le principe supérieur unifiant deux hétérogènes qui sans lui n'existeraient pas vraiment et surtout ne signifieraient rien.

En dépit des associations trompeuses du sens commun, le rôle de principe d'images qui est celui du schème ne renvoie encore à aucune affinité d'essence du schème avec le spatial. Si le schème est bel et bien le médiateur entre le divers sensible et la catégorie, c'est dans la mesure où il constitue la détermination de soi du temps. Dans un jugement synthétique on va au-delà d'une réalité donnée pour la relier à une autre, et le dépassement où s'accomplit la connexion exige un troisième terme. Ce « troisième » est « un médium », un « ensemble qui contient toutes les représentations et qui n'est rien d'autre que la forme du sens interne, le temps »[68]. Le temps contient donc toutes les représentations. Non pas comme cadre ou comme réceptacle mais comme médium, c'est-à-dire comme Médiation

---

[64] *C R. Pure* 1936 / B 248.

[65] Schopenhauer, *Die Welt als Wille und Vorstellung. Sämtliche Werke*, II, Brockhaus, 1949, p. 534.

[66] Schelling, *S.I.T.* 155 sq / HK I 9.1 206 s (W III 508 sq).

[67] Heidegger, *Gesamtausgabe* 25, 2. éd. p. 168.

[68] *C. R. Pure* 1 889 / B 194.

dont toutes les médiations particulières ne sont que des instances. Le temps est la véritable cause formelle de tout cet ensemble de médiations que sont les schèmes. Or, médiation signifie en dernière instance détermination. Le schème médiateur qui applique le conceptuel au sensible est une détermination, et les schèmes dans leur totalité constituent les moments de l'articulation, de la détermination transcendantale du temps[69].

Kant présente toute une série de schèmes dans un court chapitre de la Critique[70], mais comme c'était le cas pour les catégories, la portée métaphysique des divers schèmes s'avère fort inégale. Ne jouent un rôle véritable que ceux qui contribuent effectivement à la détermination, à la régulation du divers en vertu de laquelle le temps, forme pure de la sensibilité, rend possible la structuration des phénomènes par la Raison Théorique. Les schèmes de la grandeur et du nombre permettent la lecture du monde matériel comme une continuité réglée, celle de la réciprocité-communauté joue pour ainsi dire le rôle d'un principe de détermination mutuelle des phénomènes, mais seules la substantialité et la causalité fondent une véritable détermination de soi non eidétique et pourtant d'ordre conceptuel du Théorique.

Le premier schème ayant un rôle authentique de détermination du divers est celui de la grandeur. Or, son principe d'explication ou plutôt son horizon métaphysique véritable est le nombre, à savoir la synthèse de l'addition successive de l'homogène qui rassemble les uns dans un tout[71]. C'est cette nature temporelle du nombre qui préside à la constitution de la grandeur, définie comme « la conscience du divers homogène dans l'intuition en général qui rend possible la représentation d'un objet »[72]. La grandeur est donc la synthèse de l'homogène. Elle n'est pas la répétition ponctuelle de l'interrompu - c'est l'agrégat - mais une continuité qui ne cesse de s'écouler[73]. D'autre part, cette continuité n'est pas un simple flux où les « gouttes », les parties se trouveraient dans une simple contiguïté. Les éléments de la succession, les parties de la grandeur, sont réunis en vertu d'une synthèse *a priori* qui seule rend possible la représentation d'un objet.

La grandeur, ce mouvement de synthèse qui donne la succession, correspond à une détermination, à un élargissement du sens interne, à savoir à une progression dans le temps. Autant dire que le temps est « la condition a *priori* » de la succession du réel à partir d'un moment donné vers un moment suivant[74].

---

[69] *C. R. Pure* 1 885 / B 178.
[70] *C R. Pure* 1 884 sq / B 176 sq.
[71] C *R. Pure* 1 888 / B 182.
[72] C *R. Pure* 1 902 / B 203.
[73] *C.R. Pure* 1909/ B 211s.
[74] *C.R. Pure* 1 941 / B 255.

Toutefois, la grandeur n'est encore qu'une instance très élémentaire de la faculté de différenciation du temps, une détermination très rudimentaire du divers. Elle rend possible de concevoir un objet donné mais elle ne permet pas encore d'en discerner une détermination particulière[75].

Cette détermination sera l'œuvre de cet autre schème qui constitue pour ainsi dire la vérité métaphysique de la grandeur, à savoir le nombre. Le nombre est « une représentation embrassant l'addition successive de l'unité à l'unité (l'homogène) »[76]. Représenter la grandeur signifie déjà ajouter des intuitions les unes aux autres, mais ici la succession, l'écoulement du tout, ne laisse pas encore apparaître des moments articulés. En revanche, l'addition qui constitue le nombre, cette opération « graduelle », agit pour ainsi dire par des gestes séparés et distincts qui placent les unes après les autres des unités définies.

Les schèmes de la grandeur et du nombre sont la matrice de la conceptualité mathématique où le temps rend possible la représentation des phénomènes comme distincts et déterminés. Or, l'intuition qui sous-tend ces deux schèmes ne permet que la distinction des choses pendant que l'intelligibilité théorique exige le dépassement de la simple distinction en faveur d'une relation qui fonde un ordre. Le schème de la communauté ou de la causalité réciproque des substances où le moment transcendantal de la simultanéité mûrit en une détermination mutuelle des simultanés semble découvrir ce pouvoir de relation du temps[77]. Toutefois, dans la mesure où ce schème fait pour ainsi dire l'impasse sur l'irréversibilité, il ne saura jouer qu'un rôle tout formel pour asseoir l'intelligibilité propre du théorique. Si le temps est un principe de détermination, donc, en dernière instance, de conceptualité, il ne l'est qu'en fonction de sa nature propre d'irréversibilité, plus précisément de *direction.* La causalité réciproque est bel et bien une intuition de la détermination, mais elle ne s'accomplit que par un simple « va-et-vient » (*vorwärts und rückwärts*)[78], et non pas d'après une règle spécifique de la succession irréversible, analogue à celles qui gouvernent les grands schèmes de la substantialité et la causalité.

Substantialité et causalité sont les deux schèmes où éclate dans toute son originarité lumineuse l'intelligibilité de la Raison Théorique. Au-delà de la loi de la logique formelle et de l'*eidos,* mais aussi des divers échantillons de la quantité, les deux instances supérieures de la détermination de soi *a priori* du temps attestent et confirment la rationalité *sui generis* du Théorique. Le grand pari de l'idéalisme critique porte sur la spontanéité intellectuelle du temps qui, à son tour, est fondée sur l'irréversibilité en tant que matrice du concept. En logique

---

[75] Cf. *C. R. Pure* I 941 / B 256.
[76] C *R. Pure* I 888 / B 182.
[77] *C. R. Pure* I 889 / B 183s.
[78] XVIII 614.

formelle le sujet a une priorité envers le prédicat, mais en dernière instance cette subordination du second au premier peut être renversée. Il en va autrement pour ce pendant transcendantal de la relation sujet-prédicat qu'est la substantialité. Kant définit la substance comme « quelque chose qui ne peut exister que comme sujet et jamais comme simple prédicat »[79]. Dans la substantialité la relation logique ne saurait jamais être inversée : le lien qui supporte les prédicats part toujours de la substance, la substance ne saurait jamais être rendue conséquente ou dépendante des prédicats. Or, cette relation d'irréversibilité ne peut être représentée que grâce à son schème : « Le schème de la substance est... un substrat de la détermination... du temps en général qui demeure pendant que tout le reste change »[80]. Selon sa vérité profonde le schème n'est pas une réalité conceptuelle mais un moment, un déploiement de soi du temps. Dans les tréfonds de la conscience où l'entendement plonge ses racines, dans le sens interne, une espèce de ligne se déploie et dure, et cette ligne qui « commence » avec et à partir du permanent et qui aboutit au changement est le schème. La ligne ne peut pas être tracée dans un espace donné, réel, elle demeure confinée dans l'esprit, mais elle s'impose d'une manière irrésistible et permet la lecture des relations de l'expérience. Ce schème, réalité *a priori,* n'est ni principe ni structure toute faite, mais plutôt une règle qui se déploie, un mouvement, une « opération » de l'intelligence.

Le second grand schème est celui de la causalité. Si la substantialité déploie l'irréversibilité en tant que relation instaurant et différenciant le permanent et l'impermanent, l'irréversibilité propre à la causalité détermine la cause et l'effet, l'un et son autre, en instituant selon une règle leur différence. La synthèse propre à la causalité est énoncée d'une manière très complète à travers la définition de son schème : « le schème... de la causalité est le réel auquel, une fois qu'il est posé... succède toujours quelque chose d'autre. Il consiste donc dans la succession du divers en tant qu'elle est soumise à une règle »[81]. Dans les profondeurs de l'intelligence où la faculté des concepts puise ses ressorts à partir du sens interne, c'est-à-dire du Temps, une ligne se déploie qui, partant d'un moment d'origine, projette un autre et le projette selon une règle. Cette règle, cette loi, le Temps ne saurait la formuler ni l'énoncer mais il lui obéit en projetant l'effet. Sans doute, cette projection selon une règle n'indique pas une détermination eidétique mais le schème de la causalité approche de près l'instauration du Contenu. La *Critique de la Raison Pratique* enseigne : quand la causalité est pensée, il devient « contradictoire de ne pas poser B, une fois que A

[79] *C. R. Pure* 1 865 / B 149.
[80] *C. R. Pure* 1 889 / B 183.
[81] *C. R. Pure* 1 889 / B 183.

est posé »[82], et, selon un texte canonique de l'Analytique, c'est « la dignité de la causalité » que « l'effet n'ajoute pas seulement à la cause mais qu'il est posé par elle et suit à partir d'elle »[83]. À travers l'irréversibilité propre à ce moment supérieur du Temps, la succession des phénomènes est transfigurée par une lumière où la Relation ouvre la voie au Contenu.

3. *L'intelligibilité pratique*

À travers son déploiement par le schématisme qui sous-tend le monde multiple des catégories, la faculté transcendantale du Temps définit l'intelligibilité théorique[84]. L'autostructuration eidétique du Temps fonde et garantit l'intelligibilité *sui generis* du théorique et en fournit l'armature. Le pendant de l'intelligibilité théorique qu'avait exposée selon toute son ampleur la *Critique de la raison pure* sera une autre intelligibilité, qu'analyse la *Critique de la raison pratique.* Aristote avait déjà opposé le *nous theoretikos* au *nous praktikos*, qui deviendra par la suite la *ratio practica* des Scolastiques. Le Stagirite insiste sur la différence irréductible entre la rationalité de l'action et celle de la connaissance. Toutefois, le prix de cette spécificité autonome du pratique est une certaine limitation de son acuité. Si Aristote insiste pour que le pratique ne soit pas jugé à l'aune du théorique, c'est qu'il lui assigne une moindre rigueur noétique. Sans doute - écrit-il - l'agir moral obéit à une certaine régularité, fait l'objet d'un véritable connaître, mais, dans ce domaine, on ne doit pas exiger la vérité, on doit pouvoir se contenter de la vraisemblance. Cette position reste *grosso modo* prévalente jusqu'à ce que Spinoza en prenne le contre-pied radical : les théorèmes de la connaissance morale ne sont pas moins exacts que ceux de la géométrie !

---

[82] *C. R. Prat.* 2 671 / V 53.

[83] *C. R. Pure* 1 846 / B 122.

[84] La Critique explique que temps *et espace* sont les deux *modi,* les deux formes *a priori* de la sensibilité transcendantale, donc *de jure* l'espace pourrait revendiquer une intelligibilité *sui generis* du même ordre que le temps. En réalité, si Kant parle des « prédicats », des « qualités » de l'espace (C. *R. Pure* 1 1091, 1299 / B 460, 743), « des espèces de déterminations de l'espace » (*C. R. Pure* 1 790 n / A 29), si le spatial joue un rôle effectif dans la fondation *a priori* de l'homogénéité de « l' objet » (cf. M. Vetö, *Études sur l'Idéalisme allemand,* Paris, 1998, p. 17), et si l'*Opus postumum* semble même faire des efforts en direction de l'établissement d'un schématisme du spatial (XXI 485), l'espace ne reçoit pas une articulation *a priori* qui ferait pendant à celle du temps. La plus importante tentative de présenter une intelligibilité du spatial a lieu dans la discussion du « sentiment » de la gauche et de la droite *(Orient.* 2 532 / VIII 135), dans la démonstration de la réalité *a priori* de ces deux directions (cf. M. Vetö, *De Kant à Schelling* I, p. 117 sq). Et la remarque apparemment innocente sur la différence irréductible entre l'image de l'oreille gauche dans un miroir et l'image de la main droite qu'à toute apparence ne distingue « rien», *(Prolég* 2 54 / IV 285s) rappelle que le temps et l'espace, tout en n'ajoutant « rien » à la représentation d'un objet, en traduisent une dimension noétique originelle (cf. *supra* p. 40 n 43).

Kant semble emboîter le pas à Spinoza : les règles de la morale sont aussi claires et précises que les théorèmes de la géométrie[85]. Toutefois, cette convergence entre *l'Éthique* et la *Critique* a ses limites : la similarité dans l'exactitude renvoie à des rationalités différentes. Les lois de la morale ne sont pas des théorèmes de précision quantitative mais des moments propres de l'intelligibilité pratique.

Dès sa période précritique, Kant voudrait rendre justice à la rationalité spécifique du moral. Surtout, sous l'influence des moralistes britanniques Shaftesbury et Hutcheson, il retrouve le lieu métaphysique de cette rationalité dans le sentiment. Le vrai - écrit-il - correspond au connaître, le bien au sentiment, pendant du concept indisséquable du vrai, et le sentiment indissoluble du bien est présent dans chaque esprit[86]. Au début, le discours kantien met encore l'accent sur le pouvoir qu'a le sentiment de discerner le bien et le mal, sans s'encombrer de la démonstration[87]. Toutefois, le philosophe se dégagera de cet intuitionnisme facile pour aboutir à la haute notion du *respect,* c'est-à-dire à une conception du sentiment qui exprime la réceptivité de la volonté pour la loi morale[88].

En fait, la philosophie critique n'abandonnera jamais la part de vérité métaphysique que recèle le Sentiment, mais le sursumera plutôt sous la notion du *pratique.* La plus célèbre et la plus haute expression des deux grands mondes d'intelligibilité se trouve dans l'hymne final de la *Critique de la raison pratique* qui exalte le ciel étoilé au-dessus de ma tête et la loi morale dans mon cœur[89]. Dans un discours plus terre à terre, plus « conceptuel », cette dualité va être déchiffrée dans les termes traditionnels du théorique et du pratique, se rapportant respectivement à ce qui est et à ce qui doit être[90]. Et dans le langage technique de l'idéalisme critique, une Réflexion exprime cette dualité par le parallélisme de l'unité de l'aperception *a priori* -- face cachée des catégories[91] - et de l'identité de la volonté selon la forme[92].

Kant croit devoir exposer l'édifice de la raison pratique en strict parallélisme avec celui de la raison théorique, mais l'imitation des procédés du théorique s'avérera une entreprise futile dans l'univers du pratique. Si la raison pratique dispose effectivement de la même autarcie que son pendant théorique, elle doit posséder une articulation originelle. A l'image de la construction de l'Analytique du Théorique, Kant établit une « table des catégories » comme la

[85] XIX 98.
[86] *Théol. Mor.* 1 247 / II 299.
[87] *Annonce sur le semestre d'hiver de 1765/1766...*1 520 / II 311.
[88] *Th. Prat.* 3 262 / VIII 283.
[89] Toutefois, « L'espace où scintillent les étoiles n'est pas quelque chose en dehors de moi-même mais une représentation » XXI 158.
[90] *Diss.* 1 643 n / II 396 n.
[91] *C. R. Pure* 1 868 / B 154.
[92] XVIII 253.

clef de la disposition de l'Analytique du Pratique. Or, si déjà dans le domaine théorique seules quelques-unes des catégories, et non pas toutes les douze, allaient jouer un rôle effectif, la Table des Catégories Pratiques est vouée tout entière à la stérilité. Kant définit « les catégories de la liberté » comme autant de déterminations qui permettent «l'assujettissement *a priori* du divers des *désirs* à l'unité de la conscience... d'une raison pratique »[93]. Toutefois, une fois énumérées, les douze catégories, un ensemble plutôt hétéroclite de notions, exposées selon la quantité, la qualité, la relation et la modalité[94], ne seront plus invoquées dans l'ouvrage. Kant lui-même conclut l'exposé avec la remarque étrange : « Je n'ajouterai rien de plus à l'explication de cette table car elle est suffisamment compréhensible en elle-même »[95], une affirmation que - selon le grand commentateur L. Beck - personne ne lui aura encore concédée[96]... Les contemporains cherchaient refuge dans le silence[97] et Kant lui-même qui, dans ses *Réflexions,* parle ici et là de « règles du libre arbitre »[98], de « catégories du libre arbitre »[99], présente de temps en temps des ébauches d'application des catégories de la liberté[100], mais pour l'essentiel la notion aura fait long feu et elle ne contribuera aucunement à l'édification de l'intelligibilité pratique.

Les catégories de la raison pratique auraient eu comme vocation de présider à l'instauration d'« une philosophie pratique appliquée ». Pendant des *Premiers Principes de la métaphysique de la science,* la *Métaphysique des mœurs* aura effectivement l'ambition de présenter une philosophie appliquée. En réalité, ni la Doctrine du Droit ni, encore moins, la Doctrine de la Vertu ne constituent une auto articulation authentique de la Raison Pratique, mais plutôt une application des procédés de la Raison Théorique à des thèmes pratiques. Kant avait précisé dans la Préface de la Seconde Critique que les catégories pratiques étaient « appliquées... à des noumènes »[101]. Plus loin, il expliquera qu'évoluant dans le seul domaine nouménal, la raison pratique n'a pas besoin de recourir à des *schèmes :* elle domine, elle unifie immédiatement le divers du désirer[102]. Kant note que pouvoir se passer de cette sorte de la contrainte de la

[93] *C R. Prat.* 2 687 / V 65.
[94] *C. R. Prat.* 2 688s / V 66.
[95] *C. R. Prat.* 2 689 / V 67.
[96] L. Beck, *A commentary on Kant's critique of practical reason*, Chicago et Londres, 1963, p. 144.
[97] Qu'on rappelle toutefois les suggestions d'interprétation du fidèle Schütz, X 541.
[98] XIX 215.
[99] XIX 100.
[100] *Mét. M.* 3 497 / IV 247, XXIII 213, 218, 495 ; *Relig. 3* 123 / VI 101s, mais déjà *Fondem.* 2 304 / IV 436.
[101] *C. R. Prat.* 2 613 / V 6.
[102] *C. R. Prat.* 2 691s / V 69.

médiation est « un avantage qui saute aux yeux »[103], mais c'est cette absence de médiation qui voue à l'échec le parallélisme facile du théorique et du pratique. Si la Raison Pratique a une intelligibilité propre, elle n'est à chercher ni dans un système *d'eidê* particuliers ni dans un ensemble *sui generis* de catégories, mais à travers une prise de distance radicale à l'égard de toute conceptualité théorique.

La spécificité *sui generis* du pratique n'est pas une affaire de matière mais de forme. C'est une vérité morale élémentaire qu'une action humaine puisse causer du bien ou du mal, avoir une influence dramatique sur le bonheur ou le malheur du prochain, qu'elle puisse même faire objet d'acquittement ou de condamnation morale, sans pour autant accuser une véritable signification morale qui, elle, n'est fonction que de *l'intention* de son auteur. L'insistance sur l'intention est un véritable lieu commun de la morale kantienne, mais elle permet aussi de mieux cerner le sens propre de l'intelligibilité pratique. Les moralistes ont le plus souvent inclus dans leurs développements les règles de la casuistique, les principes qui permettent d'obtenir de bons résultats de notre agir, de promouvoir le bien-être de soi-même et des autres. Toutefois, les préceptes du comportement moral ne constituent pas encore de véritables lois pratiques. Les règles qui prescrivent une manière de conduite, une action donnée pour obtenir une fin, même une fin parfaitement honorable, ne sont pas encore pratiques *stricto sensu.* Ces règles « techniques », ces impératifs « pragmatiques » ne représentent en dernière instance que des « principes théoriques »[104]. Ils n'appellent pas à l'arrachement par le devoir, à l'exercice de notre faculté supérieure de liberté qui seuls entrent en compte pour déterminer la valeur morale de notre action. Ils ne présentent que des règles et des recettes dont l'adoption donnerait à notre action les meilleures chances de réussir. Bref, ils renvoient à des contenus, à des *eidê* qui décrivent, certes, notre faire moral, mais qui ne se rapportent pas à son essence pratique[105].

Considérer le moral selon le contenu, la matière, signifie renverser le pratique en théorique. Cela revient à une preuve indirecte de la spécificité de la faculté pratique : celle-ci ne concerne pas les *eidê.* Il reste alors à exposer « directement » la rationalité pratique, la raison pratique qui ne doit pas analyser la matière de notre agir mais sa forme, ne doit pas étudier des objets moraux mais la relation du sujet moral à ces objets. Après avoir exposé le Devoir, l'Autonomie, le Respect dans toute leur pureté formelle impeccable, Kant semble vouloir faire une concession au bon sens, relativiser son rigorisme dans la

---

[103] *C. R. Prat.* 2 687s / V 89s.

[104] *C. R. Prat.* 2 636 f et 636 n / V 26 et n.

[105] En fait, des propositions pratiques en vertu de leur structure logique sont chacune des jugements théoriques (*I. Introd.* 2 850 / XX 197s). Pour la structure logique (logique transcendantale) des jugements pratiques, voir M. Vetö, *Études sur l'Idéalisme Allemand*, Paris, 1998, p. 44 sq.

doctrine des postulats. Sans doute, la loi morale commande d'une manière inconditionnelle, elle doit être obéie en et pour elle-même. Toutefois, l'homme, cet être intelligible-sensible, a besoin des mobiles pour pouvoir bien vouloir. Il doit pouvoir croire qu'un Être Suprême, principe commun de la nature et de la liberté, puisse garantir que ses bonnes actions conduisent au bonheur et qu'il ait le temps, la durée, où il puisse œuvrer afin de mériter et d'obtenir ce bonheur effectivement.

Kant sera accusé d'avoir voulu ramener en Philosophie des notions que la Dialectique avait trouvées caduques, d'avoir voulu réhabiliter des thèmes de la Théologie Naturelle que la Critique a pourtant montrés impossibles à prouver. Or, l'accusation est injustifiée. L'existence de Dieu et l'immortalité de l'âme sont certes postulées par la Raison Pratique, elles ne demeurent pas moins « théoriquement indémontrables ». Elles ne sont pas des « *dogmata* théoriques » mais des principes qui se rapportent à notre agir moral[106]. Les postulats n'élargissent pas notre savoir théorique[107], mais constituent simplement des « suppléments », des « appuis » pour notre connaissance pratique[108].

Kant s'était résolu à désigner cet élargissement par la nomenclature de « postulats ». Les postulats, notions d'origine mathématique, mais qui déjà en mathématiques sont définis comme des principes « pratiques », « volontaires », ne concernent pas des « objets » mais la relation des objets à la faculté de connaître[109]. La Critique rapproche les postulats des principes de la modalité[110]. Or, ce qui caractérise la modalité c'est qu'« elle n'ajoute rien au contenu du jugement mais ne concerne que la valeur de la copule en relation à la pensée en général »[111]. Les jugements de modalité distinguent la possibilité et l'effectivité, toutefois cette relation n'a rien à voir avec le contenu : l'effectivité d'une chose ne contient rien de « plus » que sa pleine possibilité[112]. Cent thalers réels ne sont pas « plus » que cent thalers possibles... Le postulat de l'existence de Dieu ne présente pas une nouvelle et meilleure exposition du concept de Dieu. En fait, il ne dit rien de ce que Dieu est en lui-même, mais l'envisage seulement selon sa relation à la détermination de notre volonté[113]. En postulant une Idée, on n'y « ajoute » rien sur le plan théorique, celui du contenu conceptuel, on en fait seulement un mobile pour la volonté. Le postulat ne concerne pas la connaissance

---

[106] *C. R. Prat.* 2 769 / V 132.
[107] *C. R. Prat.* 2 769 / V 132.
[108] *C. R. Prat.* 2 770ss / V 133ss ; XIX 239, etc.
[109] *C. R. Pure* 1 964 / B 287.
[110] *C R. Pure* 1 964 / B 287.
[111] *C R. Pure* 1 830 / B 100.
[112] *C R. Pure* 1 975 n / B 287 n.
[113] *C. R. Prat.* 2 770 / V 133.

d'un objet mais présente une maxime d'action[114]. En postulant l'Existence de Dieu et l'Immortalité de l'Âme, la Raison Pratique n'entend pas démontrer la réalité ontologique d'un être, mais plutôt présenter une notion susceptible d'influer sur la détermination de notre volonté.

La doctrine des postulats montre que la raison pratique n'est pas une sous-espèce de la raison théorique, qu'elle ne vise pas des concepts spécifiques, à savoir des concepts d'ordre « moral », mais plutôt une relation de la raison à ces concepts. II faudrait alors se livrer à une investigation qui ne constate pas seulement ce caractère non théorique du pratique mais le déduit. Autant dire qu'il faudrait exposer la spécificité de l'intelligibilité pratique à partir de la faculté pratique elle-même.

La raison pratique cherche à déterminer la possibilité des actions morales. Or, par cette possibilité, on ne doit pas entendre les conditions de l'accomplissement ou du non-accomplissement physique de cette action, mais sa possibilité ou impossibilité morale. La raison pratique ne se demande guère si une action peut être effectivement réalisée, mais si elle peut être *voulue*. Or, la possibilité morale concerne une relation de la raison à elle-même[115].

Dans le domaine théorique, les concepts empiriques se rapportent à des *eidê,* les concepts purs, les catégories à des relations, à des connexions entre des *eidê.* Les « objets » de la raison pratique désignent, comme les catégories théoriques, des relations, avec toutefois la différence essentielle que ces relations ne relient pas deux concepts entre eux, mais indiquent la manière dont notre faculté de connaître se rapporte à elle-même. Kant identifie la raison pratique avec la volonté[116] et cet usage terminologique a une profonde finalité métaphysique : il s'agit de montrer que le savoir pratique se rapporte à des actions et que ces actions sont immanentes à la faculté de connaître elle-même. Kant ne se désintéresse pas de la question de la réalisation effective de nos volitions – il désigne une volition qui ne tient pas compte des conditions de sa réalisation comme une simple velléité[117] – mais ses investigations ne concernent guère ce qu'on peut appeler « l'énergie » de la volonté. Comme Fénelon, comme Rousseau, Kant lui aussi s'émerveille : je veux et ma main se lève ! mais son propos ne concerne pas la physiologie de l'opération par laquelle la volonté se transcrit en faire. Cette opération correspond à l'inscription de la liberté dans la nature, or Kant enseigne qu'il ne saurait y avoir de « théorie concernant la relation... de l'intelligible au sensible »[118].

---

[114] *Traité de paix perpétuelle en philosophie* 3 427 n / VIII 418 n.
[115] *C. R. Prat.* 2 677 / V 57s.
[116] *C. R.Prat.* 2 623s / V 15.
[117] *Anthrop.* 3 1067 / VII 251.
[118] *Mét. M.* 3 727 n / VI 439 n.

Dans l'interrogation sur la Raison Pratique, l'idéalisme kantien a deux préoccupations majeures. Sauvegarder d'une part l'autonomie de la faculté pratique, donc exclure toute éventualité d'une détermination par des concepts provenant du dehors, et d'autre part expliquer qu'elle peut et comment elle peut parvenir à se déterminer à partir d'elle-même. Pour Kant, l'identification de la raison pratique avec la volonté sert à parfaire la démonstration que la *praxis* - mais ce fut finalement déjà la position d'Aristote - est immanente à la raison. Au sens strict, par la volonté, la volonté pure, on ne doit comprendre que « ce qui concerne la raison pure pour pouvoir devenir pratique pour elle-même »[119]. Après deux mille ans de rationalisme pan-théorique, on peut être dérouté par l'insistance kantienne sur la primauté du pratique, on peut la trouver exagérée, mais au moins on ne pourra pas dire qu'elle est de l'ordre de la *Weltanschauung*. Si, dans le théorique, l'entendement doit recourir à la médiation des schèmes, dans le domaine pratique, rien ne trouble l'autonomie de la raison. Si la pensée, la raison, est de la spontanéité[120], alors c'est dans le domaine pratique que l'intelligence est vraiment Raison. D'où un passage étonnant de la *Première Introduction à la Critique de la faculté de juger* qui rapproche l'Entendement du Connaître et la Raison du Désirer[121].

Le rapprochement de Raison et du Désirer ne signifie encore aucunement un irrationalisme, même supérieur, de la Raison Pratique. Le désir dénote ici le mouvement, la détermination de soi, l'action propre à la volonté, non pas une compromission quelconque avec le sensible, le pathologique. La grandeur de la réflexion kantienne consiste précisément dans l'effort inouï pour retrouver le pratique au sein même de la raison, tout en démarquant clairement cette rationalité de tout ce qui ne relève que du Théorique. Kant définit la volonté comme « une faculté pour se déterminer à agir d'après la représentation de certaines lois »[122], pour « faire d'une règle de la raison une cause déterminante de l'action »[123], et dans un texte tardif il mettra les points sur les i : « on appelle volonté la faculté de désirer dont le principe de détermination interne... se trouve dans la raison »[124]. Toute cette rationalité, d'ailleurs d'un cachet très classique, garantit pour ainsi dire la clarté, la pureté, l'autonomie de la volonté, mais n'en compromet pas pour autant la nature essentielle d'intention[125]. En dépit de l'importance du rapport à l'efficace, le sens, la valeur de la volonté est à juger à

[119] *C. R. Prat.* 2 684 / V 62.
[120] *C. R. Pure* 1 1067 / B 428.
[121] *I. Introd.* 2 904s/ XX 245s.
[122] *Fondem.* 2 292 / IV 427.
[123] C. *R. Prat.* 2 681 / V 60 cf. M. Vetö, *La Naissance de la Volonté*, Paris, 2002, p. 213 sq.
[124] *Mét. M.* 3 457 / VI 213.
[125] XXIII 381.

partir de l'intention.

Kant renoue ici avec la tradition issue d'Augustin qui distingue *facultas* et *voluntas,* la force psycho-physiologique de la faculté pratique et la volonté proprement dite qui consiste dans le choix et l'intention. *Vermögen, facultas* ne représente que la force matérielle de notre vouloir[126], faculté s'oppose à volonté (morale)[127]. *Potestas* s'oppose *à arbitrium,* comme *Gewalt à Willkür*[128], ce qui est « en notre pouvoir » n'est pas la même chose que ce qu'on entend par notre « agir »[129]. Dès la période précritique Kant fait remarquer que « l'impuissant *(unvermögend)* peut encore posséder une bonne volonté »[130], car « le pouvoir » de notre volonté est à distinguer du principe de sa détermination[131]. Le philosophe rappelle qu'il ne faut pas confondre une œuvre (de la volonté) avec un effet (de la nature)[132], une production matérielle avec une action formelle[133]. La volonté comme telle, la volonté au sens propre du terme, ne se rapporte pas à l'opération psycho-physiologique mais à la maxime morale qui la dirige[134], non pas à l'objet à produire mais à l'action (volontaire)[135]. Kant avait su démasquer le travestissement du pratique en théorique quand des principes formels ont été confondus avec des concepts matériels. Maintenant, il vient de distinguer au sein même de la faculté pratique la naturalité du désir de la pure volonté. La voie est alors ouverte devant la formalisation qui permettra de discerner l'articulation propre de l'intelligibilité pratique.

Kant identifie pratique et volontaire[136]. Ailleurs, il écrit : « pratique, c'est-à-dire suffisant pour la détermination de la volonté »[137], pour préciser par la suite : « pratique, c'est-à-dire immédiatement déterminant la volonté »[138]. Ces définitions ne sont pas de vides formules. tautologiques, elles traduisent fidèlement l'autonomie de la Raison Pure Pratique. La raison pratique ne doit pas admettre pour sa détermination des principes venant d'ailleurs, elle doit se prendre pour règle elle-même. En l'absence de toute médiation extérieure, elle se détermine alors immédiatement elle-même[139].

---

[126] XXVII 279.
[127] XXVII 266.
[128] XVIII 589.
[129] *C.F.J.*2 1281 n / V 471 n.
[130] XX 138.
[131] *C. R. Prat.* 2 662 / V 45.
[132] *C. F. J.* 2 1084 / V 303.
[133] VIII 86.
[134] *Progr.* 3 1280 / XX 336.
[135] XXIII 378.
[136] *C. R. Prat.* 2 676 / V 56s.
[137] *C. R. Prat.* 2 627 / V 19.
[138] *C. R. Prat.* 2 663 / V 46.
[139] *C. R. Prat.* 2 628 / V 20s.

L'immanence métaphysique de la faculté pratique, l'autarcie de la volonté illuminent la réflexion sur son autonomie. Néanmoins, la notion de cette autonomie se révélera d'une grande complexité. La raison pratique se donne elle-même comme règle de son action, et dans une situation donnée elle doit vouloir selon cette conformité à elle-même. Or, la règle que la raison donne à elle-même n'est pas un contenu, un concept simple, monolithique. L'objet de la raison pratique n'est pas un concept empirique, en l'occurrence un concept du « domaine moral », mais une action : l'action de ma volonté qui se rapporte à ce concept. Plus exactement : la raison pratique est le pouvoir de faire le choix correct, d'accomplir la bonne action, mais elle doit rendre compte aussi et surtout de la nécessité (pratique) de cette action[140].

La visée du savoir pratique n'est pas de comprendre comment un objet est constitué, mais comment une connaissance peut devenir la raison de l'existence d'un objet[141]. Bien sûr, il ne s'agit pas d'une explication physique, théorique, mais d'une explication pratique : comment une action peut, c'est-à-dire doit, être voulue par une raison pure pratique. Comme le disaient déjà les *Fondements :* l'intention de la Critique n'est pas d'exposer nos devoirs selon leurs objets respectifs mais d'après la manière de leur force contraignante[142]. Dans la profondeur de sa conscience morale, le sujet connaît la Loi, mais ce qui importe c'est que cette loi devienne pour lui immédiatement et en elle-même principe d'action[143]. Si « pratique » veut dire la même chose que « volontaire », c'est qu'il désigne le pouvoir qu'a la raison de faire de « l'idée de la loi », du devoir, un mobile moral[144]. En dernière instance, l'objet véritable de la raison pratique n'est pas « la loi morale dans mon cœur », mais ce qui fait de cette loi « la contrainte... à une action »[145].

Kant rendra compte du pouvoir d'obligation qui émane du devoir à travers le sentiment intellectuel du Respect, ressort de la conformité *a priori* et inconditionnelle de la volonté à la loi morale choisie pour elle-même. Le philosophème du Respect est l'un des principaux échantillons du formalisme de la Raison Pratique, de ce formalisme qui se révèle comme la clef véritable de l'articulation propre de l'intelligibilité pratique dont les catégories ne rendent pas vraiment compte. Kant a intitulé sa Table des notions pratiques comme celle des « catégories de la liberté eu égard aux concepts du bien et du mal »[146], et la *Critique*

[140] *Mét. M.* 3 468 f / VI 222.
[141] *C. R. Prat.*2 664 / V 46.
[142] *Fondem.* 2 288 / IV 424.
[143] *Mét. M.*3 464 / VI 218.
[144] *C. R. Prat* 2 680 n / V 59 n.
[145] *C. R. Prat.* 2 646 / V 32.
[146] *C. R. Prat.* 2 688 / V 66.

de la raison pratique comme plus tard la *Religion dans les limites de la simple raison* auront recours à ces deux notions suprêmes pour la discussion de la philosophie morale. Toutefois, si le bien et le mal constituent les thèmes ou, si l'on veut, les pôles suprêmes de toute réflexion morale, populaire ou savante, leur rôle de « principes pratiques » a sa raison d'être proprement métaphysique. Comme le temps et l'espace sont appelés les deux *modi* de la sensibilité transcendantale[147], le bien et le mal sont définis comme les *modi* de la libre causalité de la raison[148].

Les *Fondements* comparent le rôle que joue la volonté à l'égard du désirer empirique à celui qui est propre à la catégorie par rapport au divers sensible[149]. C'est dire que, comme la catégorie est le principe formel du savoir théorique, la volonté, elle, est le principe formel du savoir pratique. Le parallélisme est instructif et fécond, mais il accuse ses limites. Les catégories de l'Entendement se rapportent au sensible selon leur pluralité pour déterminer de différentes manières un objet, tandis que la volonté joue ce rôle envers son divers comme réalité une et indivise. Pour expliquer cette différence, il faut rappeler que contrairement à l'Entendement, qui ne saurait se rapporter au divers qu'à travers une multiplicité de schèmes médiateurs, la volonté, qui a une efficace immédiate dans son monde, n'est pas obligée de se diffracter dans une pluralité de moments structuraux. Bien sûr, le non-assujettissement du pratique au prisme de la pluralité n'interdit pas encore l'articulation de la volonté. Elle peut ne pas devoir se monnayer dans un certain nombre de catégories, elle se divise néanmoins en deux grands moments qui apparaissent comme des totalités opposées.

Le formalisme kantien n'a jamais eu cure des principes matériels moraux, il a toujours récusé toute multiplicité de préceptes en matière pratique. Or, cette opposition à la casuistique, à toute éthique qui opterait en faveur de la Lettre, contre l'Esprit[150], permet finalement d'expliquer en concept « la sévérité » de la morale kantienne. Kant professe un moralisme intransigeant, radical. Il n'accepte pas de voie moyenne entre le vice et la vertu[151], il pense qu'une action doit être soit bonne, soit mauvaise, qu'il n'y a pas de place pour des compromis[152]. Or, ce rigorisme a un arrière-fond métaphysique. Si la raison pratique, la volonté n'a que deux grandes déterminations possibles, elles « couvrent » la sphère entière du volontaire et ne peuvent être que des opposés, des contradictoires absolus. Selon une définition de la *Critique de la raison pratique,* la faculté de désirer n'a que

---

[147] *C. R. Pure* 1 836 / B 108.
[148] *C. R. Prat.* 2 687 / V 65.
[149] *Fondem.* 2 325 / IV 454.
[150] *C R. Prat.* 2 695 n / V 72 n.
[151] Cf. *Mét. M.* 3 688 / VI 404.
[152] *Relig.* 3 33 et n / VI 22 et n.

deux figures possibles : désirer ou repousser[153], et le désir intellectuel, la volonté est soumise à la même articulation : c'est un pouvoir qui se rapporte « à une chose ou à son contraire »[154]. Elle doit choisir une action, c'est-à-dire réaliser une obligation ou s'y refuser. La volonté c'est finalement l'intention[155], et l'intention ne peut être qu'une et indivise, elle ne saurait se rapporter qu'à l'usage entier de la liberté[156].

Après la malheureuse parenthèse de la Table des Catégories Pratiques, le bien et le mal finiront par s'imposer comme les moments *sui generis* de l'intelligibilité pratique. Kant croit pouvoir déceler dans le cœur de chaque homme « un penchant pour désirer activement l'illicite *(das Unerlaubte)* »[157], c'est-à-dire une propension au mal. Cet enseignement sur l'un des *modi* de la volonté est pertinent aussi pour l'autre. Le mal, ce penchant pour l'interdit, est « une déviation »[158], « une transgression »[159], une « *Widerstrebung* » à l'égard de la loi[160], le bien est un effort pour s'y conformer pour elle-même. Bref, le bien et le mal sont des « manières d'agir »[161] et ne sont que des manières d'agir. La volonté n'a pas comme objet un effet extérieur mais sa propre action[162], le devenir-coupable qui est la vérité du mal est « une action intelligible »[163], « un acte de la liberté »[164]. Si le bien et le mal sont les moments par excellence, les uniques figures authentiques de l'intelligibilité pratique, c'est qu'ils ne désignent pas un contenu mais la qualité, le sens de la relation de la volonté à son contenu[165]. En toute précision conceptuelle, il ne faudrait pas parler de *choses* bonnes et mauvaises, mais des actions ou plutôt des volitions bonnes ou mauvaises. Le bien et le mal ne sont pas des choses, ils désignent la manière dont notre volonté se rapporte à des choses[166]. L'identification du volontaire avec le pratique vise une intelligibilité non-conceptuelle, analogue dans une certaine mesure à la Catégorie Théorique. Elle s'en distingue par le fait de ne comporter que deux figures d'articulation, mais qui déterminent intégralement leur objet.

---

153 *C. R. Prat.*2 680 / V 60.
154 *C. R. Prat.* 2 677 / V 57.
155 XXIII 381.
156 *Relig.* 3 36 / VI 25.
157 *Anthrop.* 3 1136 / VII 324.
158 *Relig.* 3 45 / VI 32.
159 *Relig.* 3 43 / VI 31.
160 *Relig.* 3 33n / VI 22n.
161 *C. R. Prat.* 2 681 / V 60.
162 *Fondem.* 2 305 / IV 437.
163 *C. R. Prat.* 2 667 / V 49.
164 *Relig.* 3 31 / VI 21.
165 *C. R. Prat.* 2 688 / V 60.
166 *C. R. Prat.* 2 667 / V 49.

4. L'intelligibilité esthétique

Après la publication de la Première et de la Seconde Critique, la grande construction de l'idéalisme transcendantal apparut à son auteur comme une véritable menace de scinder la raison en deux. Pour parer au danger de la scission, pour réconcilier les deux usages de la raison qui, selon sa nature profonde, ne saurait être qu'une, Kant va rédiger la *Critique de la faculté de juger*. Les contemporains, la postérité immédiate romantique et postkantienne accueillent l'ouvrage avec enthousiasme, en célèbrent les thèses sublimes, prophétiques. Ce livre complète l'édifice de la Critique et il contient l'essentiel des thèmes de la grande aventure idéaliste. En tant que critique de la faculté de juger téléologique, il est à l'origine, de la déduction schellingienne des moments de la Nature, étape épochale de l'avènement de la science du Particulier. En tant que critique de la faculté de juger esthétique, il prépare la déduction de l'œuvre d'art et, à travers elle, les idéalismes absolus de l'Identité et de l'Encyclopédie.

Cette interprétation traditionnelle de la portée historique de la *Critique de la faculté de juger* est exacte et légitime, elle reste néanmoins insuffisante. L'exposé du jugement de goût qui consacre le statut *a priori* d'un jugement portant sur un objet singulier en tant que singulier peut, certes, être considéré comme le ressort principal de la philosophie postkantienne du Contenu, mais dans son contexte originel, kantien, il représente surtout la découverte d'une nouvelle aire spécifique de rationalité. Après avoir déchiffré l'intelligibilité propre du Théorique, qu'articulent les Catégories, et celle du Pratique, que traduisent les deux principes du Bien et du Mal, on se trouve devant une troisième intelligibilité, celle de l'Esthétique, qui se lit dans la multiplicité des singuliers sensibles.

Kant voudrait réconcilier les « deux » raisons théorique et pratique, il entend montrer l'unité foncière de nos facultés de connaître. Il aura donc recours à une troisième catégorie, mais de statut métaphysique différent. Il ne parlera pas d'une troisième Raison à côté des deux autres, mais de la « Faculté de juger ». Certes, cette faculté doit bien avoir son principe propre[167], elle pourra être « déduite »[168], elle aura sa propre articulation synthétique *a priori*[169], mais sa portée cognitive s'avérera moindre. Elle fournit, bien sûr, des connaissances mais qui ne pourront pas être démontrées. La Faculté de Juger n'est pas à confondre avec le Jugement propre à la raison théorique. Ce dernier est « déterminant », tandis que la faculté de juger est « réfléchissante ». Dans un jugement déterminant, on va du particulier à l'universel, qu'on juge, qu'on détermine à

[167] *C. F. J.* 2 919 / V 169.
[168] *C. F. J.* 2 1055 / V 279.
[169] *C. F. J.* 2 1066 / V 289.

l'aune de l'universel. Le jugement réfléchissant, lui, adopte un parcours opposé : il prend son départ de l'universel pour rejoindre le particulier[170]. Il croit pouvoir reconnaître l'universel dans ce particulier mais il ne saurait rendre compte de cette présence en concept. Dans le jugement réfléchissant, on ne compare pas les données pour aboutir à des déterminations objectives, on juge le donné à travers une règle, une loi qu'on se donne à partir de soi-même[171]. Et, dans une définition lourde de sens et de conséquence, Kant déclare : dans le jugement réfléchissant qui est essentiellement un jugement de goût, on ne parvient pas à une connaissance objective, c'est-à-dire à la connaissance d'un objet, mais on rapporte simplement une représentation donnée à la connaissance en général[172].

Le jugement de goût dévoile une exigence étrange inscrite dans la perception esthétique : il nous est demandé de consentir à un jugement qui de par sa nature est singulier, car il se rapporte à un objet singulier, donc ne peut pas recevoir la confirmation par le concept. Depuis ses origines, l'esthétique errait sur des voies empruntées aux autres disciplines philosophiques. Elle croyait pouvoir rendre compte du plaisir *a priori* qu'on éprouve lors de la perception d'une chose belle à partir de la constitution « matérielle » de cette chose, du fait qu'elle illustre un sentiment noble ou qu'elle reproduit fidèlement un être, qu'elle incorpore adroitement une idée. Toutefois, la rationalité propre au jugement esthétique n'est ni pratique ni théorique, son objet intentionnel n'est pas un concept général mais une forme singulière.

Kant s'attaque à l'explication de l'énigme, de ce plaisir pur que provoque la perception d'un objet sensible, et il entreprend une discussion sur le thème de la finalité. Toutes les choses de ce monde, animées aussi bien qu'inanimées, ont une structure, une figure, qu'est-ce qui fait que certaines d'entre elles sont susceptibles de provoquer un jugement du goût ? Nous éprouvons un plaisir *a priori* quand nous percevons une harmonie dans une chose. Or, cette harmonie que nous discernons en elle, nous ne pouvons pas en rendre compte « objectivement »[173]. Les choses dont émane de l'harmonie sont belles, mais nous ne sommes pas en mesure d'expliquer cette harmonie à partir de leur constitution conceptuelle. La Faculté de Juger découvre donc une finalité dans la chose sans pouvoir l'assigner à sa structure, à sa constitution propre. À ce moment, il ne reste qu'à centrer l'attention sur cette finalité en général, cette finalité sans fin, par conséquent, mettre pour ainsi dire entre parenthèses la question des fins particulières.

---

[170] *C. F. J.* 2 933 / V 179.
[171] *C. F. J.* 2 934 / V 180.
[172] *C. F. J.* 2 975 / V 217.
[173] *C. F. J.* 2 920 / V 169.

Or, Kant n'admet pas qu'on se contente simplement, faute de mieux, comme d'un pis-aller, de cette notion d'une finalité sans fins particulières. Bien au contraire, il l'institue en concept, qui plus est, en concept par excellence de la Faculté de Juger. La finalité sans fin, cette finalité « sans disposition particulière » dont parlait déjà la *Critique de la Raison Pure*[174], devient la catégorie clef de toute cette réflexion. « La *beauté* - lit-on dans l'Analytique du Beau - est la forme de la *finalité* d'un objet en tant qu'elle est perçue en lui *sans la représentation d'une fin* »[175]. En fait, la Critique connaît deux espèces de finalités : objective et subjective. L'objective est celle qui est basée sur la présence effective d'une fin dans un objet, la subjective, celle qui ne retrouve la relation finale qu'à partir d'une conformité de l'objet non pas à son propre concept mais à une faculté de connaître[176]. Le « jugement réfléchissant perçoit la forme de l'objet... dans la simple intuition, sans concept, comme finale »[177]. Cette finalité sans fin, une finalité qui n'est pas fondée sur une fin particulière en tant que « *nexus* de la matière finale »[178], est une finalité selon la simple forme[179], « une finalité seulement formelle »[180].

C'est l'impossibilité où l'on se trouve de discerner une fin propre, particulière, dans un objet, qui conduit au philosophème de la finalité sans fin. Or, la généralité, le formalisme de la notion ne traduisent encore aucune renonciation. Si on assigne la finalité sans fin comme corrélat au jugement du goût, c'est que le Concept livré par le jugement déterminant est inapproprié pour l'esthétique. Toutefois, l'absence du concept ne compromet encore aucunement l'authentique rationalité du jugement esthétique. Le concept est pour ainsi dire interdit au jugement du goût[181] ; en revanche, l'esthétique accède à la racine même de la conceptualité. Kant prodigue des textes où la beauté, c'est-à-dire la finalité sans fin, est définie comme la conformité d'un objet à « la faculté de connaître en général »[182]. En fait, le jugement réfléchissant ne statue pas sur la conformité entre intuition et concept dans une occurrence particulière mais se rapporte à l'accord entre les facultés qui produisent les intuitions et les concepts, à savoir l'imagination et l'entendement[183]. La finalité sans fin manifeste la subordination,

---

[174] *C. R. Pure* 1 1283 / B 721.
[175] *C. F. J.* 2 999 / V 236.
[176] *C. F. J.* 2 948 / V 191.
[177]. *1. Introd.* 2 909 / XX 249.
[178] *C. F. J.*2 979 / V 220.
[179] *C. F. J.* 2 983 / V 225.
[180] *C. F. J.* 2 987 / V 226.
[181] « Une eidétique sans concept » J. Garelli, *Introduction au Logos du monde esthétique,* Paris, 2000, p. 319.
[182] *C. F. J.* 2 1002, 1056, 1071, etc. / V 238, 281, 292, etc.
[183] *C. F. J.* 2 1101 /V 317.

c'est-à-dire la conformité de l'imagination à l'entendement. Comme le dira la *Critique de la Faculté de Juger :* l'imagination dans sa liberté s'accorde avec l'entendement selon sa régularité[184]. La renonciation à toute lecture conceptuelle des instances particulières de l'image est pour ainsi dire compensée par une nouvelle instance de rationalité où l'image en tant que telle devient signifiante, sens.

La *Critique de la Faculté de Juger* insiste avec humilité sur le caractère essentiellement subjectif du savoir esthétique, fondé en logique sur la notion du jugement réfléchissant. Or, le jugement réfléchissant à travers son insistance par excellence qui est le jugement du goût, aboutira, au terme d'une dialectique subtile de l'universel formel et du sensible a-conceptuel, à la nouvelle intelligibilité du singulier.

Si la finalité est sans fin, c'est qu'il s'agit d'une connaissance sans concept. Chacun doit présupposer que son sentiment de plaisir esthétique peut et doit être éprouvé par les autres « et ce, sans médiation de concepts »[185], pour la bonne raison que « la beauté n'est pas un concept de l'objet »[186]. L'universalité et la nécessité propres au jugement de goût ne sont pas fonction « des concepts de. l'objet »[187]. Un jugement esthétique « ne se fonde pas sur un concept existant de l'objet et ne fournit aucun concept à l'objet »[188]. Bref, le principe qui préside à la communicabilité, c'est-à-dire à la rationalité du jugement de réflexion, doit être absolument « sans concept »[189].Comme dans le domaine théorique, dans le domaine esthétique aussi l'imagination informe le divers, mais elle l'informe « librement », sans concept[190].

Sans doute, à un stade donné, le jugement de goût est condamné à rencontrer le concept de son corrélat, mais, ce qui le constitue en tant que tel, c'est l'accord de nos facultés de connaître qui s'effectue dans « une appréhension avant tout concept »[191]. L'insistance sur la précédence du plaisir *a priori* par rapport à tout contenu conceptuel est la clef de voûte de l'esthétique critique. Le plaisir qu'on ressent à propos de la perception d'un objet doit précéder le jugement déterminant qui le définit en termes objectifs. Sinon, la Faculté de Juger reçoit son principe du dehors, d'ailleurs, à savoir de l'entendement, elle verse donc dans « l'hétéronomie »[192].

---

[184] *C. F. J.* 2 1144 / V 354.
[185] *C. F. J.* 2 1072 / V 293.
[186] *C. F. J.* 2 1076 / V 296.
[187] *C. F. J.* 2 1063 / V 286.
[188] *C. F. J.* 2 946 / V 190.
[189] *C. F. J.* 2 975 / V 217.
[190] *C. F. J.* 2 1067 / V 287.
[191] *C. F. J.* 2 949 / V 192.
[192] *C. F. J.* 2 1184 / V 389.

Bien sûr, le refus d'attribuer en esthétique un rôle quelconque au concept ne signifie pas de rester en deçà du concept mais plutôt d'aller « au-delà »[193]. Effectivement, si la Troisième Critique regorge pour ainsi dire de formules abruptes qui scandent le « sans concept », elle les qualifie aussi promptement. Selon la *Seconde Introduction,* dans la connaissance esthétique, il s'agit de « juger d'après une règle, non pas d'après des concepts »[194]. La spécificité du jugement de goût provient de « la réflexion en général... qui se rapporte non pas à un concept déterminé mais seulement en général à la règle touchant une perception au profit de l'entendement comme pouvoir de concepts... »[195]. En réalité cette option pour « règle » à la place du « concept » signifie un recours à la généralité mais qui ne tient pas encore assez compte de la spécificité de l'esthétique. L'esthétique est après tout une affaire de forme ! D'où l'opposition du concept à *forme.* Le jugement esthétique ne concerne que la forme de l'objet[196], le sentiment du plaisir n'est attaché qu'à la forme de la réflexion[197]. Il s'agit toujours de discerner « la finalité dans l'objet... seulement en vertu de l'appréhension de sa forme » comme conforme à la conceptualité en général[198]. En dernière instance, le goût est la source de jugements qui n'expriment que la finalité subjective de la forme d'un objet[199].

Règle et forme sont comme des pendants positifs de la négativité abrupte du « sans concept », elles attestent d'une manière efficace et instructive la rationalité spécifique qui éclate dans les jugements du goût. Or, il faut aussi noter que Kant ne renonce pas complètement à *Begriff.* Il parlera de « concepts indémontrables »[200] et de « concepts indéterminables »[201], ou plutôt de « concepts indéterminés ». Dans le beau - écrit-il -, l'imagination s'accorde avec les concepts indéterminés de l'entendement, dans le sublime avec les idées indéterminées de la raison[202]. Le sublime, de toute façon, a moins d'affinités, moins de lieux de rencontre avec le conceptuel que le beau, mais les définitions qui l'énoncent obéissent à la même logique esthétique. Si le sublime se rapporte à l'*Unform*, ce n'est pas dans le sens du difforme mais plutôt dans celui de l'affranchissement de toute limite[203], et s'il doit être défini comme grandeur absolue c'est pour lui faire

---

[193] *C. F. J.* 2 1066 / V 288.
[194] *C. F. J.* 2 961 / V 194.
[195] *1. Introd.* 2 874 / XX 220.
[196] *C. F. J.* 2 1064 / V 296.
[197] *1. Introd.* 2 901 / XX 249.
[198] *C. F. J.*2 1054 / V 279.
[199] *C. F. J.* 2 1063 s / V 296s.
[200] *C. F. J.* 2 1131 / V 342.
[201] *C. F. J.* 2 1127s / V 339s.
[202] *C. F. J.* 2 1010 / V 244.
[203] *C F. J.* 2 1018 / V 250.

éviter toute compromission avec la quantité.

La Troisième Critique ne saurait suffisamment insister sur la non-conceptualité qui prévaut dans l'univers esthétique, et elle présente la célèbre distinction entre beauté libre et beauté adhérente. Au sens strict n'est l'objet d'un jugement esthétique que « l'objet » qui est privé de structure conceptuelle, donc qui ne contient pas une « fin » objective. Des arabesques, des rinceaux géométriques, des dessins à la grecque ou encore des fleurs sans usage utilitaire sont des échantillons parfaits de cette beauté libre. En revanche, des choses de la nature susceptible d'avoir un usage par l'homme, ou encore une sculpture représentant un homme ou une femme, un roman qui déploie une histoire plus ou moins vraisemblable, un édifice qui doit héberger des personnes, remplir un rôle économique, culturel ou cultuel ne peuvent être beaux que d'une manière « adhérente », car la pureté de leur finalité est brouillée par des visées hétéronomes[204].

Sans doute, même au sein de la beauté adhérente, la beauté libre demeure l'idéal, le ressort véritable de l'exigence esthétique. Ceci dit, il faut rappeler que la beauté libre n'annonce pas une certaine irrationalité mais plutôt un nouveau régime d'intelligibilité. L'appréhension du beau met entre parenthèses tout facteur matériel[205], tout contenu, « tout texte et tout thème »[206], l'art véritable ne représente « rien », la poésie n'apprend « rien »[207]. Or, ce « rien » est bel et bien le chiffre d'une intelligibilité *sui generis*. L'Esthétique Transcendantale a parlé d'une forme qui ne représente « rien » mais qui n'est pas moins à l'origine de tout savoir *a priori* véritable[208]. Quant au jugement esthétique proprement dit, celui qui se rapporte au beau, il n'entraîne aucun accroissement de notre savoir, il ne fait que traduire une perception qui « stimule » l'exercice de nos facultés de connaître, œuvre à l'établissement de leur accord, de leur conformité mutuelle[209]. On ne doit pas représenter le jugement esthétique comme travaillant en sous-main pour les besognes de l'entendement, comme fournissant des contributions déguisées à la connaissance théorique. Le jugement réfléchissant du goût n'est jamais un simple figurant pour un jugement déterminant. La perfection intellectuelle de son contenu ne rend jamais une œuvre littéraire belle. Toutefois, en dépit de ces protestations contre l'hétéronomie du théorique dans le domaine d'un jugement qui est réfléchissant, l'*Anthropologie* croit pouvoir déclarer que

---

[204] *C. F. J.* 2 990ss / V 229ss.

[205] Par matière, on entend aussi bien la sensation que *le concept C. F. J.* 2 1067s / V 290.

[206] *C. F. J.* 2 990 / V 229s.

[207] XV 266 cf. M. Vetö, *De Kant à Schelling* I, p. 116, 120.

[208] *C. R. Pure* 1 807 / B 67. Cf. *supra* p. 40 n 43, 44.

[209] XXIV 770.

dans l'exercice du goût « la raison est secrètement à l'œuvre »[210]. Dans un cours de la période précritique le philosophe parle de l'esthétique comme d'une « logique du sentiment », il la désigne aussi comme « la science des règles de la sensibilité »[211]. Et un passage central de la *Critique de la Faculté de Juger* annonce qu'en dernière instance l'indétermination propre au jugement esthétique équivaut à « un élargissement du concept »[212].

Le corrélat par excellence du jugement esthétique est l'œuvre d'art. Or, l'œuvre d'art est à comprendre à partir de « l'idée esthétique ». L'idée esthétique n'est pas un produit de la faculté théorique, elle est un noème sensible. Kant la définit comme « une représentation, inexposable de l'imagination »[213]. En musique, elle se rapporte à « l'ensemble cohérent d'une indicible plénitude de pensées, conformes à un certain thème »[214]; en poésie, elle « permet de penser, associées à un concept, bien des choses indicibles »[215]. L'inexposable et l'indicible n'indiquent pas un apophatisme quelconque, mais plutôt une surdétermination, un débordement de sens : l'idée esthétique « contient » pour ainsi dire en puissance, d'une manière « non éclose », un nombre indéterminé d'œuvres d'art possibles[216]. Et le site, ou plutôt la source, le principe des idées esthétiques est le Génie[217].

Le génie est la notion où éclate l'intelligibilité esthétique dans sa plénitude. C'est un thème habituellement associé à l'irrationalisme, aux divers romantismes, mais, dans le kantisme, il manifeste plutôt selon son acception le plus technique « l'élargissement du concept ». Le génie est censé œuvrer par inspiration, et cette vision populaire de l'artiste créateur a de solides assises philosophiques. L'inspiration signifie l'absence de tout concept qui précéderait la production artistique, la liberté par rapport à tout modèle qui préfigurerait l'œuvre d'art. Le génie puise ses œuvres « à la source », ce qui revient à dire qu'il « les produit à partir de lui-même »[218]. Si le génie peint, écrit, compose quasi instinctivement, sans choix conscient, sans fixer son regard sur un modèle conceptuel préalablement donné, c'est qu'en lui, dès toujours, l'imagination et l'entendement se conforment l'une à l'autre. « L'originalité de l'imagination - écrit l'*Anthropologie* -, quand elle s'accorde avec des concepts, s'appelle génie »[219].

[210] *Anthrop.* 3 1057 / VII 240. La poésie ne vise pas la connaissance, mais elle n'en est pas pour autant privée de contenu, XV 267.
[211] XXVIII 59 cf. *Anthrop.* 3 964 / VII 146.
[212] *C.F.J.* 2 1098 / V 315.
[213] *C.F.J.* 2 1131 / V 342.
[214] *C.F.J.*2 1117 / V 329.
[215] *C. F. J.* 1100 / V 316.
[216] *C. F. J.* 2 1101 / V 317.
[217] *C. F. J.* 2 1097 / V 313.
[218] XV 361.
[219] *Anthrop.* 3 990 / VII 172.

Ou selon la formule, canonique : « le génie... est la disposition d'esprit innée par laquelle la nature fournit la règle à l'entendement »[220].

Dans la notion de génie l'intelligibilité esthétique, celle du singulier, arrive à son point d'accomplissement. Le génie est l'incarnation même de l'accord entre l'imagination et l'entendement, de l'unité harmonieuse de l'intuition et du concept. Or, l'originalité du génie, son unicité irréductible ne s'opposent pas encore à la multiplicité de ces êtres créateurs. Dans une Réflexion, Kant définit le génie comme « la faculté de produire ce qui ne peut pas être appris »[221], entendez : appris par un autre. En science, les grands individus construisent sur l'acquis de leurs prédécesseurs, ajoutent leurs accomplissements aux résultats du passé. Il en va autrement dans l'art. Les dons du génie sont « incommunicables »[222]. Des poètes peuvent être inspirés par Homère, ils ne peuvent pas le copier[223]. Chaque artiste doit pour ainsi dire tout recommencer, construire seul et à nouveaux frais son édifice. En revanche, il est en lui-même une instance intégrale de l'Art. Le génie est « un talent archétypique »[224], mais il peut y avoir une multiplicité d'autres génies dans son époque même, ou dans les suivantes. L'originalité du génie ne signifie pas qu'il soit unique mais qu'il ne soit pas un ectype[225]. Cette condition de pluralité non exclusive s'étend également sur les œuvres d'art, les belles choses qui représentent, chacune, une instance authentique de la beauté sans pour autant l'« épuiser ». Le corrélat du jugement de goût est une forme singulière, et cette forme singulière n'est pas un ectype qui « participerait » à son archétype mais une réalité autonome qui vaut en et par elle-même. Les jugements de goût se rapportent à des formes singulières qui ne renvoient à rien au-delà d'elles-mêmes[226], chaque fois qu'un plaisir pur atteste la perception de la beauté, un jugement singulier revendique la validité *a priori*[227].

Avec « l'élargissement esthétique du concept »[228], Kant complète l'exposé des nouvelles intelligibilités. L'intelligibilité de la raison théorique est essentiellement celle de l'entendement selon sa relation originaire à la sensibilité. Elle est fondée sur l'autoarticulation du temps dans le schématisme. Les schèmes constituent le ressort propre des catégories, moments par excellence de l'intelligibilité théorique. La catégorie est un concept pur qui ne se rapporte pas à un contenu mais à une relation entre des contenus, à une connexion spécifique de

[220] *C. F. J.* 2 1089 / V 308.
[221] XV 361.
[222] XV 392.
[223] Cf. *C. F. J.* 2 1091 / V 308.
[224] C. *F. J. 2* 1097 / V 313.
[225] XV 232.
[226] *C. F. J.* 2 1098 / V 219.
[227] *C. F. J.* 2 1056 / V 280s.
[228] *C. F.* J. 2 1098 / V 315.

deux contenus. Sans doute, les essences et les lois de la logique formelle, elles aussi, relèvent de la rationalité théorique, mais, dans la mesure où elles ne sont pas produites par la synthèse *a priori* de l'intelligence, la Critique ne les thématisera pas[229]. Quant à la raison pratique, ses principes, eux non plus, ne désignent pas des contenus, en l'occurrence des contenus « moraux », mais la relation de la volonté qui est la raison pratique elle-même à ses contenus. Dans le domaine pratique, la raison est affranchie de toute médiation par l'intuition, de toute intermission du sensible. Son efficace est inconditionnelle, elle ne saurait concerner la volonté que selon son intégralité : soit qu'elle se conforme à la loi morale pour elle-même, soit qu'elle s'y oppose. D'où les deux seuls moments authentiques de l'intelligibilité pratique, le bien et le mal. En ce qui concerné finalement l'aire esthétique, le jugement réfléchissant qui s'y pratique a comme corrélat une forme sensible. Ce jugement prétend à une validité universelle, néanmoins son objet n'est jamais qu'un singulier. L'intelligibilité esthétique s'articule dans des moments autonomes sans référence aucune à un universel. On perçoit la finalité, c'est-à-dire la beauté d'un objet, indépendamment de toute considération eidétique.

Les trois Critiques exposent trois manières de rationalité qui correspondent à des emprises différentes de la Raison à l'égard de ses objets respectifs. La pluralité des catégories de l'Entendement est le principe du savoir théorique où la connaissance est constituée par un certain nombre de moments noétiques dont chacun ne vise qu'un aspect particulier de l'objet. Dans le Savoir Pratique, la dualité exclusive des principes est déterminée par la prétention de la Raison à la domination, à la pénétration totale de son monde. Quant à la rationalité esthétique, sa renonciation à la validité « objective », à un statut « constitutif » du jugement, permet l'accès d'une multiplicité de singularités finies à l'intelligibilité. Cette triplicité de l'intelligible sera accueillie, utilisée et finalement pour ainsi dire absorbée et sursumée par les systèmes postkantiens où elle servira, certes, à l'élaboration d'un Savoir absolu, mais ceci au prix de perdre son autonomie métaphysique, qui fut probablement la plus haute intuition philosophique de Kant.

[229] Cf. XVII 386s.

LE RÔLE DE FICHTE DANS L'HISTOIRE DE L'IDÉALISME ALLEMAND*

1. Fichte oublié ?

Le rôle de Fichte dans l'histoire de l'idéalisme allemand. : c'est un titre peut-être trop ambitieux mais peut-être aussi insuffisant. Je voudrais pendant cette conférence penser et discuter le rôle de Fichte par rapport aux autres philosophes idéalistes. L'évaluation devra se faire à travers certains points essentiels de son œuvre, certaines théories particulièrement novatrices. Cela nous conduira vers une évaluation de la *contribution* de l'auteur de la Doctrine de la Science à l'enseignement de l'Idéalisme Allemand et finalement, à celui de l'histoire de la philosophie tout court.

Dans un premier moment, je vais présenter quelques citations pour illustrer surtout l'opinion des contemporains. Par la suite, je rappellerai quelques dates pour situer la vie et la production philosophique du philosophe. Finalement, on passera à un exposé plus systématique où je procèderai à une évaluation-comparaison plus détaillée de l'œuvre de Fichte par rapport à celle de Kant. Les comparaisons avec Kant conduiront fatalement à des comparaisons avec les postkantiens. Je vais tenter de montrer en quoi la *Wissenschaftslehre* parfait la critique et en quoi elle prépare la philosophie de la nature et l'idéalisme absolu de Schelling. Et je vais faire quelques remarques concernant la relation Fichte-Hegel.

Avant d'aller plus loin, je me permets de faire une mise au point. Je pense que *grosso modo* Fichte a deux grandes périodes de philosophie : la première où il apparaît comme un maillon essentiel de l'évolution de l'Idéalisme Allemand de Kant à Hegel. Et une autre, c'est la *Spätphilosophie* où Il inaugure –avant Schelling – cette réévaluation de l'idéalisme qui s'oppose à la philosophie absolue. Or je ne vais pas parler de cette seconde période – j'en ai parlé dans le second tome de mon *De Kant à Schelling* et aussi plus en détail dans mes études sur *Fichte* – au moins pas explicitement, et ceci pour plusieurs raisons. La Querelle sur l'Athéisme représente une fracture dans la vie et l'œuvre de Fichte et les priorités se transposent dès ce moment. En revanche, il y a une continuité entre les deux périodes qui est très différente de ce qui aura lieu dans la création de Schelling. Fichte réécrit inlassablement la *Wissenschafslehre*, on en connaît 18 versions différentes, or il y a des constantes qui nous permettront de puiser assez

---

* Conférence donnée au Département de Philosophie de l'Université de Montréal le 7 avril 2003.

largement - mais tacitement - pour l'exposé des thèmes de la première période dans les œuvres de la seconde.

Je voudrais commencer cette discussion par une citation de Schelling. Schelling fait cours à Berlin en 1843 – c'est-à-dire 29 ans après la mort de son aîné – dont il croit pouvoir dire : apparu comme un éclair dans le ciel philosophique de son temps, Fichte l'a rempli pour un bref moment de sa lumière pour s'abîmer rapidement dans la nuit de l'oubli. Il faudrait désormais *tout* expliquer à ses compatriotes, à peine un demi-siècle après ses premières publications célèbres[1]. Fichte pour un moment, pour un moment très bref, se trouvait au centre de la scène philosophique allemande. On parle de lui comme le Luther de la philosophie, un « second Copernic » et un des contemporains croit pouvoir dire que philosopher c'est « fichtéiser »[2]... Pour rappeler ce qu'on pensait de lui pendant les années de son enseignement à Iena, on n'a qu'à renvoyer à la célèbre formule de Friedrich Schlegel : notre époque a trois grands moments décisifs : la Révolution Française, le Wilhelm Meister de Goethe et la Doctrine de la Science fichtéenne[3]. Or à partir de la Querelle de l'Athéisme, Fichte s'était tu. Plus précisément : il publia d'admirables écrits « populaires » mais il ne voulut plus laisser au public les preuves de sa lutte acharnée et toujours recommencée pour parfaire et accomplir la Doctrine de la Science. Il se plaignait amèrement de ne jamais avoir été compris et pensait que seul l'enseignement oral lui restait encore devant l'incompréhension des lecteurs. Sans doute, les lecteurs avaient des raisons d'exprimer leur désarroi devant les déductions arides de la *Wissenschaftslehre*. Fichte lui-même parle avec regret de son idole, la brièveté[4], et si dès ses premières publications la succession de ces synthèses abstraites déroute et exaspère le lecteur, que dire par la suite quand il se mettra à se servir des caractères *a b x y* pour faire l'économie de termes techniques ? Körner a déjà dit à Schiller à propos de Fichte : c'est un philosophe qui se garde des termes techniques, en revanche, il verse résolument dans l'abstraction extrême[5]. Et on a conservé l'avis d'un censeur exaspéré qui pense qu'on pourrait très bien autoriser la publication des écrits de ce philosophe : ils ne sauraient nuire à personne car personne ne pourrait les comprendre…

L'extrême complexité, la difficulté presqu'insurmontable de son écriture aura un rôle important dans le destin de sa pensée. Si les écrits populaires ne cessent d'être réédités et même jouissent des faveurs d'un public plus large que les philosophes de métier, Doctrine de la Science elle-même et aussi les deux

---

[1] Schelling, *Révél.* I 69sq / W XIII, 51 sq.
[2] *Gespr.* 1 250; 1 397.
[3] *Gespr.* 2 336s.
[4] GA III 1 50
[5] *Gespr.* 1 341

autres cours majeurs, le Droit et l'Ethique, n'auront pas de véritable influence sur la postérité. Kant est devenu presque le philosophe de référence de la modernité, Hegel est à l'origine du marxisme et surtout sa pensée est un ressort et un principe essentiel des sciences sociales, de même que des branches entières de la philosophie comme l'histoire de la philosophie ou la philosophie de l'histoire. Schelling joue un rôle important dans l'évolution de presque chaque grand penseur depuis Kierkegaard jusqu'à Heidegger. Fichte, lui, n'est lu que par des historiens de la philosophie... Personne n'est fichtéen et le seul grand philosophe de la postérité qui esquisse un mouvement vers lui, à savoir Husserl, ne le fait que par rapport à ses ouvrages populaires. Pourtant, l'auteur de la *Wissenschaftslehre* joua un rôle immense dans l'histoire de la philosophie : il est le philosophe du « passage » du kantisme à la spéculation postkantienne.

2. Racines kantiennes et perspectives postkantiennes

Fichte lui-même écrira qu'il n'y a pas eu de salut pour les chercheurs de la vérité avant l'avènement de la Critique[6]. Et inversement, il pense également que sa philosophie, la Doctrine de la Science est l'accomplissement véritable de la Critique. D'ailleurs, le premier – et peut-être le plus grand – historien de l'idéalisme allemand, J. J. Erdmann l'appellera « le Kant conséquent ». Fichte certes a tiré les conclusions de la Critique, au moins des deux premières Critiques. Les thèmes fondateurs de sa philosophie, la subjectivité transcendantale, la déduction du savoir théorique, la primauté du pratique sont des thèmes kantiens - nous allons le voir – conduits à leur accomplissement par Fichte. Or Fichte n'est pas seulement celui qui accomplit le kantisme, il jouit aussi un rôle majeur dans le *dépassement* de l'idéalisme critique en faveur d'un idéalisme spéculatif. Comme le dit David Carr, c'est bel et bien dans son œuvre qu'« a eu lieu le passage du sujet transcendantal au sujet métaphysique »[7]. Fichte oblitère, dissout la théorie de la chose en soi et de ce fait, il ouvre la voie devant les idéalismes absolus.

Fichte est d'une certaine manière le maître de Schelling, l'inspirateur de l'idéalisme transcendantal : le Système de 1800 n'est qu'une systématisation, certes géniale et novatrice, de la *Wissenschaftslehre* ! D'autre part, ce sont des déductions du *Grundlage* et du *Grundriss* qui préparent la *Naturphilosophie*. Quant à la grande doctrine des Deux Séries, elle sera un ressort majeur, une structure de base de la pensée schellingienne, même pendant la *Spätphilosophie*[8].

---

[6] GA II 9 156s.
[7] D. Carr, *The paradoxes of subjectivity*, NewYork, 1999, p. 10.
[8] Nous avons essayé analyser et exposer la présence des deux séries chez Schelling à travers tout notre livre *Le Fondement selon Schelling*.

En réalité, toutefois ce sont deux philosophies très différentes et même le fichtéisme du jeune Schelling est teinté de Spinoza, d'un idéalisme passablement différent de la Doctrine de la Science[9] . En fait, dès le moment où Schelling devient conscient de ses forces, il se sépare de Fichte qui passera ses dernières années dans la crainte et –disons-le – la haine de la *Naturphilosophie.*

Quant à une relation à Hegel, elle n'est même pas discernée par Fichte lui-même qui ignore l'ami de Schelling et ne mentionne même pas son nom. En revanche, Hegel, lui, a beaucoup appris de Fichte. La déduction du savoir théorique est la préhistoire de la *Phénoménologie de l'Esprit*, voire même dans une certaine mesure de la *Science de la Logique*. La déduction des catégories que Fichte a systématisée recevra dans la Logique de l'Essence un déploiement incomparable. Quant à l'admirable *Droit Naturel*, Hegel le lira de près et avec profit, même s'il lui fera subir de véritables métamorphoses conceptuelles[10].

En réalité, les relations de Fichte aux trois autres grands idéalistes sont assez compliquées. D'une part, il reste dans la proximité de Kant dans la mesure où il n'est jamais tenté de dépasser, d'oblitérer la finitude. Il est aussi kantien par l'absence de spéculation historique ou religieuse dans son œuvre. Et comme Kant, lui aussi, ne fait pas grand cas des philosophes du passé, il est plutôt inspiré dans sa discussion par les contemporains. D'autre part, Fichte se considère chrétien, il est tenté de considérer la Doctrine de la Science comme l'exposé spéculatif du Prologue de Saint Jean, mais la Bible et la dogmatique chrétienne ont peu de rôle dans l'œuvre dans cet ancien étudiant de théologie. De même, il lui manque le profond enracinement hellénique, la grande culture classique des deux autres postkantiens. En revanche, il se trouve résolument de leur côté dans sa dénonciation de *l'Aufklärung*, des « philosophes » des Lumières, ces hommes légers et frivoles[11]. Et il dira également que si son œuvre n'est pas vraiment comprise par ses contemporains, c'est que ces derniers sont corrompus par l'héritage de Locke et de *l'Encyclopédie*[12]. De toute façon, les dates montrent la complexité et l'enchevêtrement des courants. Fichte est l'aîné respectivement de 8 et de 13 ans de Hegel et de Schelling. Il publie le *Grundlage* en 1794, c'est-à-dire seulement une année après la *Religion dans les limites de la raison* et trois avant la *Métaphysique des Mœurs.* D'autre part, pendant qu'il construit inlassablement ses *Wissenschaftslehre* successives, Hegel aura déjà publié la *Phénoménologie de l'Esprit* et Schelling les *Recherches sur la Liberté Humaine.*

---

[9] Voir pour cela les analyses et les remarques incisives de X. Tilliette, *Une Introduction à Schelling*, Paris, 2007, p. 13sq.

[10] Hegel consacre un chapitre important à Fichte dans ses leçons sur l'histoire de la philosophie *Hist. Phil.* 7 1977-1998 / W 20 387-415.

[11] *D. Sc.01* 114 / GA II 6 233.

[12] *W* XI 260.

Au-delà de la discussion des influences et des réceptions, il faudra plutôt considérer quelques thèmes centraux du fichtéisme pour en montrer les racines kantiennes et les perspectives postkantiennes. Ces thèmes sont – à notre avis mais cela reste un choix subjectif – les suivants. 1 La primauté du pratique et le moralisme intégral. 2 La finitude, fondée sur le non-moi et traduite par la courbe asymptotique du devoir. 3 La dénonciation de la nature et l'appel à la culture 4. L'intersubjectivité et le corps 5. La notion de la subjectivité qui inclut la théorie des deux séries et ira jusqu'à la doctrine de l'Image.

Commençons avec la primauté du pratique. On se trouve ici dans le monde de Kant : il faut restreindre le savoir pour donner de la place à la foi, d'où la supériorité du pratique *nouménal* par rapport au théorique *phénoménal*. Chez Fichte cela se manifeste de deux manières. D'une part, à travers un pan-éthicisme traduit par un « activisme ». D'autre part, par la dérivation métaphysique du théorique à partir du pratique. Dans le *Grundlage* Fichte déclare déjà qu'il faut déduire la totalité des lois théoriques à partir de l'unique loi pratique[13]. Qui plus est, la déduction des représentations comme la vérification de la première série, la série réelle par la seconde, la série idéale se fait à partir de la rupture que pratique la liberté dans le flux des représentations. Le fichtéisme, même au beau milieu du savoir théorique est un idéalisme éthique : le moi n'est qu'action, je ne suis – c'est-à-dire je ne suis moi – qu'en agissant. Il ne faut pas oublier que déjà la *Destination du Savant* s'écrie : « Agir, agir c'est pour cela que nous sommes dans le monde »[14].

Quant à l'activisme fichtéen, la philosophie du Devoir, il est inspiré par Kant et ceci de deux manières. D'une part, sur le plan pratique, d'autre part, sur le plan théorique. Kant lui-même a toujours parlé d'impératifs mais il n'était pas sûr si jamais personne avait effectivement obéi à l'Impératif Catégorique.... Fichte est quasiment obsédé par le *Sollen*, une conformité asymptotique au devoir. Il ne faut jamais cesser d'agir, il faut toujours recommencer, relancer l'action, reprendre le flambeau ! L'activisme est inspiré par le sentiment cuisant de l'insuccès, du déchirement. Le Devoir est l'intuition fondatrice de cette pensée, hantée par la conscience aiguë de notre imperfection : en dépit de tout effort moral, l'écart entre l'être et le devoir-être ne saurait jamais être entièrement comblé. Cette vision d'asymptotisme moral provient du monde pratique mais elle est fondée finalement sur des considérations théoriques. Toute métaphysique cherche en dernière instance à répondre à la grande question de la relation de l'Un et du Multiple et pour Fichte la réponse, c'est la conformation à jamais imparfaite de la Nature au Moi. Cette imperfection a des raisons proprement métaphysiques. Dans

---

[13] *Princ. O.P.* 156 / GA I 2 424.
[14] *Destin. Sav.* 90 / GA I 3 67.

le kantisme, le savoir théorique est condamné à demeurer à jamais imparfait, dans la mesure où le moi reste grevé de réceptivité. Il y a du divers sensible dans la conscience-connaissance qui lui interdit d'accéder à la spontanéité-activité sans faille, donc à l'adéquation parfaite à l'idée, à la loi. Fichte croit pouvoir rapatrier le divers kantien - comme la chose en soi – à l'intérieur de la subjectivité mais cela ne signifie encore aucunement sa dissolution ou son oblitération. Le divers sensible va pour ainsi dire hypostasié en non-moi et intégré de cette sorte dans le moi. Le non-moi est d'une finitude irréductible, d'une hétérogénéité indissoluble[15]. Le moi est grevé du non-moi, il plie sous le poids de cette altérité, il est miné du dedans par cet autre que lui. Toutefois, il faut réaliser que le non-moi n'est pas un ballast, une chose ou un poids interne. Il est plutôt une force, une tendance. Il n'est pas quelque chose d'opposé au moi, mais l'Opposition elle-même au Moi. Or cette opposition n'est pas contingente ou accidentelle mais essentielle au moi. Selon le second principe de la *Wissenschaftslehre*, le moi contient le non-moi, le non-moi s'oppose au moi. Et Fichte réussit à exprimer par une formule géniale cette opposition irréductible. L'équation du non-moi n'est pas –A = A car cela pourrait être réduit à A=A, par conséquent, comprise comme une de ses expressions. La formule authentique du non-moi est –A n'est pas A. La négation n'est pas quelque chose de secondaire mais originaire. Fichte certes, n'a pas laissé une véritable théorie du mal qu'il traduit le plus souvent en termes d'imperfection, défaut, etc, mais le non-moi dans sa négativité radicale tient lieu sur un plan métaphysique du mal. Ici Fichte est successeur de Kant – il y des textes qui rapprochent le non-moi du mal radical – et prédécesseur de Schelling, du Schelling du *Grund*. En revanche, il est fort loin de Hegel : le moi doit lutter pour vaincre le non-moi mais il n'a à sa disposition aucune dialectique qui pourrait sursumer le non-moi. Il est d'ailleurs fort logique que quand dans sa seconde philosophie, Fichte s'approche vers l'idéalisme absolu, le non-moi – comme le dit J. Drechsler – « pâlira » dans son œuvre[16]...

Le troisième thème est en continuité organique avec les deux précédents : il s'agit ci de la Nature et de la victoire que le Sujet doit remporter sur elle. Héritée de la dogmatique augustinienne-luthérienne, la nature déchue est au centre de la réflexion philosophico-théologique de l'idéalisme allemand. Chez Fichte, elle se trouve dépouillée de son armature théologique mais elle est aussi comme consolidée sur le plan métaphysique. Le non-moi *est* la nature. Elle est cette opposition incessante au moi qu'on ne saurait que subjuguer mais jamais supprimer. La nature doit être soumise à l'énergie morale du moi qu'exprime dans les écrits populaires le pouvoir du concept. Mon corps est à soumettre aux

[15] M. Vetö, *Fichte. De l'Action à l'Image*, Paris, 2002, p. 214, 217.

[16] J. Drechsler, *Fichtes Lehre vom Bild*, Stuttgart, 1995, p. 98.

énergies de mon moi, la nature est à dominer par le concept. Le résultat de cette vision est un anti-écologisme impénitent et une radicale affirmation de la culture. La volonté doit être introduite dans la nature[17], l'homme doit devenir le Seigneur de la nature, chaque chose naturelle doit devenir la propriété de l'homme. Et Fichte de célébrer la merveille de cette domination, de cette victoire sur le donné : il ne reste plus rien dans le monde qui serait comme il était de par sa nature[18]. La victoire de l'homme sur la nature est la culture, la *Bildung*, l'homme devient maître de son monde.

La culture c'est l'introduction du concept dans la nature, c'est la conformation du monde au moi. L'être donné, tout le donné, doit être converti en liberté[19]. Toute autonomie du monde est à battre en brèche. L'éducation et l'ascèse vaincront l'autonomie du corps, c'est-à-dire de la nature en moi, la technique subjuguera la nature en dehors de moi. Le résultat de la culture c'est la conformation du monde au moi. Tout cela est profondément ambigu : en tant que philosophe de la culture, Fichte fait de l'idéalisme absolu « appliqué ». En tant que philosophe de la nature récalcitrante, il rappelle l'irréductibilité de l'autre du moi. L'asymptotisme irréductible en morale comme la réflexion en théorie sont des manifestations d'une philosophie de la finitude irréductible. Fichte déclare que la *Wissenschaftslehre* n'est que la réconciliation de la philosophie avec la conscience commune, la véritable déduction de la conscience commune, donc sa justification[20]. Or précisément c'est ce qui fait de sa philosophie, une pensée désespérée et désespérante de la finitude aux yeux de Hegel et de Schelling. Le fichtéisme - surtout celui du premier Fichte – est une philosophie de la finitude simple, une finitude immédiate, impénitente, non pas celle d'une finitude, d'un *Dass* qu'on atteint, en passant – comme chez le second Schelling – par l'idéalisme absolu.

Quant au quatrième « thème central » du fichtéisme, il est tout à fait novateur à l'intérieur de l'idéalisme allemand et finalement, de l'histoire de la philosophie tout court. Fichte commence à discerner l'intersubjectivité, la spécificité d'autrui et du corps. Il ne pose pas tellement la question s'il existe d'autres esprits, il entend plutôt démontrer que sans un autre esprit, le mien n'existerait pas. S'il doit y avoir des hommes – écrit-il - il faut qu'ils soient plusieurs[21] Autant dire que l'oubli, la mise entre parenthèses traditionnelle d'autrui est dépassée et l'intersubjectivité est désormais comprise comme constitutive de l'esprit. Le moi ne saurait exister sans l'autre, je et tu sont des

---

[17] *W* IX 513

[18] *W* IX 502.

21 Cf. M. Vetö, *De Kant à Schelling* I, p. 422ss.

[20] *Princ. O.P.* 38 / GA I 2 282.

[21] *Dr. Nat.* 54 / GA I 3 347.

concepts solidaires. Or cette doctrine n'a pas seulement une dimension théorique mais aussi pratique. Le moi agissant exerce une causalité libre, l'agir émane de lui. Or Fichte enseigne que la libre causalité du moi se rapporte nécessairement à la libre causalité d'un autre moi. Je ne saurai m'attribuer de la causalité libre sans l'attribuer à un autre être hors de moi[22]. Cependant comment distinguer un autre être libre d'un autre, de quelque chose d'autre tout court ? Fichte anticipe ici la théorie hégélienne de la reconnaissance. « Tout être qui a forme humaine est intérieurement forcé de reconnaître tout autre être qui a cette forme humaine comme un être raisonnable»[23]. Or la reconnaissance fait intervenir le corps. Contrairement à toute la Tradition, Fichte distingue le corps humain du corps en général. La reconnaissance de l'autre passe par le discernement de son visage c'est-à-dire de son corps. Le corps n'est plus une chose ou un accident mais le vicaire du moi[24]: Il le présente et le représente aux autres. Et comment reconnaître le corps, ton corps ou mon corps ? Le corps qui est une véritable prolongation du moi n'est pas une catégorie empirique mais le principe de toute perception. Il n'est pas, lui, perçu mais pensé et un texte tardif finira par dire que mon corps est un concept a priori[25] !

3. Du Moi à l'Image

En dépit de la profondeur et de la richesse des quatre philosophèmes qu'on vient d'énumérer et exposer, le « thème central » le plus important du fichtéisme reste le moi, la subjectivité transcendantale. La *Wissenschaftslehre* commence avec les trois principes qui énoncent les trois moments du moi. Le moi n'est pas une chose – la critique husserlienne de Descartes est ici anticipée – mais un autre mode d'être. Le moi n'est pas un des êtres du monde mais constitue un domaine d'intelligibilité *sui generis*. Les choses du monde sont, c'est-à-dire ne sont qu'elles-mêmes ou plutôt ne sont qu'en elles-mêmes. Le moi est pour soi. Il *est* pour-soi, il ne le devient pas. Plus précisément, il était pour-soi dès toujours, il n'a pas eu un moment de son existence où il n'aurait pas encore été pour-soi. La conscience n'advient pas, rien ne la précède, voire elle ne *se* précède pas elle-même. Le premier moment du moi est toujours un second moment. Il est comme *in medias res*.

Cette intuition capitale implique plusieurs conséquences essentielles. D'abord, la conscience – mais c'est pour ainsi dire la clef de voûte de la Critique – est le principe de la connaissance. Les catégories sont déduites à partir de la

[22] *Dr. Nat.* 61 / GA I 3 353.
[23] *Dr. Nat.*106 / GA I 3 388.
[24] GA II 4 74s.
[25] *W* II 614.

conscience de soi. La logique formelle provient de la logique transcendantale. L'énoncé logique fondamental A=A est prouvé à partir de l'énoncé transcendantal fondateur Moi = Moi[26].

Le moi constitue un domaine d'intelligibilité spécifique. Sa condition pour-soi fait que son mode d'être propre est le dédoublement. Le moi de par sa nature est retour sur soi. Il existe en tant que retour sur soi et le philosophème primordial de la déduction, à savoir la répétition libre de la série réelle par la série idéale est inscrite dans l'essence même du moi. Quand Fichte enseigne : la différentiation est la subjectivité elle-même[27], il ne profère pas un dictum rhétorico-ontologique mais constate une vérité métaphysique. La subjectivité qui de par sa nature est différentiation, c'est-à-dire conscience de soi, retour sur soi, est différenciatrice en tant que principe de connaissance. En fait, il est essentiel de réaliser que la connaissance n'est pas différentiation seulement dans la mesure où il s'agirait de détacher quelque chose contre un fond opaque. Non, la connaissance est surtout transposition du réel en idéal. C'est ici d'ailleurs qu'on trouve les éléments de la théorie de l'*Image* que développera le Fichte tardif[28]. L'image qui est finalement un chiffre du moi ou du transcendantal n'est pas une chose particulièrement mince et ténue, mais une réalité d'autre ordre que les choses de l'être. L'image n'a aucune épaisseur propre, aucune consistance ontologique. Elle n'est qu'en tant qu'elle se rapporte à l'être qu'elle n'est pas, et précisément la fidélité de cette référence est fondée sur le fait que l'image n'a pas d'être à elle, d'être propre, donc ne saurait avoir son être qu'en et à partir d'un autre. Fichte appelle l'image un second être[29]. Elle a ses structures, sa régularité mais n'a pas de poids ontologique. L'image est mais elle n'est pas être et il appartient à son être de se savoir comme image, de se savoir donc ne pas être. L'image qui est la subjectivité transcendantale elle-même a donc deux moments fondateurs : se savoir comme elle est, c'est-à-dire selon son contenu propre et se savoir comme n'étant qu'image. C'est avec la doctrine de l'Image que la *Wissenschaftslehre*, au lieu de prendre la voie des idéalismes absolus, ontologiques si l'on veut, accomplit la Critique et anticipe la phénoménologie.

Pour conclure : Fichte n'a laissé finalement aucune théorie, aucune doctrine qui se serait imposée comme un acquis « définitif » de la philosophie. Et même si ses intuitions peuvent être retrouvées chez les grands penseurs de la postérité, ce n'est pas un cas d'« influence ». Or en dépit de l'apparente infécondité de sa pensée, on ne cesse de le lire. Peut-être pour illustrer la thèse que la signifiance d'une philosophie n'est pas une affaire de ses « résultats ». Plus

[26] *Princ. O. P.* 20 / GA I 2 256.
[27] *Espr. Ess.* 89 / GA I 6 340.
[28] Cf. *supra*
[29] *W* X 407.

précisément : des résultats exacts, vrais, exacts et vrais dans le sens de la conformité de l'esprit à la chose. La philosophie a toujours ambitionné de lire le monde, néanmoins elle n'est pas à comprendre comme un déchiffrement fidèle de la lettre du réel. Elle est un éclat par elle-même et elle offre une instruction précieuse sur la vérité qui n'est, certes pas analogue à celle que nous donnent des arts, mais qui est finalement plus proche des arts que les résultats de la science et de la technique. La philosophie se rapporte au monde, mais elle s'y rapporte d'une manière médiate. Si les entités et les relations du monde sont bel et bien ses objets matériels, elles doivent être interprétées à partir des structures d'intelligibilité métaphysique qui sont ses objets *intentionnels*.

L'*IMAGE* FICHTÉENNE, PARADIGME DE LA MÉTAPHYSIQUE DE LA SUBJECTIVITÉ

1. Moi et Image

Depuis Platon, la philosophie occidentale s'interroge sur le statut de l'image, et les réponses qu'elle esquisse sont généralement de teneur péjorative. D'un point de vue ontologique, l'image est d'une réalité, d'un être minimal, elle se situe au plus bas de la Ligne. Mais l'image est condamnée également à partir des considérations d'essence. Elle est reflet, reproduction de l'être mais elle ne le reflète et elle ne le reproduit que d'une manière très imparfaite. En fait, les deux considérations – selon l'être et selon l'essence – sont solidaires. La philosophie conçoit l'image comme une projection d'être, une diffraction de l'être, or la diffraction décompose et dilue fatalement sa réalité d'origine, sa source. L'image « sort » de l'être, elle est par conséquent privée de la plénitude propre à l'être. D'autre part, la sortie de l'être ne peut s'effectuer qu'à un moment ou en un lieu particuliers. Autant dire que l'image naît et existe comme point de vue, comme perspective qui manque et déforme le Tout.

Tant que la philosophie conçoit l'image comme un reflet de l'être et la prend pour une espèce de particule ontologique qui flotte dans l'air – ou plutôt dans le vide - elle ne pourra lui attribuer une réalité ontologique *sui generis*, ni une potentialité à refléter fidèlement ce dont elle est pourtant censée être l'image. Le sauvetage de l'image, l'attribution d'une réalité propre à l'image n'adviendra qu'à partir du moment où la vision classique d'un être un et indivis sera remise en question par l'institution de la subjectivité en catégorie métaphysique autonome. Le sujet transcendantal de la Critique représente l'intuition d'une condition ontologique, d'un niveau d'être autre que celui de l'être mondain et la *Wissenschaftslehre* déploiera cette intuition en une doctrine du Moi qui débouchera sur la théorie de l'Image. Le sujet transcendantal est conscience de soi et conscience du monde. C'est en tant que conscience du monde qu'il est image du monde, de l'être, mais c'est en tant que conscience de soi qu'il se sait comme image. Et c'est le se-savoir-comme-image qui rend possible une condition ontologique propre à l'image. Kant n'a cessé d'insister sur l'inséparabilité, l'indissociabilité de la conscience du monde et de la conscience de soi, mais c'est Fichte qui donnera la formulation métaphysique de cette inséparabilité.

La Doctrine de la Science baptise *moi* le sujet transcendantal. Les choses du monde, tout ce qui relève de l'être sont en soi, le moi est pour-soi. La condition pour-soi ne s'ajoute pas au moi : le moi ne devient pas pour-soi, il l'*est* et il n'est que cela. Le pour-soi en tant que tel constitue la sphère de la subjectivité qui n'advient pas, qui n'a pas de commencement, dont on ne saurait expliquer la genèse. C'est une réalité *sui generis* qui est tout en même temps représentation et représenter, et le représenter est – ou a - les mêmes contenus que la représentation. Avec le renforcement des préoccupations onto-théologiques dans la Seconde Doctrine de la Science, le Moi devient l'Apparition et l'Être l'Absolu. L'Apparition est l'apparition de l'Absolu et la *Wissenschaftslehre* tardive ne cesse de réfléchir sur leurs relations respectives. L'Absolu et son Apparition sont aussi bien identiques que différents. Ils sont identiques selon le contenu : l'Apparition est censée refléter l'Absolu. Ils sont différents selon la forme ou l'existence : l'Apparition est en elle-même et elle est autonome.

L'interrogation sur « la correspondance » entre l'Absolu et l'Apparition contient comme en creux la question du mode d'être de l'apparition. Pour mieux saisir ce que reflète l'apparition, l'analyse va envisager les manières dont cet ectype reproduit son archétype. Dans les dernières versions de la Doctrine de la Science, la problématique ontologique de l'apparition cèdera le pas aux développements sur l'Image. L'Apparition de l'Être est son image et l'enjeu de la spéculation, c'est de comprendre en quel sens peut-on concevoir *l'être* de l'image qui, sans ajouter quoi que ce soit, un plus ou un complément à l'Être, accuse une autonomie, une autarcie ontologiques. Bref, il s'agit de penser l'Image en tant que telle comme le chiffre de la condition métaphysique de la subjectivité.

2. Le second être et l'apparition

La *Wissenschaftslehre* est souvent désignée comme « égologie », philosophie du Moi. Or le Moi fichtéen n'est pas une nouvelle entité, même pas une entité très originelle, différente de toute autre mais qui ferait néanmoins nombre avec elles. Le Moi n'est pas un être particulier, mais un mode d'être particulier. Le Moi est pour-soi, quelque chose qui n'est jamais simplement soi-même ou en soi-même, mais qui fait depuis toujours retour sur soi. Si le moi est, dès qu'il existe, pour-soi, c'est qu'il est originellement et originairement retour sur soi[1]. Le Moi est un agir, or cet agir est agir noétique, agir réflexif, et *réflexif* est à prendre ici au sens étymologique. Le retour sur soi qu'est l'être même du moi constitue un mode d'être inédit, entièrement originel. Opposé à la simplicité analytique de l'être mondain, l'être du moi, cet héritier direct de l'Aperception Transcendantale de la Critique, est synthétique[2]. Le Moi est conscience, plus précisément, conscience de soi : il vise un objet – soi-même comme objet – et

[1] *2. Introd. O. P* 268 / GA I 4 213.
[2] Cf. W X 357.

cette visée constitue son être. En tant que conscience de soi, le moi ne vise pas l'objet - soi-même – comme un complément, une chose à ajouter au reste. Le Soi visé ne complète pas la sphère du Moi, mais la dédouble. Et toute l'histoire de l'idéalisme transcendantal fichtéen tourne autour du sens de ce dédoublement.

La connaissance thétique provient de la Conscience du Monde qui, en les réfléchissant, intègre les choses dans le moi. Le *telos* de l'idéalisme transcendantal c'est de confirmer la vérité de nos représentations à partir de leur subsomption sous les Catégories, ces concepts a priori. Autrement dit : cette apologétique du savoir humain qu'est la philosophie critique revient à inclure les choses du monde dans l'univers a priori de la conscience. Ce que la *Wissenschaftslehre* ajoute à cette immense construction, c'est la subsomption de la connaissance a priori des choses, c'est-à-dire du monde sous la connaissance a priori, la conscience originaire que le Moi a de lui-même. Si les représentations des choses, des entités de l'Univers peuvent être comprises comme constituant l'aire de la connaissance, c'est-à-dire du moi en expansion constante, c'est que la conscience que le moi a de lui-même est le principe de leur constellation. Dans le connaître, les représentations livrent une reproduction des êtres qui les rend présents au sujet selon un nouveau mode d'être, et toute cette panoplie de reflets, de doubles n'est possible qu'à partir du dédoublement qu'est le moi lui-même. Le Moi « se dédouble »[3], toutefois, le dédoublement n'est pas à comprendre comme un processus matériel : il ne s'agit pas de l'avènement de deux entités matériellement différentes. La non-simplicité originaire du Moi ne signifie pas l'établissement de contenus différents ; elle exprime le recourbement, le retour sur soi qui aboutit à la présentation d'une réalité identique selon le contenu, différente selon la forme, l'existence.

Le dédoublement qu'est la composition synthétique du moi pour-soi est à prendre au sens littéral. La *Spätphilosophie* parlera de « secondarité »[4], du « second être »[5], elle constatera que l'être-image est pour « une seconde fois », ou plutôt doit être « deux fois »[6]. Ces variantes tardives sur le dédoublement ne font que gloser sur les enseignements de Iéna, reformuler la théorie des « deux séries ». La conscience produit naturellement ses représentations qui constituent la première série, la Série Réelle. La réflexion, la pensée libre « revient » sur cette production nécessaire, elle la répète et de ce fait, la reconfirme. La première série est le déroulement inconscient des contenus de la conscience que la seconde série, en les reprenant à son compte, explicite et clarifie. La série réelle est le

---

[3] Cf. *Dest.* 75 / GA I 6 210. Voir aussi *Nov. Meth.* 252 / GA IV 2 225.

[4] GA II 11 312.

[5] W X 407

[6] W X 412. Schelling dira que les choses matérielles ne sont qu'une fois, tandis que la conscience est encore une fois » ou « deux fois » *WA 1827/28* 141.

déroulement mécanique de nos représentations, la série idéale leur reproduction libre. Les deux séries ont le même contenu, elles sont donc *matériellement* les mêmes. Cependant dans la mesure où la Série Réelle procède – comme le dirait Malebranche - en nous sans nous, tandis que la Série Idéale la reproduit et la représente consciemment et librement, elle se distinguent l'une de l'autre selon la forme. C'est dire que si selon l'essence, les deux séries sont identiques, elles sont radicalement différentes selon l'existence et constituent deux modes d'être différents[7].

Cette explication de la conscience, par conséquent de la connaissance à partir de la théorie des Deux Séries reste un acquis de l'idéalisme fichtéen, mais elle s'estompe, si l'on veut, elle s'efface dans la *Spätphilosophie.* La Seconde *Wissenschaftslehre* est la relecture de la philosophie du Moi à partir des préoccupations onto-théologiques. Les investigations épistémologiques du *Grundlage* et du *Grundriss* se transposent, se métamorphosent dans le foisonnement des exposés spéculatifs successifs, et le Moi-même lui-même subit une altération de son statut ontologique. Le souci de méditer l'Absolu, de thématiser l'Être a comme contrepartie la majoration, l'extension de la portée ontologique du Moi. Tant que les textes de Iéna ont mis entre parenthèses l'Être, le Moi pouvait se cantonner dans un statut transcendantal, au sens de la Critique. À partir du moment où Fichte se résout à le penser contre l'arrière-fond de l'Absolu, à l'horizon de l'Être, le sujet transcendantal lui-même s'épanouit pour devenir une véritable personnification ou plutôt hypostasiation du Subjectif.

La Seconde *Wissenschaftslehre*, surtout ses versions d'avant 1810, est essentiellement la discussion des relations réciproques de l'Absolu et de son Apparition. L'Absolu est l'Être désormais thématisé tandis que l'Apparition est le successeur du Moi. L'Apparition est l'apparition de l'Absolu, elle a à le présenter, et à le représenter, le présenter et le représenter fidèlement. D'autre part, l'idéalisme transcendantal est arc-bouté sur l'affirmation de l'autonomie du subjectif, par conséquent, l'hypostase du subjectif, l'Apparition, doit jouir d'une autonomie métaphysique parfaite. Les deux exigences de la fidélité parfaite *et* de l'autarcie radicale de l'Apparition par rapport à l'Être peuvent sembler exclusive l'une de l'autre. Pour la dialectique spéculative de Fichte, elles sont solidaires, voire elles s'impliquent l'une l'autre. L'Apparition est l'Apparition de l'Absolu et elle ne l'est que si elle est *comme* Lui[8]. L'Absolu est libre et parfait, par conséquent, l'Apparition doit être, elle aussi, libre et parfaite[9]. Qu'en est-il maintenant du « contenu » de l'Apparition, de son « essence » ? L'Apparition est,

[7] Les développements essentiels sur les deux séries se trouvent surtout dans la *Première* et la *Seconde Introduction à la Doctrine de la Science.*

[8] W IX 447.

[9] Cf. W X 19, 29. Voir aussi M. Vetö, *Fichte. De l'Action à l'Image,* p. 200s.

et elle n'est que reflet d'être ; en elle-même n'ayant pas d'être, elle ne peut renvoyer qu'à un être étranger. Or il n'y pas d'être étranger – car il n'y a pas d'être du tout – en dehors de l'Être. L'Apparition ne peut alors que se référer à l'Être dont elle doit refléter, « copier »[10] les plénitudes apophatiques[11].

La *Spätphilosophie* fichtéenne refuse toute explication génétique de l'Apparition, elle interdit tout discours sur son avènement à partir de l'Absolu. Fichte – comme déjà le jeune Schelling[12] – insiste : il ne saurait y avoir de descente à partir de l'Absolu mais seulement une remontée vers lui. Cette affirmation est une thèse épistémologique aussi bien qu'ontologique. La *Wissenschaftslehre* ne saurait expliquer l'origine de l'Apparition à partir de l'Absolu, c'est-à-dire la genèse du Moi à partir de l'Etre. L'impossibilité épistémologique signifie ici l'indéductibilité de l'Apparition qui revient à affirmer sa facticité radicale. Fichte a toujours enseigné que le moi est un univers clos, impénétrable, et qui se suffit, un « œil clair… et refermé en soi-même où rien d'étranger ne saurait entrer… »[13]. Et l'enfermement du moi en soi-même, son hétérogénéité irréductible à tout ce qu'il n'est pas, se retrouve dans la métaphysique de l'Apparition. L'Apparition est « la conséquence immédiate de l'Absolu », elle ne saurait faire objet d'aucune déduction [14]. Elle n'a pas de « principe », ne résulte d'aucune genèse, on ne « trouve » à son origine qu'« un *hiatus* irrationnel »[15].

Le discours énigmatique des textes tardifs sur l'Absolu et son Apparition pourrait être pris pour la manifestation d'« une dérive » du fichtéisme vers une mystique spéculative. En fait, il ne s'agit que de la relecture des positions plus anciennes. Les rapports entre l'Absolu et son Apparition obéissent à la logique qui prévaut dans les relations entre les deux séries de la conscience. De la Première Série à la Seconde, il n'y a pas de passage naturel, si l'on veut logique, on ne saurait parvenir des données de la conscience à leurs libres représentations qu'en vertu d'un véritable saut[16]. Et la grande *Seconde Wissenschaftslehre de 1804* va jusqu'à comparer la naissance de la Série Idéale à partir de la Série

---

[10] W IX 530s.

[11] W X 13.

[12] Schelling, *Dogm. Crit. Pr. E.* 185 / *HK* I 3 83.

[13] *D. Sc. 1801* 1 60 / GA II 6 167. Dès l'*Enésidème*, Fichte enseigne qu'on doit expliquer la conscience sans avoir à en sortir pour chercher un fondement extérieur *Enésid. R.* 164 / GA I 2 55. L'homme doit être *né dans* le savoir *TL* 16 / 120 (les chiffres arabes après *TL* / renvoient à la pagination de W IX), aucune parcelle de la vérité ne nous provient du dehors, il ne faut pas « chercher le savoir en dehors du savoir » W X 312.

[14] *Silh. R.* 145 / W II 696.

[15] GA II 8 249.

[16] *1. Introd. O. P.* 255 / GA I 4 197.

Réelle à une *creatio ex nihilo*[17]. L'origine de la conscience est inexplicable[18], elle naît par « fulguration », « *per hiatum* »[19]. Pour la comprendre, il faut partir – c'est l'unique voie praticable – d'« une présupposition absolue »[20] : le « je suis pour-moi est un fait »[21], il « résulte » d'une production sans référence aucune à quoi que ce soit qui le précède ou qui lui est extérieur.

3. *L'image imageante*

La réflexion sur l'Absolu et l'Apparition est de la spéculation onto-théologique qui reprend à sa manière l'antique question métaphysique de la dualité. La tradition a toujours compris la dualité comme l'opposition entre deux êtres ou plutôt entre deux niveaux d'être, des niveaux de valeur, de poids, de réalité différents. L'idéalisme transcendantal, lui, conçoit la dualité non pas comme prévalant entre deux niveaux, mais entre deux modes d'être. Il parviendra à exposer, à articuler cette dualité à partir du philosophème de l'Image. La notion est présente dès la *Destination de l'Homme*, mais elle ne sera thématisée, érigée en concept que dans les dernières versions berlinoises de la Doctrine de la Science. Les définitions fusent : « si la philosophie a comme tache de trouver une unité qui soit immédiatement d'elle-même dualité, non pas simple unité, il lui faut concevoir l'image[22]. Ou bien : « toute la synthèse de la dualité dans l'unité… est une pure production de l'image »[23]. Le *Bild* est la clef de voûte de cette métaphysique de dualité relative qu'enseigne l'idéalisme transcendantal fichtéen, et elle l'est dans la mesure où elle en traduit les notions fondatrices de synthèse, de secondarité, de pour-soi. L'image est second être, composition en face du *Singulum* insécable de l'Être apophatique[24]. Elle est l'être « non-simple »[25], elle existe « dispersée…. dans la duplicité »[26], selon une condition « synthétique »[27]. « L'être-pour-soi étant la forme d'être absolue… de l'image »[28], l'Image vaut comme un chiffre véritable du Moi.

[17] GA II 8 282.
[18] Cf. *Princ. O. P.* 21 / GA I 2 260, *Rapp. R.* 77 / GA I 7 249.
[19] GA II 8 236 et 324.
[20] *Princ. O. P.* 126 / GA I 2 388.
[21] *2. Introd. O. P.* 270 / GA I 4 214.
[22] W X 46.
[23] W X 363.
[24] Cf. GA II 8 178.
[25] *TL* 64 / 174.
[26] W X 21.
[27] W X 54.
[28] *TL* 64 / 172.

L'Image jouera dans les derniers textes fichtéens le « rôle » de l'Apparition[29]. L'Apparition c'est la subjectivité hypostasiée en l'Autre de l'Être, de l'Absolu, mais elle est le plus souvent présentée selon l'ordre descendant (ou ascendant) de ses hypostases, et maintenant Fichte reprend la construction des niveaux successifs de l'Image. Il parle de *Bild 1*, de *Bild 2* et de *Bild 3*, et sans qu'on puisse en présenter une interprétation complète et sans faille, les trois Images pourraient être comprises comme correspondant respectivement au Verbe-Apparition, hypostase de la subjectivité, au moi transcendantal et au moi individuel[30]. Les exégètes de la *Spätphilosophie* consacrent des discussions détaillées à l'ordre de ces niveaux, à l'échelle ontologique qu'ils constituent[31], mais dans cette étude nous ne voulons traiter que du statut de l'Image comme catégorie métaphysique fondamentale[32]. L'Image, le *Bild* est chiffre de la subjectivité, une notion où Fichte retrouve et explicite la charge transcendantale de ses premiers grands écrits. L'Apparition, elle, mettait en lumière la secondarité, la condition de présenter ou de représenter propre au moi. Avec l'Image, le représenter retrouve les sources de la subjectivité dans l'aperception transcendantale : cela permettra la réunion des deux composants du subjectif, de l'agir synthétique. L'Apparition, elle non plus, n'a pas perdu complètement son moment essentiel d'action, de synthèse, mais dans le *Bild*, ce noyau d'actif se trouve unifié d'une manière inédite avec le représenter. L'Image parvient à dépasser sa condition antique, péjorative de reflet, de copie où la super-ficialité tient lieu d'être monolithique et elle assume sa dualité d'essence du subjectif, en tant qu'image *imageante*. Autant dire que l'image en tant que produit et l'imag*ination* en tant que production paraîtront en une synthèse indivise.

Le moment particulièrement novateur de cette spéculation c'est la dynamisation de l'Image, or cette dynamisation n'est pas un simple jaillissement mais une synthèse véritable. Traditionnellement, l'image, l'*eikon* n'est qu'un reflet, et sa déficience, son indigence proviennent de cette condition sans intériorité, sans dimension d'existence propre. Fichte, lui, creuse le *Bild*, applique le regard de la pensée sur ce reflet ténu pour discerner en son sein l'agir du *bilden*. L'Image cessera d'être une réalité en pure perte, une espèce de pelure, au mieux un *species* pour se transposer, pour se métamorphoser en action. La

---

[29] Cf. W X 348.

[30] Cf. M. Vetö, *Fichte. De l'Action à l'Image*, p. 137 sq, 183s.

[31] Voir surtout le grand livre de J. Drechsler, *Fichtes Lehre vom Bild*, Stuttgart, 1955 cf. X. Tilliette, *Fichte. La Science de la Liberté*, Paris, 2003, p. 231-242.

[32] Pour des approches de cette problématique voir C. Asmuth, *Die Lehre vom Bild in der Wissenstheorie Johann Gottlieb Fichtes* in *Sein-Reflexion-Freiheit. Aspekte der Philosophie Johann Gottlieb Fichtes*, éd. C. Asmuth, Amsterdam/Philadelphia, 1997, p. 269-299 et Ch. Danz, *Das Bild als Bild : Aspekte der Phänomenologie und ihre religionsthematischen Konsequenzen*. Fichte-Studien 18 (2000), p. 1-17.

Wissenschaftslehre déploie des efforts prodigieux pour lire *Bild* comme *bilden*. Le *Bild* n'est plus un simple résultat, une espèce de retombée d'un agir noétique : selon sa vérité de moi, de pour-soi, de série idéale l'image est image*r*[33]. Si Kant a su réhabiliter l'imagination en discernant en son sein un pouvoir actif de production, Fichte établira contre vent et marée la dignité métaphysique de l'Image. L'image est projection ; imager, le *Bild* est « projeter »[34]. La portée, la signification conceptuelle de la projection est moins le jet, le lancer, la propulsion que le mouvement, l'avènement immanent sans référence à quoi que ce soit d'extérieur ou d'antérieur[35]. L'Apparition – synonyme ici de l'Image - est « génétique en elle-même à partir d'elle-même »[36]. Ce concept-successeur du moi qu'est l'image n'est pas à comparer à un miroir mais à un oeil : il est productif mais c'est une production en pleine autarcie[37]. La projection est, certes, un processus mais un processus dont l'être est identique avec l'être de son résultat, de son *projectum*.

Un cours de 1805 définit la raison comme « une image imageant elle-même d'une manière absolument immédiate »[38]. Voilà que l'unité originairement synthétique de l'aperception transcendantale fait surface, pour se retrouver dans cette vision du moi qui aussi bien *est* image qu'*a* de l'image ! La relation imageante – comme l'enseignera plus tard un Wittgenstein – appartient à l'image[39] qui est projection projetée ou *projectum* projetant. L'image est un dédoublement synthétique : elle reproduit en elle-même la relation qui prévaut entre les Séries Réelle et Idéale : elle a l'actif, le concevant-comprenant de la Série Idéale, le passif, l'être-contenu de la Série Réelle. Or, le *Bild*, image imageante accuse cette relation « secondaire » également « à l'extérieur », envers l'Être. Comme le Moi-pour-soi, comme l'Apparition n'ont pas d'être mais le représentent, « l'être » propre à l'Image, lui non plus, n'est pas de l'être mais du représenter. Autrement dit : la question de l'être de l'Image ne concerne ni un acte d'être ni un contenu-essence mais plutôt un *comment*.

4. *La différenciation*

La *Wissenschaftslehre* est la fille aînée de la Critique, elle est née sous le signe de la Théorie de la Connaissance. Or si la philosophie critique cherche

[33] GA II 8 374.
[34] W X 17 cf. 33, 79, etc. La projection est « l'accouchement d'une image » W X 25.
[35] W X 60.
[36] *TL* 39 / 145.
[37] Cf. *supra* p. 83 n 13. Voir la Lumière-Apparition comme « un imager (*bilden*) renfermé en soi-même » GA II 8 374.
[38] GA II 9 192.
[39] Cf. A. Kenny, *Wittgenstein*, Londres, 1973, p. 55.

l'origine de la conscience, elle n'entend pas vouloir en repérer le lieu de naissance, déterminer la région, l'entité, bref, l'être d'où elle serait « sortie ». Quant à l'antériorité que l'idéalisme transcendantal attribue à la conscience, elle n'est pas affaire d'une priorité selon le temps : la déduction de la validité des Catégories n'a rien à voir avec une localisation chronologique au sein d'un pré-empirique fictif. La finalité de la déduction transcendantale ne concerne pas l'antériorité de l'idéal envers le réel, mais l'altérité radicale de la Conscience par rapport à l'Être. Fichte lui-même ne fera que continuer sur la lancée de la Critique. Juge sévère – comme d'ailleurs d'autres postkantiens - de « l'explication » causale[40], il se refuse à penser la réflexion sur l'origine de la conscience en termes d'une investigation causale. Le discours que tient la causalité – écrit-il – parle d'une série réelle, non pas d'une série double : la force de l'agent, du sujet passe dans quelque chose en dehors de lui, produit de l'être en dehors de l'intelligence, non pas pour elle[41]. Or si les représentations dépendent du Moi, ce n'est pas selon le régime causal. L'autarcie du moi signifie qu'il est principe, non pas cause de soi. L'idéalisme ne cherche pas à expliquer comment et quand le moi serait venu à l'existence, mais comment il *est* moi. Le moi n'est pas un être causal. Bien au contraire, si on lui attribuait un tel être, il cesserait d'être moi.

La condition spécifique de la subjectivité ne relève pas de l'être ni de l'essence, l'Image n'est pas une catégorie ontologique. Comme l'Apparition, le *Bild*, n'est pas de l'être ou si l'on veut, n'a pas de l'être, et il n'est non plus de l'essence. Les images sont, certes, des contenus mais elles ne sont pas que cela et l'Image en tant que telle n'est pas un contenu, mais ce qui fonde la condition de contenu[42]. L'Idéalisme Allemand tout entier est une immense entreprise conceptuelle pour réhabiliter le particulier et il aboutira chez Schelling et Hegel en une véritable métaphysique des contenus. Le fichtéisme constitue un maillon essentiel de ce processus, or son apport à lui concerne essentiellement non pas les contenus mais le contenu comme tel. La *Spätphilosophie* disserte avec des accents onto-théologiques sur la relation entre l'Absolu et son Apparition, mais elle entend déduire la condition de l'Apparition comme image *de l'Absolu* à partir de sa condition d'*image* absolue[43]. Les divers contenus particuliers ne sont pas à faire dériver d'un contenu primordial, suprême, ils sont à comprendre à partir de la condition « contenu ». L'Entendement, image imageante, produit le *x*, l'image suprême, essentielle[44]. Or, le *x* n'est pas une image donnée – même pas une

[40] Cf. M. Vetö, *La Naissance de la Volonté*, p. 179.
[41] *1. Introd. O. P.* 254 / GA I 4 196.
[42] *TL* 28s / 133s.
[43] Cf. M. Vetö, *Fichte. De l'action à l'image*, p. 199s.
[44] W X 39.

super-image – mais ce qui permet de concevoir quelque chose comme image[45]; *x* est contenu dans la mesure où il rend possible la représentation de quelque chose comme contenu, contenu par un autre, non pas existant en lui-même.

La réflexion sur l'Image, sur le sens du Subjectif glisse vers la reconnaissance de l'image *comme* image, non pas être, et à partir de ce moment *eidos* est pour ainsi dire délaissé en faveur de *noesis* : le sens de l'image, de l'image imageante, n'est pas le concept mais plutôt ce qui permet de reconnaître la conceptualité. La vérité métaphysique du subjectif, de « la compréhension » est « position d'images en tant qu'image »[46] . L'essentiel du sujet en tant qu'image imageante n'est pas d'accéder à une image donnée, d'en former un concept, mais de savoir différencier ce qui n'est qu'image de ce qui est être ou plutôt ce qui n'est qu'être de ce qui est image.

Depuis Platon, les philosophes ont beaucoup discuté sur la condition de l'image, de sa différence native par rapport au réel, à l'être. Or précisément, l'essence de l'image, de l'image imageante consiste dans le pouvoir de différencier, plus précisément de se différencier de ce que soi-même, sujet, on n'est pas. Sans doute, les hommes se prennent plus facilement pour un morceau de lave gelée dans la lune que pour un moi[47], pourtant, la conscience est capable de distinguer immédiatement entre le Moi et cet autre « absolu » qu'est le Non-Moi[48]. On se distingue des choses autour de nous et en nous également en vertu de cette aptitude à se distinguer du Non-Moi, mais en dernière instance, si on peut se distinguer de tout ce qu'on n'est pas, ce n'est qu'en vertu du pouvoir de se distinguer de soi-même[49]. Par ce pouvoir de distinction, le dédoublement synthétique qui est l'essence même du moi vient au jour. Le Moi, l'Apparition, l'Image sont des dédoublements, or le dédoublement qui constitue leur être n'est pas de la simple répétition mais de la différenciation. Fichte définit l'intuition, principe de tout véritable connaître comme la faculté même du subjectif[50], cependant l'être même du subjectif n'est que la différenciation. La *Spätphilosophie*, elle, ne cesse de recourir au thème de la différenciation - ou de l'auto-différenciation – comme le noyau central de la subjectivité. Selon le cours célèbre sur la Logique Transcendantale, on n'obtient l'image qu'en vertu de ce « complément » par rapport à l'être qu'est « la différenciation absolue »[51]. La loi de la réflexion elle-même ne fait qu'exprimer « la différence entre l'être et

[45] Cf. W XI 65.
[46] W X 33.
[47] *Princ. O. P.* 75n / GA I 2 326n.
[48] *Conc. Ess.* 70 / GA I 2 151ss.
[49] *Princ. O. P.* 127 / *GA* I 2 390, *Dest.* 90 / GA I 6 218.
[50] W X 425.
[51] *TL* 38 / 144.

l'image »[52], toute compréhension présuppose la clarté absolue de la différence entre l'être et l'image, et c'est dans « cette clarté que consiste précisément l'entendement absolu »[53]. La différence est différenciation, le *comme* subjectif[54], un pouvoir synthétique[55]. La différence est l'être même de la subjectivité pensante : elle est concept, le « concept a priori primordial qui différencie le savoir de la pierre, du bois brut »[56].

5. Le mode d'être de l'image

Dans ses ultimes constructions, la *Wissenschaftslehre* présente avec subtilité et profondeur l'image selon sa vérité subjective comme un concept pur, celui de la différence différenciatrice entre le savoir et la chose. L'extrême complexité de cette intuition tient à la condition à première vue tellement ambiguë du savoir qui n'est lui-même que dans la mesure où il se différencie de ce qu'il n'est pas : la référence à un autre appartient à son essence, il n'est lui-même, il n'est en lui-même qu'en vertu d'une relation - même si cette relation n'est que négative - à quelque chose « en dehors » de lui. Par conséquent, « l'être » du savoir, consiste à se concevoir différent de tout être qui pourrait être son objet. L'idéalisme fichtéen entend exprimer et expliquer cette ambiguïté d'origine par un maniement généreux des termes comme non-être, néant ou rien afin de désigner la subjectivité, l'image imageante. La *Wissenschaftslehre* tardive apparaît ici comme une espèce d'ontologie négative, or comme toute noétique négative, elle recèle, elle aussi, un *telos* positif. Elle annonce et elle énonce que l'image manque d'être, qu'elle n'est rien, qu'elle est néant. Néanmoins, ces tirades sur la condition de non-être propre à l'Image ne dénotent aucunement une absence de réalité. Elles renvoient, bien au contraire, à un mode d'être très réel, le mode d'être du subjectif.

Fichte décline sur tous les registres le non-être du subjectif, or si d'un point de vue proprement ontologique, on ne doit pas assigner de l'être à l'image, c'est que l'Image, l'Image imageante, n'est pas, non plus, de l'ordre de l'essence. Sans doute, l'image *est*, mais elle est autrement qu'un être. Elle est également *quelque chose*, mais elle n'est pas un *eidos*. Comme le moi, à savoir la dimension pour-soi, cet ajout synthétique n'est *rien* par rapport à l'en-soi, l'image n'est *rien* que le rapport à son imagé[57]. La même chose vaut pour l'Apparition : elle n'est

---

[52] W X 80.
[53] *TL* 38 / 144.
[54] W X 373.
[55] W X 357.
[56] W X 448.
[57] W IX 564.

que l'expression de l'Absolu, un « second être » par rapport au premier[58] dont elle n'a aucune part, donc elle non plus n'est *rien*. L'image ne fait que refléter l'être, par conséquent, elle ne possède, elle, aucun « être effectif »[59]. Le non-être propre à l'image veut dire que l'image est comme « l'être en dehors de l'être »[60]. L'être-image pur et simple, l'être-image comme tel est opposé à l'être « véritable »[61], par conséquent, la *Wissenschafslehre* est doctrine de savoir donc d'*image*, non pas doctrine d'*être*.[62] La *Doctrine de la Science de 1813*, parle de deux « moitiés », « une moitié-être » et « une moitié-image »[63]. C'est Parménide qui semble avoir eu raison : il n'y a rien dans l'être qui ne soit pas de l'être, il n'y a que de l'Être et « à côté » de lui, en dehors de lui, la *Bildlichkeit*[64]. Fichte ne cesse de présenter des variantes terminologiques de cette opposition fondamentale : il parle de *Bildsein* et de *Seinsein*[65], et pour dramatiser son propos, il déclare que Dieu lui-même n'étant que de l'Être ne saurait avoir des pensées, quelque chose de l'idéal, de l'image[66].

Le moi, le pour-soi, bref, le subjectif n'est rien. L'image est non-être. Or il est non-être parce qu'il est non-essence. En 1801 Fichte écrit que « l'image du Moi est le point »[67], trois ans plus tard, il définit « le pur je pense » comme « un point »[68]. Le point est, certes, la non-extension, mais il est aussi et surtout la non-articulation, la non-structuration. Si le moi est point, c'est qu'il est sans épaisseur propre, entendez : sans épaisseur *conceptuelle*. En dépit de l'emprise croissante des préoccupations « spirituelles », onto-théologiques, le moi, le subjectif conserve chez le second Fichte sa condition d'origine d'agir et en tant que tel, il reste dépourvu de prédicats[69]. Et c'est précisément parce qu'il est lui-même dépourvu de prédicats, qu'il lui est possible, qu'il lui est loisible de refléter, de représenter tous les prédicats. L'image n'ajoute rien à la chose, car elle n'est rien en elle-même, c'est-à-dire qu'elle n'a pas d'essence propre, spécifique. La *Wissenschaftslehre de Königsberg* appelle l'image « supplément d'être » ou

[58] W X 407.
[59] W X 69.
[60] GA II 11 104.
[61] *TL* 99 / 211.
[62] W IX 564 cf. "ein blosses Bild ist die Wissenschaftslehre, unabhängig vom Seyn" W X 319. C'est dans ce sens que la Doctrine de la Science n'est pas ontologie mais « phénoménologie » W X 95, XI 40.
[63] W X 77.
[64] W X 334.
[65] W X 41.
[66] W X 376. Dieu est « une primordialité non-imageable » *Disc.* 217 / W VII 382.
[67] *D. Sc. 1801* 1 59 / GA II 6 288.
[68] GA II 8 52.
[69] *Princ. O. P.* 126 / GA I 2 388.

Beisatz[70], le cours sur la *Logique Transcendantale* parle de *Zusatz* [71]. Il faut se rappeler que dans la *Critique de la Raison Pure* « Zusatz » est comme le statut du transcendantal[72], il correspond donc à une réalité formelle, non pas matérielle. Autant dire que Fichte reste ici aussi fidèle à l'esprit – et à la lettre - de Kant : si le subjectif, l'image est un « supplément d'être », il n'est pas pour autant une addition : l'image reflète l'être, elle ne le complète pas.

L'Image n'est ni être ni essence. Elle n'a pas de traits spécifiques particuliers, ni de contenu propre[73], ou si elle en a, c'est ce qu'elle reflète donc ce qui se trouve en dehors d'elle, ce qui provient d'ailleurs. Le mystère de l'Image, du Subjectif c'est qu'il dénote le renvoi à un être étranger, tout en étant radicalement séparé de tout ce qu'il n'est pas. Dans l'esprit de sa réfutation de la Chose en soi, Fichte explique qu'on ne saurait penser quoi que ce soit qui serait hors de notre pensée[74]. Plus tard, il dira que rien d'extérieur ne pourrait entrer dans la conscience de soi[75]. Mais on peut lire dès la *Première Introduction à la Doctrine de la Science* qu'entre l'intelligence et la chose il se trouve une béance sans pont[76]. La béance sans pont signifie qu'on ne saurait atteindre le sens du subjectif par des moyens puisés du monde des choses : l'image en tant que telle ne saurait faire objet d'une définition qui aurait recours à des prédicats. Fichte avait demandé un jour à ses étudiants – c'est l'anecdote célèbre reportée par Steffens – de ne penser à rien d'extérieur mais de se concentrer, d'aller au-dedans d'eux-mêmes. « Les auditeurs paraissaient ainsi sollicités à aller effectivement en eux-mêmes. Certains changèrent de posture et se levaient ; d'autres se repliaient sur eux-mêmes et fermaient les yeux… « Messieurs, poursuivait Fichte, pensez le mur… »… les auditeurs pensaient effectivement le mur et cela semblait réussir à tous. « Avez-vous pensé le mur ? demandait Fichte, alors pensez celui qui a pensé le mur ». Il était fort curieux d'observer le trouble et l'embarras que cette injonction semblait maintenant manifestement causer »[77]. L'on pense facilement et naturellement des choses, mais on ne saurait penser, penser d'une manière thétique, le sujet pensant lui-même, le soi. Pour le comprendre, le saisir, il faudrait qu'il soit mis en rapport à une chose, relié à un prédicat, or – comme l'enseigne la *Wissenschaftslehre nova methodo* - « le moi n'a pas de maillon auquel le donné pourrait être relié »[78]. « Le je pense – Fichte invoque la

[70] GA II 10 242 ; 118.
[71] *TL* 38 / 144.
[72] Cf. M. Vetö, *De Kant à Schelling* I, p. 116 ; II, p. 283 n. 62.
[73] W X 24, 40.
[74] *Dest.* 139 / GA I 6 246.
[75] *Dest.* 107 / GA I 6 228.
[76] *1. Introd. O. P.* 254 / GA I 4 166.
[77] *Gespr.* 2 17.
[78] *Nov. Meth.*124 / GA IV 3 389.

Critique – doit accompagner toutes les représentations. Mais lui, on ne l'atteint pas »[79].

Le Moi ne pourrait pas être « atteint », entendez : atteint par la pensée thétique, il ne saurait faire objet d'une représentation. Sans doute, le moi n'est ni un plus ni un niveau ontologique particulier, néanmoins, la théorie de la subjectivité, le philosophème de l'image imageante n'ont rien à voir avec l'apophatisme propre à la doctrine de l'Absolu. L'image est, mais elle n'a pas d'autre être que l'être-image[80]. L'Image, plus précisément l'Image imageante – comme l'Apparition – ne fait que de « copier » l'Être, néanmoins elle y ajoute du « sien »[81]. Mais qu'entend-t-on par ce « sien » ? Certainement pas une addition, une intensification ou altération de niveau ontologiques. Déjà le *Grundlage* explique que les activités du moi se déterminent selon leur direction[82], et sept ans plus tard Fichte écrit : ma pensée a des contenus objectivement déterminés, donc donnés selon l'essence, mais je les rends miens en leur imprimant une direction[83]. La direction ne modifie rien selon le détail, en revanche, elle revient à un changement complet pour le tout ; elle n'altère pas les contenus, mais les subsume sous une nouvelle forme. Quand la série change de direction, il y a dédoublement, mais sans introduction de contenus nouveaux. L'image imageante, la nouvelle forme, n'ajoute rien aux contenus donnés qu'elle réunit et rassemble. Elle n'est que « la lumière »[84] qui, en les éclairant, les fait apparaître selon leur essence et leur articulation réciproque ; elle rend transparent leur tout, et cette « transparence » est son essence à elle[85]. L'image imageante apparaît alors comme le chiffre d'une nouvelle anamnèse, l'explication éclairante des contenus de la conscience. Encore avant l'avènement du philosophème de l'image imageante, la *Wissenschaftslehre de 1801* présente comme en un raccourci cette grande thèse de l'anamnèse transcendantale. Le savoir reste toujours le même mais « il sera élevé du zéro de clarté, en lequel il *est* seulement mais ne se connaît pas, à la clarté absolue… ». C'est dire que « l'affaire de la Doctrine de la Science n'est pas… la production du neuf, mais seulement la transfiguration de ce qui était là éternellement… »[86]. L'Image est imageante, elle n'ajoute rien au donné mais elle le pose, elle le reproduit selon un mode d'être *sui generis*.

---

[79] GA II 5 346.
[80] *TL* 54 / 171.
[81] W X 383.
[82] Cf. *Princ. O. P.* 123 sq / GA I 2 385 sq.
[83] *Rapp. R.* 71 / GA I 7 244.
[84] W X 37.
[85] W X 43.
[86] *D. Sc 1801* 1 39 / GA II 6 143.

6. Les deux voies du sauvetage de l'image

La philosophie moderne s'était donné comme mission de sauver les phénomènes et cela passe par la réhabilitation des images. Autant dire qu'il faudrait octroyer ses lettres de noblesse au particulier. Pour la métaphysique classique, le particulier gît dans les marges de l'être, dans des creux où ne se répand que très parcimonieusement la lumière de l'essence. Le particulier existe, mais il n'existe à peine, sa condition difficile est fonction de l'écart originel entre l'existence et l'essence. L'essence ne saurait se réaliser comme telle, s'incarner selon son universalité sans faille. Le particulier traduit un compromis déficient, partiel entre l'existence et l'essence. Il n'est qu'à partir d'une perspective fatalement limitée, le rançon de son existence est la finitude dans la fragmentarité. Les entités où se reflète l'*eidos* ne sauraient l'accueillir qu'à partir d'un point de vue limité. Seul un aspect, un élément, un moment de l'essence s'actualise dans un particulier, une image, et l'actualisé est condamné à vivre dans le temps, principe d'irrationalité, de contingence. Le temps s'écoule et son impermanence déteint sur ses créatures : les images ne sauraient être aptes à une condition de véritable articulation-structuration. Or avec la refondation métaphysique du Temps par Kant, du temps comme forme a priori, principe des schèmes transcendantaux, c'est une nouvelle donne métaphysique. Désormais les êtres particuliers, images de l'*eidos*, ne sont plus des fragments malheureux et tronqués de l'essence, mais des réalités se référant à la condition a priori, pourvues de l'intelligibilité de l'Essence. Le particulier, l'image est consolidé, l'*eikasia* se métamorphose en imagination transcendantale, productrice.

Toutefois, cette voie de sauvetage combien effective et signifiante ne suffit pas encore. Le particulier, l'image se voit offrir de la stabilité mais qui ne signifie pas pour autant une véritable autarcie. L'image reçoit sa légitimation à partir d'une déduction a priori, mais elle continue à faire partie d'un univers homogène où, soumise, dépendante, elle jouera toujours par rapport au réel un rôle secondaire, subalterne. Elle peut être image, image fidèle, image légitime, mais elle n'est qu'*image*, donc elle n'*est* pas vraiment. Pour pallier aux carences de cette réhabilitation incomplète, il faudrait repenser l'image à partir de la subjectivité qui la produit. L'image n'est pas intelligible *en dépit* de sa subjectivité, mais précisément, en tant qu'elle est moment du subjectif. Elle n'a pas de réalité nonobstant une valeur, un degré ontologique minimal, mais du fait de relever d'une condition autre qu'ontologique. L'Image est à comprendre à partir de la subjectivité qui la forme – c'est la position de la Critique. Or il faut aller plus loin : l'image n'est pas seulement une production a priori du sujet, voire un moment organique de son être. Si Fichte s'efforce de dépasser la conception de l'image imagée en faveur de l'image imageante, c'est qu'il entend repenser l'image en termes de subjectivité et la subjectivité en terme d'image.

Spinoza a voulu couper court à la régression infinie en métaphysique. Il enseigne : l'idée d'une idée a le même contenu que l'idée, la seconde idée est identique à la première. Fichte, lui, explique qu'en « imageant » son archétype, l'ectype lui ajoute du « sien ». L'image a un « plus » par rapport à son original et elle a ce plus précisément en tant qu'elle est image *imageante*. Le sauvetage de l'Image ne passe pas par la confirmation de sa fidélité sans faille à l'égard de son objet ni par l'assignation d'une réalité ontologique au *Bild*. L'image n'est réhabilitée, si l'on veut, elle ne fait objet d'une véritable déduction transcendantale qu'à partir d'une relecture en termes du pour-soi, du moi. C'est parce que le Moi est une réalité *sui generis* qui n'advient pas à partir de quelque chose d'autre mais se pose absolument lui-même que l'Image possède une réalité métaphysique *sui generis*. Le dernier Fichte paraît manier le paradoxe quand il déclare : seules les images sont et elles ne représentent rien[87]. Effectivement, seules les images sont – dans le monde de la subjectivité qui se pose ; et elles ne représentent rien – ce sont des essences phénoménologiques qui tirent leur légitimité à partir de la conscience transcendantale qui les pose. Si la Seconde *Wissenschaftslehre* parachève la déduction de l'Image, c'est dans la mesure où la Première *Wissenschaftslehre* a pu mener à bien la déduction de la subjectivité. L'idéalisme transcendantal entend racheter l'image. L'image paraît constituer avec le sujet une tête de Janus, une tête à deux faces. Cependant en dernière instance, ces deux faces ne font qu'une. Le sujet n'est qu'imageante et l'image subjective.

---

[87] W IV 375. Voir déjà le texte célèbre de la *Destination de l'homme* : « Les *images* sont : elles sont la seule chose qui existe, et elles ont connaissance d'elles-mêmes à la manière des images – des images qui passent, flottantes, sans qu'il y ait quelque chose devant quoi elles passent ». *Dest.* 147 / GA I 6 251.

LE TÉMOIGNAGE DE L'ESPRIT SELON HEGEL

1. Philosophie et théologie

Hegel a commencé sa carrière d'écrivain avec ses *Theologische Jugendschriften*, et si les écrits de Iéna et de Nürnberg ne consacrent que peu d'espace à une réflexion explicite sur les enseignements du Christianisme, à partir de l'*Encyclopédie* il pourra repenser en philosophe la théologie chrétienne. Hegel croit pouvoir et devoir présenter un exposé spéculatif de la dogmatique chrétienne, il critique violemment ses contemporains qui voudraient limiter la religion au sentiment et qui n'envisagent que des procédés extérieurs, empiriques, dans leur approche des vérités de la foi. Apologète philosophique du Christianisme protestant, il salue avec sympathie et enthousiasme le penseur bavarois, Baader, qui insiste sur la rationalité profonde de la doctrine chrétienne selon son expression catholique. Hegel parlera avec approbation de « la gnose de Monsieur de Baader » dans la seconde édition de l'*Encyclopédie*[1], mais auparavant c'est dans une lettre au philosophe de Munich qu'il avait exposé d'une manière très saisissante sa position. Contrairement à tous ceux qui veulent éclairer les enseignements de la religion par des futilités grammaticales ou historiques, Hegel professe, en dépit de leur différence selon la forme, l'identité de contenu de la philosophie et de la religion. Une identité dont l'Esprit Saint donne témoignage[2].

Le philosophe oppose ici le témoignage de l'Esprit à un savoir seulement « historique » des choses de la foi et, faisant cela, il reprend des notions traditionnelles de la théologie protestante. Contrairement aux Catholiques qui font appel à la Tradition et au magistère de l'Église pour garantir l'origine divine des Écritures et pour en interpréter les enseignements, la Réforme récuse tout recours à l'extérieur, plus précisément, à une extériorité humaine. Elle pense que seul le Saint Esprit qui avait inspiré les Écritures peut nous faire admettre leur origine divine et nous assister dans la compréhension de leur contenu. Le texte biblique est, certes, cohérent et compréhensible en lui-même mais « la clarté extérieure » n'est rien en l'absence de cette « clarté intérieure » que l'Esprit nous communique et qui, seule, permet de discerner le vrai sens des passages scripturaires[3]. Seule l'assistance de l'Esprit Saint conduit le chrétien à la

---

[1] GW 19 16.

[2] *Br* IV 2 50s. Sur ce texte voir H. Grassl, *Hegel an Baader. Ein unveröffentlichter Brief.* Hegel-Studien 2. (1963) p. 105-110, et E. Susini, *Lettres inédites de Franz von Baader* V, Francf. /M. 1983, p. 301-304.

[3] J. Köstlin, *Luthers Theologie* I, Stuttgart 1901, p. 379s.

compréhension « intérieure » de sa Parole[4] qu'aucun homme ne saurait obtenir par ses propres forces[5]. La Parole de Dieu s'exprime avec un art admirable, mais elle n'« obtient point foi dans le cœur de l'homme si elle n'est pas scellée par le témoignage intérieur de l'Esprit. Par quoi il est nécessaire que le même Esprit qui a parlé par la bouche du prophète entre en nos cœurs et les touche au vif...»[6]. À l'origine, le témoignage de l'Esprit connotait seulement l'inspiration divine et la véracité de l'Écriture Sainte, mais la théologie protestante le comprendra de plus en plus comme la condition et le moteur d'une connaissance intérieure, d'une compréhension spirituelle des choses de la foi. Opposée à cette foi intérieure, spirituelle, se trouve une foi historique qui n'est qu'« une crédulité vulgaire par laquelle on assentit à ce qui est narré dans l'Évangile »[7]. C'est une foi qui suit la lettre, non pas l'esprit de la Bible, qui ne dénote qu'un assentiment extérieur à des doctrines, sans attachement véritable par le cœur[8]. Bref, une adhésion à des croyances non-« nostrifiées »[9].

2. La foi historique

Si Hegel discute dès le commencement la question d'une connaissance seulement historique en matière religieuse, l'expression Témoignage de l'Esprit, *Zeugnis des Geistes* n'apparaît que tardivement sous sa plume. Les *Theologische Jugendschriften* l'ignorent encore. Quant à la *Phénoménologie de l'Esprit*, elle parle de « l'esprit qui est le témoin de soi-même »[10], mais le terme technique théologique de « Témoignage de l'Esprit », n'est pas attesté avant un discours de 1818. Hegel aura complété à cette date l'*Encyclopédie*, c'est-à-dire élaboré son système et de ce fait, mené à bien sa réflexion sur la relation mutuelle entre religion et philosophie. Il y a une identité de contenu, malgré la différence de forme, entre religion et philosophie. La philosophie explique par la pensée ce que la religion exprime par la représentation et c'est cette « justification » conceptuelle des contenus de la religion qui est le témoignage de l'Esprit[11].

Hegel se veut apologète du Christianisme en face de ces théologiens qui ne peuvent ou ne veulent plus confesser la foi de leur église, mais sous sa plume le théologoumène du *Zeugnis des Geistes* prend un sens fort différent de ce qu'il possédait chez les Réformateurs ou dans la dogmatique de l'orthodoxie

---

[4] J. Köstlin, *Luthers Theologie* II, Stuttgart 1901, p. 8s.
[5] Luther, *Werke*, Erlangen Ausgabe, XIX, p. 9ss.
[6] Calvin, *Institution* I vii 4.
[7] Calvin, *Op. cit.* III ii 1 n. a.
[8] H. Heppe, *Die Dogmatik der evangelisch-reformierten Kirche*, Neukirchen, 1935, p. 422.
[9] K. Barth, *Kirchliche Dogmatik* IV 1, Zollikon-Zürich, 1953, p. 855.
[10] *Phénom* 2 107 / GW 9 301.
[11] GW 18 25.

protestante[12]. Sans doute, les théologiens utilisent interchangeablement les formules 'témoignage de l'Esprit' ou 'témoignage du *Saint* Esprit', néanmoins on devrait remarquer que Hegel ne se sert de la seconde formule qu'une seule fois, précisément dans la lettre à Baader, et même là « saint » est mis entre parenthèses comme une espèce d'explication ou plutôt une simple précision. D'autre part, l'utilisation de la minuscule, elle non plus, n'est pas fortuite. Hegel, certes, déduit en concept le Saint Esprit de la théologie trinitaire, néanmoins, il utilise le terme surtout selon une acception proprement philosophique. Saint est l'« universel »[13] ou « le rationnel »[14] et non pas le composant d'une notion de théologie positive. Surtout, il ne faut pas penser à l'agir ou à l'influence d'une réalité divine extérieure. Ce n'est pas l'Esprit Saint qui, en m'assistant, me donne un témoignage de la vérité de mes croyances, mais « le divin en moi » qui « est le saint témoin de Dieu »[15]. Il y a donc glissement d'un Dieu transcendant vers un divin en moi, un glissement qui finit par renverser les données même du problème. Si le plus souvent Hegel reste fidèle à l'expression classique, Témoignage de l'Esprit, au moins dans un de ses textes il viendra à parler du « *témoignage* de *mon* esprit »[16]. Et cette intériorisation paraît conduire à une humanisation complète, à une réduction définitive du divin à l'humain. L'Encyclopédie reste encore ambiguë. « La foi - écrit-elle - repose sur le *témoignage de l'Esprit* qui, en témoignant, est l'Esprit dans l'homme »[17]. Par contre, la *Philosophie de l'Histoire* est plus explicite : « Luther - lit-on dans ce cours - a remplacé l'autorité de l'Eglise par la *Bible* et l'esprit *humain* »[18]. Sans doute, le passage provient d'un texte oral, donc d'une autorité somme toute relative, il n'en est pas moins une indication précieuse des véritables implications de la spéculation hégélienne : une relecture finalement rationaliste de l'héritage grandiose des Réformateurs.

Luther, qui n'avait cessé de confesser la souveraineté transcendante de Dieu n'aurait certainement pas souscrit à cette interprétation de son enseignement et, d'autre part, la formule hégélienne, restituée dans le contexte total du système, permettra d'en nuancer le réductionnisme. Sans doute, le philosophe entend lutter contre tout supranaturalisme dogmatiste, mais rien n'est plus loin de son esprit qu'un humanisme naturaliste. Il ne veut pas réduire le divin à l'humain mais retrouver Dieu dans l'homme. Et à cette fin, il exposera à travers toute l'œuvre de

---

[12] Hegel ne mentionne que dans un seul de ses écrits la notion *Témoignage de l'Esprit* selon son acception traditionnelle théologique et même là, en la critiquant GW 16 292, 295.

[13] W 18 95.

[14] *Enc.* 3 539 / W 10 232.

[15] *Jac.* 40 / GW 15 27.

[16] GW 17 74. L'italique du *mon* est de nous.

[17] *Enc.* 3 361 / GW 20 556.

[18] *Philosophie der Geschichte.* W 12 497. L'italique du *humain* est de nous.

sa maturité la rationalité immanente de notre conscience religieuse, la vérité profonde de notre savoir de Dieu.

En réalité, le combat contre ses adversaires théologiens n'est qu'un moment d'une lutte plus générale que Hegel livre aux modèles a-conceptuels et contingents du savoir. C'est dans le contexte de l'interprétation des doctrines de la foi qu'il énonce la thèse concernant la connaissance (seulement) historique[19], mais il retrouve dans tous les domaines de la réflexion l'imperfection propre à ce niveau de connaître. Depuis ses commencements la philosophie poursuit la quête de la science et censure l'opinion. Comment se contenterait-elle alors d'un savoir qui ne serait qu'opinion et assurance historiques ? La véritable philosophie ne doit pas être « une description d'histoire naturelle » des formes de la pensée[20] ou une simple énumération des moments de la conscience[21]. Elle ne doit pas se contenter de ces « vérités nues » qui ne se rapportent qu'aux êtres singuliers entrevus d'une manière arbitraire[22]. Elle n'a pas à admettre des procédures contingentes de la réflexion, de la simple ratiocination[23], mais doit tendre à suivre et à déduire les connexions nécessaires entre les contenus. Le véritable savoir philosophique n'a pas à être un récit de ce qui arrive, mais la connaissance de ce qui est *vrai* dans cet événement[24]. À ce moment, on comprend la lettre à Baader : les arguments grammaticaux et historiques ne donnent qu'un « témoignage sans esprit »[25]. « L'Esprit n'a que faire de l'*historia*, il n'importe pour lui que ce qui est en et pour soi »[26]. La pensée cherche à « justifier » le contenu religieux, or la véritable « justification » ne saurait être historique et extérieure. Elle est le témoignage de l'Esprit, le témoignage qui s'impose quand la représentation religieuse est pénétrée par la lumière du concept[27].

C'est avec l'*Encyclopédie* que Hegel achève son exposé de l'esprit absolu. La religion exprime l'esprit absolu selon la représentation, la philosophie selon le concept. Philosophie et religion ne se différencient que selon la forme de leur manière de connaître, le contenu de leur connaissance étant le même. Sans doute, le concept est une forme de connaître supérieure à la représentation, entachée d'extériorité et apparaissant comme du « donné ». Toutefois, la religion doit être pour tous les hommes, pas seulement pour les esprits cultivés, donc un

---

[19] GW 1 85.
[20] *Sc. Log.* II 60 / GW 12 28.
[21] *Enc.* 1 508 / W 8 146.
[22] *Phénom.* 1 35 / GW 9 31.
[23] *Enc.* 1 / GW 20 120.
[24] *Sc. Log.* II 51 / GW 12 22.
[25] *Br.* IV 2 51. Cf. « historisch und begrifflos », *Phänomenologie des Geistes.* GW 9 9 ; « historisch » rapproché d'« unphilosophisch », *Rechtsph.* 2 81.
[26] *Vorl.* 5 163.
[27] GW 18 25.

savoir de l'esprit absolu sous forme de la représentation est quelque chose de tout à fait légitime[28].

Au terme des déductions spéculatives compliquées le résultat paraît d'une banalité frappante. L'idéalisme absolu semble renouer, malgré lui, avec l'antique justification rationaliste de la religion par les limitations intellectuelles du grand nombre. Le Témoignage de l'Esprit ne peut se formuler que selon le niveau de culture qui est propre à la conscience, par conséquent la vérité tombe nécessairement dans « les relations et les déterminations de la finitude »[29]. Or précisément, à partir d'un certain niveau culturel il y a des choses auxquelles on ne pourra plus croire ![30] Autant dire que la représentation religieuse n'est qu'un pis aller, un compromis temporaire et qu'elle est vouée fatalement à être dépassée.

Hegel est un adversaire irréductible de la prétendue religion naturelle du rationalisme moralisant des Lumières qu'il pourfend avec le même acharnement que son correspondant Baader, pourtant, à travers et au- delà d'un appareil conceptuel incomparablement plus sophistiqué, ne répète-t-il pas les positions simplistes des « philosophes » du XVIIIe siècle ? Bien sûr, rien n'est plus loin de l'apologète spéculatif de la dogmatique chrétienne que de vouloir réduire la religion à la condition d'un niveau inférieur du développement culturel. Néanmoins, à travers les revendications spéculatives de la philosophie de la religion on discerne la survie, une survie bien active d'une métaphysique rationaliste qui ignore toute intelligibilité immanente propre à une religion positive. Sans doute, c'est encore le jeune Hegel sous l'emprise des Lumières qui pérore contre le rôle apologétique des miracles : « des vérités éternelles... ne peuvent pas être fondées sur des phénomènes contingents du monde des sens...»[31]. Mais est-ce que le discours de 1818, énoncé programmatique d'une pensée arrivée à sa pleine maturité, fera autre chose que de reformuler l'impossibilité de fonder l'éternel sur le temporel, sur les faits[32] ? Quelques années plus tard, exprimée d'une manière plus « hégélienne », cette thèse sera réitérée : l'extériorité d'une connaissance historique ne convient pas à « un contenu absolu »[33].

Hegel professe l'identité de contenu de la religion et de la philosophie et il considère la représentation religieuse comme une manifestation authentique de l'esprit absolu, mais cette authenticité n'est-elle pas finalement plutôt relative ?

---

[28] *Br.* IV 2 50.
[29] *Enc.* 3 361 / GW 20 556.
[30] *Vorl.* 3 239.
[31] GW 1 291.
[32] GW 18 25.
[33] W 18 92.

L'admirable édifice des *Leçons sur la Philosophie de la Religion* est un monument de la rationalité immanente des figures de la religion positive, mais est-ce que cette rationalité est vraiment inconditionnelle, est-ce que la validité du savoir *religieux* ne se trouve pas ébranlée par la constitution du savoir *philosophique* ? La représentation religieuse est d'une manière très légitime l'expression de l'Esprit Absolu, la seule qui soit accessible aux intelligences privées de culture rationnelle, mais est-ce que le point de vue religieux pourra survivre après l'avènement du concept ? La religion exprime les exigences du cœur mais continuera-t-elle à jouer un rôle nécessaire chez le philosophe ? Est-ce que les contenus de la religion positive, ses représentations, ont encore une signification pour celui qui vit et respire dans le monde du concept ? Bref, est-ce que le philosophe lui-même peut et doit être, lui aussi, homme de la religion ? Et si l'on imaginait l'impossible, si l'humanité atteignait un jour un stade de rationalité et de culture complètes, y aurait-il alors des raisons qui militeraient encore pour la survie d'une religion même « absolue » ? Les textes qui brodent sur le thème du Témoignage de l'Esprit semblent dire que la véritable signification, la rationalité, la véracité immanente de nos représentations religieuses ne se vérifient que par leur réduction, ou si l'on veut par leur « justification » en thèses conceptuelles.

Hegel rappelle sa foi luthérienne quand il invoque le principe du Témoignage de l'Esprit[34], et il va jusqu'à dire que ce principe propre du Protestantisme signifie ne rien admettre en conscience qui ne serait pas justifié par la pensée[35]. Le contenu spécifique de la conscience religieuse du chrétien est l'unité du fini et de l'infini, c'est-à-dire le Dieu concret, celui de l'Incarnation, mais l'attestation de ce fait n'est qu'intérieure, un témoignage de l'Esprit. La philosophie doit expliciter ce témoignage intérieur, « muet », en le conduisant jusqu'à l'élément de la pensée[36]. Ces mots ont été prononcés dans un cours de 1824 et ils sont déjà bien forts, mais trois ans plus tard Hegel pour ainsi dire récidive et il met alors les points sur les i. Le véritable témoignage de l'Esprit est la philosophie qui développe le contenu religieux, la représentation d'une manière scientifique[37]. Le Témoignage de l'Esprit permet le déploiement objectif et articulé des vérités de la foi, par conséquent, l'établissement d'un véritable système de dogmatique. Finalement : « le contenu est justifié par le témoignage

[34] W 18 94.
[35] *Phil. Droit* 76 / W 7 27.
[36] *Vorl.* 5 146.
[37] *Vorl.* 5 183ss.

de l'Esprit dans la mesure où il est pensant. Le Témoignage de l'Esprit est la pensée »[38].

La boucle vient d'être bouclée. Le Témoignage de l'Esprit, naguère principe théologique de l'assistance gracieuse du Dieu transcendant ne signifie désormais que l'exercice méthodique de notre propre pensée conceptuelle. Pour l'orthodoxie protestante ce témoignage revient à la conduite divine de notre intelligence d'une parole scripturaire à une autre, d'une vérité extérieure à une autre, tandis que pour le philosophe idéaliste c'est le mouvement immanent des contenus qui sous-tend le développement de la dogmatique. En dernière instance, toute cette spéculation apologétique paraît aboutir à des résultats assez ambigus. La philosophie justifie le savoir religieux, mais l'œuvre de démonstration des contenus religieux qu'elle poursuit transcende et de ce fait relativise fatalement la forme propre de ce savoir, la représentation.

3. Connaissance historique et savoir philosophique

La conception hégélienne du Témoignage de l'Esprit provoque — on vient de le voir — l'accusation de réductionnisme. Malgré l'insistance sur la valeur *sui generis* de la religion, celle-ci n'est en fin de compte que l'avant-dernière des manifestations de l'Esprit et elle finira par être sursumée par la philosophie. Or, malgré tout, les choses sont un peu plus complexes et le Témoignage de l'Esprit n'est pas un simple synonyme de la traduction en concept de la représentation religieuse. Sans doute, la lecture rationaliste de la pensée hégélienne semble être justifiée par maints textes dont celui sur le *Zeugnis des Geistes* comme principe propre du Protestantisme n'est pas le moindre. Le principe propre du Protestantisme — lit-on dans la *Philosophie du Droit* — est de « ne rien vouloir admettre dans la conviction (*Gewissen*) qui n'ait pas été justifié par la pensée ». Et Hegel de continuer: « Ce que Luther a été le premier à découvrir comme foi dans le sentiment et témoignage de l'Esprit, c'est cela que l'esprit parvenu à une plus grande maturité, s'est efforcé d'appréhender dans *le concept* »[39]. Il y a donc du progrès : ce que le Réformateur n'a su exposer dans son temps que sous une forme encore pré-rationnelle, la philosophie des temps modernes le formulera en concept ! Or ce qui suit dans le texte permet de nuancer la portée des propos hégéliens. En appréhendant par le concept le contenu de sa conscience, l'esprit « se libère dans le monde présent et par là s'y trouve lui-même »[40]. Autant dire que la compréhension conceptuelle est une expression

[38] *Vorl.* 5 268. Cf. « Das Denken ist der absolute Richter, vor dem der Inhalt sich bewähren und beglaubigen soll». *Ibid.* 268 n.

[39] *Phil. Droit.*76 / W 7 27 cf. GW 17 285.

[40] *Phil. Droit* 76 / W 7 27.

renouvelée du témoignage de l'Esprit dans la mesure où elle permet à l'esprit de se trouver lui-même et de ce fait, d'être libre. Et la lettre à Baader dit la même chose, mais d'une manière plus claire et plus explicite. C'est le Témoignage de l'Esprit qui montre l'identité des contenus respectifs de la religion et de la philosophie, et ce témoignage est celui où « la raison est auprès de soi, c'est-à-dire libre »[41].

La thèse de la sursomption finale de la religion par la philosophie n'est donc pas l'unique message de la philosophie hégélienne de la religion. Le discours banal sur les progrès de la conscience, sur un niveau culturel qui n'admet plus l'apologétique par le miracle et la tradition se comprennent à partir de l'exigence philosophique de n'accepter aucune vérité sans l'avoir examinée et rendue sienne. Il ne s'agit pas ici d'un rationalisme plat ni d'un moralisme élémentaire. On ne voudrait pas troquer le mystère contre le bon sens raisonnable ni le majestueux contre l'utile. La transparence du concept traduit la parfaite maîtrise de l'esprit par soi-même et la critique de la représentation religieuse - prenant la relève de la dénonciation de l'apologétique par le miracle – n'exprime que l'impératif philosophique d'affranchir son esprit de toute extériorité.

Hegel confesse sa foi de luthérien qui lui interdit de se contenter des explications historiques, extérieures[42], et il fait cela dans le contexte de l'histoire philosophique de son temps, à la suite de Kant et de Fichte. Il lit le principe propre du Protestantisme dans le refus d'admettre dans ses convictions ce qui n'est pas passé par le creuset du concept. Autant dire qu'il revendique pour le véritable connaître l'unité harmonieuse de la raison théorique et de la raison pratique. Encore dans ses écrits de jeunesse, il entendait par la positivité (de la religion) la transposition d'un contenu pratique dans le théorique, son « objectivation », bref une insuffisante prise en charge de ce contenu par notre spontanéité libre[43]. Maintenant dans sa maturité sa critique de la foi seulement historique peut être également comprise comme motivée par le constat d'une unité imparfaite, c'est-à-dire d'une autonomie insuffisante de la raison. Après tout, pour la raison être auprès de soi revient à être libre et « la raison pensante n'est pas auprès de soi dans ce qui n'est que représenté »[44] ! C'est dire qu'elle n'est entièrement libre que dans la philosophie et non pas dans la religion.

L'Idéalisme Allemand prend son envol à partir de la limitation de la portée de la raison théorique et de la dissociation, la séparation de la connaissance théorique et de la connaissance pratique. Or dès le commencement, il ressent douloureusement les conséquences de sa réflexion et présentera avec un accent

---

[41] *Br.* IV 2 50.
[42] *Br.* IV 2 51.
[43] W 1 239.
[44] *Br.* IV 2 50.

critique les limitations propres à un savoir seulement historique. Inspiré certainement par les souvenirs des distinctions théologiques, mais se situant aussi très naturellement dans la tradition aristotélicienne qui oppose *theoria* et *historia*, Kant définit la connaissance historique comme « cognitio ex datis », et toute connaissance n'est qu'« historique dans celui qui la possède quand elle n'est que ce qui lui a été donné d'ailleurs ». Un savoir peut être en lui-même « philosophique », c'est-à-dire objectif car basé sur des principes mais, subjectivement, restera « historique » tant qu'il n'est adopté qu'à partir d'une « raison étrangère », non pas par les efforts de la sienne propre[45]. L'hétéronomie propre à la foi fondée sur la seule histoire se traduit dans une religion s'exprimant dans des cérémonies extérieures. Cette foi n'est qu'« empirique »[46], et, ne possédant pas une validité interne pour chacun[47], elle est frappée de contingence[48]. Kant oppose la « foi historique, morte »[49] à la vraie foi « salvatrice ». Celle-ci, fondée sur l'intention authentique du sujet autonome, se traduit dans une transformation morale radicale et elle est d'essence pratique ; en revanche, la foi historique n'est que « mercenaire » et « servile ». Elle procède à des actions que provoquent seules la crainte ou la convoitise et que même un homme vicieux serait très bien en mesure d'accomplir[50].

Préoccupations éthiques et réflexions noétiques sont étroitement solidaires dans la conception kantienne de la foi historique et elles continuent à se conjuguer aussi chez Fichte. Une foi seulement « historique », conception englobant également le raisonnement logique formaliste et extérieur, s'oppose à un véritable savoir « intérieur »[51]. Une connaissance génétique et pure surpasse radicalement tout savoir seulement empirique, factuel, bref, historique[52]. Le récit par un autre ne saurait remplacer l'effort de trouver la vérité par soi-même, le rapport concernant « une observation extérieure » doit être vérifié et surpassé par « l'intuition interne propre »[53]. La connaissance historique d'une vérité est « morte » tandis qu'un savoir authentique est « vivant »[54] et « énergique »[55]. La connaissance historique ne présente que les principes techniques et pragmatiques

---

[45] Kant, *C. R. Pure* 1 1386s / B 864s cf. « Ein Kind lernt allgemeine Moral im Catechismus historisch ». Ak XXIV 119.
[46] Kant, *Relig.* 3 145 / Ak VI 119.
[47] Kant, *Relig.* 3 59 n / Ak VI 43n.
[48] Kant, *Relig.* 3 140 /. Ak VI 115.
[49] Kant, *Relig* .3 136 / Ak VI 111.
[50] Kant, *Relig.* 3 138s / Ak. VI 114 sq.
[51] Fichte, *Rapp. R* / GA I 7 260.
[52] Fichte, W IX 404 ; GA II 5 60 ; *D. Sc. 1801* / 152n. 16 / GA II 6 279n.
[53] Fichte, *Rapp. R* /. GA I 7 197s.
[54] Fichte, W X 5.
[55] Fichte, GA II 9 192.

selon lesquels une action peut être exécutée et non pas les raisons morales qui disent si elles doivent ou si elles ne doivent pas être accomplies[56]. Bref, seul « le métaphysique » sauve, « rend bienheureux... l'historique ne rend que rationnel »[57].

Indépendamment de toute l'oscillation terminologique, l'entendement, le *Verstand* pour l'idéalisme postkantien est une faculté inférieure et ne produit qu'une connaissance conditionnée et incomplète. Et la foi historique n'est — dans le meilleur des cas — qu'un savoir propre à l'entendement d'où manque un élément essentiel d'unification qui ne saurait provenir que de l'intérieur. Or au-delà de toute réserve et reproche concernant la forme narrative, l'attachement au détail littéraire et rituel, le recours au miracle, la critique hégélienne de la foi seulement historique vise l'absence de toute véritable intériorité en elle. La foi historique est grevée d'extériorité, d'extériorités de divers ordre. Elle peut n'être désignée que simplement « extérieure » sans autre qualification. Mais cette extériorité peut être précisée : le savoir, la foi nous parviennent à partir d'autres humains qui nous rapportent leurs expériences et leurs jugements. À ce moment, se présente le second niveau d'extériorité, à savoir l'extériorité dans le temps : la foi historique puise ses contenus à partir de l'acquis des générations passées. Toutefois, en dernière instance, l'idée de l'extériorité n'est pas seulement le fait d'autres hommes présents ou passés, mais elle peut me concerner également moi-même. On ne devrait pas se contenter d'une croyance qui se base sur notre propre expérience passée, il faudrait qu'elle émane d'une expérience présente. Sinon, on ne serait pas vraiment « auprès de soi-même », notre esprit ne serait pas libre dans son savoir.

L'extériorité de notre savoir s'accuse d'abord par son absence de vivacité. Dès Francfort Hegel déclare que du divin on ne saurait parler qu'avec enthousiasme[58]. Autant dire que le contenu proprement spirituel requiert un engagement effectif, peut-être même affectif, de notre esprit. Or l'insistance sur l'importance du caractère « vivant » de la vraie foi est surtout le fait du jeune Hegel, exaspéré par la condition figée-extérieure des institutions ecclésiales de son temps[59], et pour qui la véritable religion doit « intéresser notre cœur, exercer une influence sur les sensations et les déterminations de notre volonté »[60]. Sans doute, l'adjectif « mort » réapparaît à travers toute l'œuvre du philosophe pour désigner une foi qui n'est pas basée sur le Témoignage de l'Esprit, mais Hegel est également soucieux de présenter d'une manière plus explicite, plus articulée les

56 Fichte, *Dest. Sav.* 56 / GA I 3 42.
57 Fichte, *Init.*193 / GA I 9 122.
58 W 1 372.
59 GW 1 159s et 159n. 2.
60 GW 1 85.

divers niveaux d'extériorité qu'il attribue à la foi historique. Dès la *Phénoménologie de l'Esprit* la foi historique n'exprime que la conscience d'une nécessité extérieure, et les *Leçons sur la Philosophie de la Religion* nous rappellent que c'est seulement du Témoignage de l'Esprit et non pas d'une narration extérieure que naîtra la vraie foi. Une révélation absolument extérieure qui pour ainsi dire tombe du dehors dans la conscience est le pendant d'un empirisme grossier pour lequel tout notre savoir du divin ne nous parvient que par la coutume et l'éducation. Or la foi protestante exige que toute détermination extérieure soit prise en charge et appropriée par l'esprit singulier subjectif et Hegel qu'on entend professer ici un cours d'histoire de la philosophie rappelle l'enseignement de Platon : l'esprit a un organe immanent de connaissance par lequel il se donne le vrai savoir[61].

Sans doute la dénonciation de toute cette extériorité contient une allusion critique à son caractère seulement sensible, immédiat[62], mais la critique se concentre sur la provenance de nos croyances à partir d'autres individus humains. Le jeune Hegel ne veut pas entendre parler d'une foi qui repose sur le témoignage d'autrui[63], sur ce que disent « parents, éducateurs, amis », bref, « d'une foi fondée sur l'autorité »[64]. Trente-cinq ans plus tard, dans les *Preuves de l'Existence de Dieu*, le maître de Berlin dit la même chose : les démonstrations historiques de la religion ne reposent que sur des « perceptions étrangères »[65]. Ce recours aux perceptions et aux jugements d'autrui s'aggrave fatalement du fait qu'il s'agit des perceptions et des jugements des hommes du passé. « La tradition humaine » que sa foi de luthérien fait récuser par Hegel[66] est pour ainsi dire une extériorité à la seconde puissance. Elle ne procède pas seulement d'un autre que moi-même, mais en plus, cet autre ne le reçoit, lui aussi que des autres.

C'est dans le contexte de son approbation de la gnose baaderienne que Hegel présentera peut-être la formulation la plus frappante de la foi historique. C'est une connaissance que « seule d'*autres* ont et qui pour nous est quelque chose de passé »[67]. Toutefois, et c'est peut-être l'essentiel, l'extériorité de la tradition ne consiste pas seulement dans le fait d'avoir pris son origine dans une époque lointaine, oublié. Ce qui est à récuser dans la foi historique ce n'est pas qu'elle introduit un passé extérieur mais qu'elle se meut dans du passé en général. Dans l'*historia* l'esprit « a affaire à des choses passées dont il s'était défait et où

[61] *Hist. Phil.* 3 428 / W 19 55.
[62] *Phénom.*2 207 / GW 9 365.
[63] GW 1 157.
[64] GW 1 352.
[65] *Leç.* 49 / GW 18 236.
[66] *Br.* IV 2 51.
[67] GW 19 15.

lui-même il n'est plus présent »[68], et contrairement au détail illimité des singularités historiques, le contenu absolu de la religion est du présent, par conséquent, c'est seulement dans la connaissance rationnelle et non pas dans l'*historia* que l'Esprit trouve ce qui lui est « présent et libre »[69].

Tous ces refus réitérés de la foi historique ont comme finalité commune de récuser un savoir qui n'est pas une véritable certitude, or, « c'est dans la certitude que se trouve le nerf de la foi »[70]. La foi c'est le Témoignage de l'Esprit, à savoir une certitude parfaite, la conscience de se posséder complètement, de coïncider avec soi-même et avec ses propres contenus[71]. Le témoignage de l'Esprit produit et signale la certitude de la vérité. Elle n'est pas simplement la réflexion fidèle d'une réalité extérieure dans la conscience ; mais « la relation immédiate du contenu et de moi-même »[72]. Ou comme le disait Hegel à Iéna : l'essence de la foi, c'est « l'unité de l'être abstrait », à savoir extérieur, « et de la conscience de soi »[73].

Or si la certitude est le nerf de la foi, elle n'est pas cela en tant que phénomène psychique. Le sentiment d'être certain ne fait que traduire une condition métaphysique, à savoir l'autonomie de l'esprit. Comme dans tous les domaines du savoir *a fortiori* dans la connaissance religieuse, le contenu est à appréhender avec « son propre esprit le plus profond »[74]. Ce qui est à comprendre c'est que cette saisie n'exprime pas seulement un effort particulier d'attention, de « concentration », mais qu'elle traduit également l'appartenance originaire des contenus à la conscience. Non pas dans le sens que ces contenus se trouveraient, implicitement ou explicitement, en elle comme dans un réceptacle, mais en tant que sa spécification transcendantale, son articulation en concept. Tout ce que nous reconnaissons comme vérité, nous devons le reconnaître comme tel en vertu d'une explicitation immanente de notre conscience, comprise, bien sûr, non pas selon la facticité psychologique de sa singularité mais comme « conscience de soi pure, sans désir »[75], en un mot, transcendantale. Si par exemple les lois éthiques commandent avec une autorité absolue au sujet moral, c'est qu'il doit les reconnaître non pas comme « quelque chose d'étranger... il en existe *un*

---

[68] GW 15 135.
[69] GW 15 140.
[70] *Leç.* 58 / GW 18 244.
[71] *Vorl.* 3 24s.
[72] *Vorl.* 3 282.
[73] *Phénom* 2 102 / GW 9 298 cf. *Vorl.* 3 243s.
[74] W 1 373. Il ne faut pas « passiv in sich aufnehmen» le divin *Ibid.* 30 ans plus tard : « Das Fassen ist nicht ein passives Aufnehmen ». *Vorl.* 5 187.
[75] GW 17 74.

Témoignage de l'Esprit comme de *sa propre essence* où il a son *sentiment de soi* »[76].

C'est ici qu'on saisit le sens le plus profond du Témoignage de l'Esprit. C'est ce « témoignage » qui me permet de devenir certain de la vérité de mes croyances, et ceci dans la mesure où il révèle que ces contenus ne m'adviennent pas du dehors mais qu'ils font dès l'origine parties de mon être. Si le Témoignage de l'Esprit fait que l'esprit singulier subjectif rend sien le contenu qui lui vient du dehors[77], c'est qu'il m'enseigne à le reconnaître comme vérité, c'est-à-dire comme « détermination essentielle de mon propre être »[78]. L'Esprit témoigne de l'appartenance primitive des contenus religieux à ma conscience et la foi, c'est précisément la réalisation de « l'identité absolue du contenu avec moi»[79]. Or, paradoxalement, c'est cette inhérence-appartenance originelle des moments de la religion à la conscience qui permettra de mettre entre parenthèses la question de leur origine factuelle. C'est parce qu'en dernière instance la représentation religieuse est inscrite dans l'être de ma conscience que « le choc » qui le fera apparaître peut très bien venir du dehors. Ses « débuts extérieurs sont indifférents »[80], ce qui importe, c'est leur correspondance avec les structures propres de la conscience.

Pouvoir dépasser de cette sorte la question tellement débattue de l'origine, de la provenance de mes croyances religieuses révèle l'enjeu véritable de l'opposition entre la foi historique et le Témoignage de l'Esprit. Il ne souffre pas de doute que le thème et la thèse centrale de l'idéalisme allemand est l'autonomie du sujet. La religion est une forme supérieure de la subjectivité, de la conscience humaine, et l'autonomie de cette conscience doit s'étendre sur la production et la possession de ses contenus. Celui qui ne considère dans la religion que l'élément historique est comme l'employé d'une maison de commerce qui ne gère que des richesses étrangères. Il n'acquiert pas lui-même une fortune, mais doit se contenter de faire la comptabilité et l'inventaire des biens d'un autre[81]. En dernière instance, la foi historique décrit la situation d'un homme qui ne possède pas les objets qu'il manie tous les jours et, de ce fait, ne se trouve pas chez lui dans les lieux de sa vie. En revanche, le Témoignage de l'Esprit, témoignage intérieur de mon propre esprit, est la marque de l'appartenance à soi, de l'autonomie, bref, de la condition d'être auprès de soi. Comme l'écrit Hegel à Baader, dans une connaissance religieuse, exprimée en

---

[76] *Phil. Droit* 223 / W 7 295.
[77] *Hist. Phil.* 3 428 / W 19 55.
[78] *Vorl.* 3 153 n.
[79] GW 17 74 n. 2.
[80] *Vorl.* 3 71.
[81] *Vorl.* 3 44.

concept, « la raison est auprès de soi, c'est-à-dire libre »[82]. L'identité de l'être-auprès-de-soi et de la liberté[83] est le point culminant des développements hégéliens sur le témoignage de l'Esprit. Elle révèle l'aboutissement final des efforts de l'esprit pour rendre siens ses contenus, pour accéder à l'identité de la certitude et de la vérité, bref, à l'appropriation ultime des doctrines de la foi. Un consensus populaire veut, avec un brin d'anachronisme, identifier le projet de la Réforme comme la revendication de la liberté de la conscience de l'individu. Si Hegel croit pouvoir renouer avec cette tradition et confesser avec ses coreligionnaires comme « le principe du Protestantisme » le refus d'admettre quoi que ce soit dans sa conscience avant de l'avoir examiné par sa propre pensée, c'est qu'il est convaincu d'avoir fondé l'exercice légitime de la pensée en matière religieuse par l'exposé des contenus religieux selon leur appartenance génétique à la conscience humaine.

4. L'Esprit ne se révèle qu'à l'Esprit

Au terme de ces développements le témoignage de l'Esprit ne peut être compris que comme un chiffre de l'autonomie de l'esprit, de son être-auprès-de-soi. Sans doute, l'expression est-elle utilisée le plus souvent dans le contexte de la religion, mais dans la mesure où l'Esprit chez Hegel n'est pas que l'Esprit Saint, le témoignage de l'Esprit ne désigne en fin de compte que l'intériorité de notre foi, une appropriation libre et transparente des enseignements chrétiens ; et même les investigations confinées dans le domaine *stricto sensu* de la philosophie de la religion révèlent un immense écart par rapport à la position des Réformateurs, bref, de la profession judéo-chrétienne d'un Dieu transcendant. Hegel est surtout préoccupé de montrer la rationalité authentique de la religion et pour cette fin, il en transpose le discours en philosophie. Or le principe propre, le ressort profond de cette transposition sans faille est une conception immanentiste de l'Esprit. C'est sa condition d'image de Dieu — déclare Hegel — qui permet à l'homme d'attester avec certitude l'unité du fini et de l'infini, de l'humain et du divin en Jésus-Christ[84], et une célèbre formule, reprise dans plusieurs textes de Berlin semble aller encore plus loin : le savoir de l'homme de Dieu est le savoir que Dieu a de Lui-même en l'homme[85]. Ou comme le disait déjà un écrit de jeunesse : « la foi au divin n'est possible qu'en vertu de la présence du divin dans le croyant »[86]. Mais qu'entend-on au juste par ce « divin » en l'homme ?

---

[82] *Br.* IV 2 50.
[83] W 12 30, W 7 301, etc.
[84] *Vorl.* 5 146.
[85] *Leç* .75 / GW 18 254 ; *Vorl.* 5 178 n, etc.
[86] W 1 382.

Le Témoignage de l'Esprit pour Hegel c'est la conscience ferme de la cohérence, de la rationalité d'un contenu ou plutôt d'un système de contenus. Contrairement à la dogmatique protestante qui enseigne la présence et l'assistance du Saint-Esprit transcendant et gracieux nous permettant de discerner des vérités objectives et d'y conformer nos croyances, bref, notre foi, Hegel préconise la conformation de notre conscience subjective à son contenu d'une manière immanente, par sa libération en et par le concept. Le Témoignage de l'Esprit n'est pas une vérification provenant de la conformité de mes contenus de conscience à la réalité de Dieu de l'Incarnation mais la découverte progressive de leur appartenance organique à mon propre esprit.

Déjà dans ses écrits de jeunesse Hegel considère comme la condition *sine qua non* d'un véritable savoir religieux, d'une foi intérieure dans les choses divines, une affinité de base entre la faculté qui les « perçoit » et celle qui les « produit ». Partant du principe métaphysique élémentaire selon lequel seul « le vivant sent le vivant »[87] et seule la vie peut appréhender la vie[88], Hegel arrive à la conclusion que « la foi est une connaissance de l'esprit par l'esprit et seuls des esprits semblables peuvent se connaître et se comprendre »[89]. Et un peu plus loin toute cette problématique est comme rassemblée dans un remarquable raccourci: « Comment ce qui n'est pas lui-même esprit pourrait connaître un esprit ? La relation d'un esprit à un esprit est sentiment d'harmonie, leur unification ; comment des hétérogènes pourraient-ils s'unifier ? La foi au divin n'est possible que du fait qu'il y a du divin dans le croyant qui retrouve lui-même sa propre nature dans ce auquel il croit... »[90].

La même vision de base métaphysique sera exprimée un quart de siècle plus tard dans l'utilisation de l'expression Témoignage de l'Esprit. L'Esprit ne peut être confirmé qu'en et par soi-même, c'est-à-dire en et par l'esprit[91]. Seul l'esprit saisit et appréhende l'esprit, autant dire que ce qui est de par sa nature esprit, ne saurait se révéler à ce qui est « sans esprit »[92]. Bref, « l'Esprit ne se révèle qu'à l'Esprit »[93]. Qui plus est, cette mutualité exclusive n'est pas seulement une possibilité ouverte devant l'esprit mais une nécessité propre à son être : « l'esprit n'est esprit que dans la mesure où il est pour l'esprit »[94], où il se

---

[87] W 1 246.
[88] W 1 390.
[89] W 1 354.
[90] W 1 382 cf. « ... die substantielle Grundlage des Inhalts, welche, als das absolute Wesen des Geistes an ihn kommend, sein Innerstes berührt, in demselben widerklingt und darin Zeugnis von ihm erhält » W 18 91.
[91] *Vorl.* 5 182.
[92] *Vorl.* 4 416.
[93] *Vorl.* 3 240.
[94] *Enc.* 3 354 / GW 20 549.

montre, il témoigne de soi-même et il n'est que dans ce témoignage[95]. Ou comme le dira un cours de 1827 : « L'Esprit donne témoignage de l'Esprit. Ce témoignage est la nature propre de l'esprit »[96].

À ce moment, les choses deviennent plus claires. Hegel peut distinguer la vérité objective de l'esprit absolu de la conscience subjective de cette vérité[97], l'essence objective de Dieu de son « habitation » subjective dans la conscience[98], néanmoins subjectif et objectif ne sont que les deux versants de la même réalité. Dès Iéna Hegel comprend l'esprit comme « égalité à elle-même»[99], et à Berlin il se sert encore de la terminologie schellingisante du «sujet» et de l'« objet » pour exprimer la thèse : « L'Esprit est pour l'Esprit »[100] Autant dire que l'adoption du langage théologique du Témoignage de l'Esprit n'affecte aucunement les données de base de l'idéalisme absolu. La certitude de la foi se rapporte d'abord à des contenus isolés, à des croyances éparses. Ce stade va être dépassé et le Témoignage de l'Esprit au sens propre du terme ne fera son apparition que là où les contenus ne seront plus entrevus dans leur séparation mais à travers et à partir de l'esprit qui est leur sujet. Le témoignage de l'Esprit — notion d'origine théologique — dénote chez Hegel le dépassement de la représentation-religion en faveur du concept-philosophie où le mouvement charriant les représentations se trouve transposé dans l'objectif, à savoir dans la procession immanente des contenus. L'esprit divin — lit-on dans un cours de Berlin — qui est appréhendé est l'esprit objectif et ce qui l'appréhende est l'esprit subjectif. Or si l'esprit subjectif qui appréhende est actif, en tant que mouvement immanent conceptuel, l'esprit objectif lui aussi, est de l'activité. Autant dire que l'esprit subjectif actif qui appréhende l'esprit divin — et dans la mesure même où il l'appréhende – est « l'esprit divin lui-même »[101]. Si le savoir de l'homme de Dieu est le savoir que Dieu a de lui-même en lui, c'est que le Témoignage de l'Esprit n'est finalement qu'un face à face intérieur de notre esprit qui, ayant jaugé et pénétré ses propres profondeurs, aura accédé à la coïncidence complète avec soi-même.

---

[95] W 18 94.
[96] *Vorl.* 3 307.
[97] *Enc.* 3 344 / GW 20 543.
[98] *Enc.* 3 343s / GW 20 542.
[99] *Phénom.* 1 348 / GW 9 232.
[100] *Vorl.* 5 106.
[101] W XVIII 93.

LA RUSE DE LA RAISON : THÉORIE DE LA CONNAISSANCE ET PHILOSOPHIE DE L'HISTOIRE

1. Le particulier et l'Universel

En 1797, un article de Schelling pose la question : peut-il y avoir une philosophie de l'histoire ? Autant dire : le cours de l'histoire suit-il des lois, les événements de l'histoire pourraient-ils être interprétés à partir des principes généraux ?[1] Sans doute, les enseignements d'un Augustin, d'un Bossuet, d'un Vico peuvent être considérés comme autant d'illustrations d'une réponse affirmative, mais cette réponse ne sera énoncée d'une manière décisive et complète que par Hegel. Elle se trouve développée en détail dans les cours de Berlin mais ses fondements conceptuels, ses bases théoriques remontent à la période de Iéna. Tout le monde connaît le célèbre passage : « Le particulier a son propre intérêt dans l'histoire ; c'est un être fini et en tant que tel il doit périr. C'est le particulier qui s'use dans le combat et est en partie détruit. Or c'est de ce combat et de cette disparition du particulier que résulte l'Universel. Celui-ci n'en est point troublé. Ce n'est pas l'Idée qui s'expose au conflit, au combat et au danger ; elle se tient en arrière hors de toute attaque et de tout dommage et envoie au combat la passion pour s'y consumer. On peut appeler *Ruse de la Raison* le fait qu'elle laisse agir à sa place les passions, en sorte que c'est seulement le moyen par lequel elle parvient à l'existence qui éprouve des pertes et subit des dommages... Le particulier est trop infime en face de l'Universel : les individus sont donc sacrifiés et abandonnés. L'Idée paie le tribut de l'existence et de la caducité non par elle-même, mais au moyen des passions individuelles »[2]. Ce passage se situe dans le contexte des réflexions sur le sens de l'histoire et sur la subordination de l'individu et de l'événement particulier au cours général de l'histoire mais il exprime une constante de la logique de la philosophie hégélienne. Le propos de Hegel c'est de rappeler et de justifier le fait bien connu que l'universel se désintéresse du particulier qui n'est qu'un moyen pour son développement, pour l'accomplissement de ses desseins. Or cette relation entre l'universel et le particulier n'est pas le trait caractéristique de la seule histoire et le passage qu'on vient de citer a son origine dans des réflexions où des considérations métaphysiques et épistémologiques se mêlent inextricablement.

---

[1] *Schelling,* HK I 4 183ss (W I 46 ss).

[2] *Rais. Hist.* 129/ *V. G.* 105.

2. De la Providence à la main invisible

Hegel est le fondateur de la philosophie de l'histoire véritable et on lui attribue la paternité de toute cette spéculation où l'universel est compris comme le sens et la fin véritable du particulier qu'il utilise à son gré : il ne tient aucun compte de ses intérêts et il n'hésite pas à le tromper, à le berner. Or *cette* vision de l'histoire est bien plus ancienne que le système hégélien. Depuis l'Ancien Testament on sait que les rois de ce monde sont des instruments involontaires dans les mains du Seigneur qui sait les utiliser - malgré eux - pour ses desseins, et la prédication d'un Luther sur les manières d'agir de la Providence est très proche de la Ruse de la Raison hégélienne ?[3] Quant aux diverses théodicées philosophiques, elles répètent à satiété que les membres isolés du tout, les individus ne sont que des fragments qui peuvent mal comprendre et ressentir le traitement qui leur est fait, mais qui en réalité ne peuvent pas ne pas servir les Voies de la Providence. En réalité, la Providence ou la Nature si l'on veut se donne des fins très opposées à celles qu'elle semble poursuivre à première vue. Elle se sert des ambitions et des haines des hommes pour promouvoir la cause de la société (« *ungesellige Geselligkeit* »)[4], elle fait « naître de la discorde des hommes la concorde »[5], « un ordre selon des lois à partir de l'antagonisme » des hommes[6]. Ces formules bien connues sont de la plume de Kant mais les écrits du XVIIIe siècle pullulent de ce genre de réflexions. Qu'on cite tout simplement l'abbé Pluche, ce contemporain des Encyclopédistes : « C'est donc Dieu qui veut que les hommes s'assujettissent à un ordre dont leur conservation dépend, et qu'ils diversifient les travaux qui les fait subsister. C'est par un artifice de sa Providence que ces hommes qui ne s'aiment point et qui dans leur haine sont toujours prêts à s'entredétruire, se rapprochent cependant et conspirent à se procurer des secours mutuels »[7].

Or ces réflexions formulées dans le contexte de spéculations métaphysico-théologiques se trouveront pour ainsi dire « laïcisées » avec la progression du siècle. Mandeville expose avec brio le thème des vices individuels servant le bien de la communauté. Rousseau exècre le riche qui parvient à « employer en sa faveur les forces mêmes de ceux qui l'attaquaient », à « faire ses défenseurs de ses adversaires... »[8]. Et on retrouve le thème

---

[3] Sur Luther et la Ruse de la Raison E. *Benz, Bengel und der deutsche Idealismus,* Deutsche Vierteljahrsschrift 27 (1953), p. 353.
[4] Kant, *Hist. Univ.* 2 192 / Ak VIII 20.
[5] Kant, *Paix perp.* 3 353 / Ak VIII 360.
[6] Kant, *Hist. Univ.* 2 192 / Ak VIII 20.
[7] Abbé Pluche : *Le Spectacle de la Nature* VI Paris 1768. *In* V. Goldschmidt, *Anthropologie et Politique. Les Principes du Système de Rousseau*, 2. éd. Paris, 1983, p. 374.
[8] Rousseau, *Discours sur l'Origine de l'Inégalité. Oeuvres* III. Pléiade, Paris, 1964, p. 177.

jusqu'à l'esthétique. Schiller écrit dans *Kallias :* « Une versification est belle quand chaque vers singulier se donne à soi-même sa longueur et sa brièveté, son mouvement et son repos, chaque rime se présente à partir d'une nécessité interne et pourtant il vient comme s'il était appelé. Bref, aucun des mots et des vers ne paraît se soucier d'un autre, ne paraît se trouver là qu'à cause de lui-même, néanmoins tout arrive comme si cela était convenu d'avance »[9]. Et un peu plus loin dans la même lettre Schiller a recours à l'exemple d'une danse anglaise pour illustrer ce thème de l'entente inconsciente au sein d'un désordre apparent. Le spectateur non-averti « ne voit que la riche palette de mouvements innombrables qui se croisent et modifient leur direction vivement et spontanément, et pourtant n'entrent jamais en collision. Tout est si ordonné que l'un a déjà cédé la place quand l'autre apparaît, tout s'emboîte si habilement et en même temps si naturellement en tout que chacun paraît n'en faire qu'à sa tête et pourtant n'entrave jamais l'autre »[10].

Toutefois, l'expression la plus célèbre de cette idée commune du XVIIIe siècle se trouve chez Adam Smith. Les riches - lit-on dans un texte très connu - à travers leur luxe effréné, une consommation qui ne tient aucunement compte des intérêts et des aspirations de l'immense masse des pauvres, contribuent néanmoins au bien-être social. « Une main invisible semble forcer les riches à concourir à la même distribution des choses nécessaires à la vie qui aurait eu lieu si la terre eût été donnée en égal partage à chacun de ses habitants ; et ainsi sans en avoir l'intention, sans même le savoir, le riche sert l'intérêt social... »[11].

3. La genèse conceptuelle

Hegel a hérité de toutes ces théories qui l'influencent directement ou indirectement, et notre but ici n'est pas de discerner et de reconstituer la genèse historique de la notion dans son œuvre mais d'en retrouver la genèse conceptuelle[12]. Si « la Ruse de la Raison » est le plus spectaculairement exprimée en philosophie de l'histoire, elle est présente dans tous les grands moments de cette encyclopédie qu'est la philosophie hégélienne et sa construction conceptuelle, son lieu logique sont à chercher dans la théorie de la connaissance.

---

[9] Schiller, *Kallias. Sämtliche Werke* 5, 7è éd., .Munich, 1984, p. 423.

[10] Schiller, *Kallias. Sämtliche Werke* 5, p. 425.

[11] A. *Smith*, *Théorie des Sentiments Moraux* I. Paris, 1830, p. 340s.

[12] Pourtant on ne peut pas ne pas penser à Kant : « le mécanisme de la nature, suivant lequel des penchants intéressés doivent se combattre réciproquement jusque dans leurs effets, peut servir à la raison de moyen pour ménager aux principes du droit le règne vers lequel elle tend et à l'État l'établissement; et le maintien assuré d'une paix extérieure et même interne ». *Paix perp.* 360 / Ak VIII 360s.

La formule emblématique de la Ruse de la Raison se trouve dans le passage des *Leçons sur la Philosophie de l'Histoire* cité plus haut mais ce texte est admirablement paraphrasé dans un cours de Logique : « La raison est aussi *rusée* que *puissante*. La ruse consiste en général dans l'activité médiatisante qui, en laissant les objets, conformément à leur nature propre, agir les uns sur les autres et s'user au contact les uns des autres, sans s'immiscer immédiatement dans ce processus, ne fait pourtant qu'accomplir *son* but. On peut dire dans ce sens que la Providence divine, vis-à-vis du monde et de son processus, se comporte comme la ruse absolue. Dieu laisse faire les hommes avec leurs passions et intérêts particuliers, et ce qui se produit par là, c'est la réalisation de *ses* intentions, qui sont quelque chose d'autre que ce pour quoi s'employaient tout d'abord ceux dont il se sert en la circonstance »[13]. Ce texte exprime avec une rare force l'essentiel de la Ruse de la Raison, à savoir la manière dont la raison fait advenir ses propres fins en se servant des hommes comme ses instruments qui croient pourtant poursuivre leurs desseins. La raison à l'œuvre dans l'histoire est « une activité médiatisante », et elle fait pour ainsi dire « s'user » les unes au contact des autres pendant qu'elle les utilise au service de ses propres visées.

Toutefois, la Ruse de la Raison ne s'exerce pas seulement dans l'histoire, c'est-à-dire à l'égard des peuples et des hommes individuels. Elle est à l'œuvre également dans l'action humaine envers la nature, dans l'utilisation que l'homme fait de cette nature qui l'entoure. L'homme se sert de la nature pour ses propres fins, il l'« utilise... il sait se servir des moyens contre elle et pourtant il tire ces moyens à partir d'elle-même et les emploie contre elle. La ruse de sa raison fait qu'elle tourne contre les forces de la nature d'autres choses naturelles, l'homme livre ces dernières à être consumées et lui il se préserve et se maintient derrière elles »[14]. Cependant ce n'est pas seulement l'homme qui emploie la ruse à l'égard de la nature : la nature elle-même dispose de ce pouvoir et Hegel retrouve dans la notion de finalité cette ruse. La finalité, la fin qui est à l'œuvre dans la nature peut s'appliquer directement sur l'objet, elle exerce alors de la violence. Toutefois, la fin préfère souvent la méthode indirecte : elle se met dans une relation médiate avec l'objet, « elle intercale *(einschiebt)* » entre elle-même et ce dernier un autre objet et « c'est ce qu'on peut appeler la Ruse de la Raison »[15].

Active dans l'histoire et la nature, la Ruse de la Raison se retrouve également en logique *stricto sensu*. Hegel explique dans la Doctrine de la Mesure que des

---

[13] *Enc.* 1 614 / W 8 364. Michelet fait de ce texte une addition au § 209 de l'*Encyclopédie* où l'expression « la Ruse de la Raison » est explicitement mentionnée. Marx citera ces lignes pour illustrer ses développements sur « le procès du travail », *Le Capital* I, tr. J. P. Lefebvre, Paris, 1983, p. 201.

[14] *Enc.* 2 338 / W 9 14.

[15] *Sc. Log.* II 262s / GW 12 166 *2-3*.

changements quantitatifs suffisamment importants aboutissent à un changement qualitatif : « Le quantum en tant qu'il est pris pour une frontière indifférente est le côté où un être-là subit une attaque inopinée. C'est la ruse du concept de saisir un être-là du côté où sa qualité ne semble pas entrer en jeu »[16]. Finalement on trouve dans la *Phénoménologie de l'Esprit* un texte court mais hautement signifiant. Hegel dénonce le dogmatisme qui lit l'expérience, comme un mouvement conceptuel, indépendant du moi. Toutefois, l'esprit n'a pas ici affaire à « un contenu étranger ». Il est plutôt « le soi immanent du contenu » qui se cache derrière le déploiement prétendu objectif du concept : « ... cette activité du savoir est la ruse qui, paraissant se retenir d'agir, voit comment la vie concrète de déterminabilité, en cela même qu'elle croit s'occuper de sa conservation de soi et de son intérêt particulier, fait en vérité l'inverse, est elle-même l'opération de se dissoudre et de se faire un moment du tout »[17].

4. Conscience naturelle et conscience savante

Dans la théorie de la connaissance idéaliste, le savoir véritable comme son objet sont des produits du moi lui-même. L'objet du savoir, ce n'est pas des choses extérieures mais ses propres représentations. Fichte explique que la conscience produit naturellement les représentations qui sont ses contenus et la suite, la succession de ces contenus est une « première série ». Cette première série se déploie d'une manière involontaire, spontanée et on ne voit guère de relation profonde, de connexions nécessaires entre ses éléments. Quant au savoir philosophique, il revient à reprendre cette série involontaire et inconsciente avec liberté et conscience. Le philosophe reprend la première série, il la pose c'est-à-dire reproduit consciemment et librement. De ce fait, les moments de cette série apparaîtront selon des rapports organiques, en un ordre nécessaire. Cette seconde série est la vérité de la première : elle possède les mêmes moments que la première mais elle les produit et elle les présente selon leur vérité a priori, conceptuelle.

Hegel considère comme sien cet acquis fichtéen et il le reformule. L'expérience par la conscience naturelle - écrit-il dans la *Phénoménologie de l'Esprit* -- est la succession des figures mal reliées, apparemment hétérogènes, se présentant selon un ordre fortuit. Dans un premier moment, dans le moment présent un objet remplit notre conscience mais avec le passage du temps il s'efface, disparaît et un nouvel objet surgit sur l'horizon. La conscience croit recevoir du dehors ce nouvel objet. En réalité toutefois, l'objet n'est pas neuf et il

---

[16] GW 21 332 *24-27*.
[17] *Phénom.*1 48 / GW 9 40 *2-7*.

ne provient pas du dehors. La conscience croit assister à la disparition de l'objet, puis à un moment de vide, une sorte de pause, un intervalle et finalement, à l'apparition du nouvel objet. En réalité, toutefois il n'y a ni vide ni avènement du neuf. L'objet que la conscience considère naïvement comme quelque chose d'inédit surgit à partir de l'ancien, il en est la conséquence nécessaire, il est impliqué par lui infailliblement. Le second objet suit le premier non pas au terme d'une coupure et comme une *creatio ex nihilo* mais en continuité organique avec le premier. Le second objet est le résultat du premier, l'accomplissement des virtualités qu'il recèle, voire l'ex-position des données qu'il contient. La conscience qui se fixe sur le mouvement des représentations ne regarde que devant elle-même et ne remarque pas tout ce mouvement qui a lieu « dans son dos »[18]. Elle s'agrippe au moment présent, elle s'accroche à son objet présent et ne réalise pas le caractère nécessaire, rationnel, voire prévisible du mouvement qui fait advenir la nouvelle représentation. Ce nouvel objet n'apparaît pas comme *un deus ex machina,* son surgissement n'a rien de fortuit mais il résulte d'un mouvement régulier de la conscience[19].

Contrairement à la conscience naturelle la conscience savante, philosophique connaît le caractère régulier et rationnel de la succession des représentations. Or ce savoir ne lui échoit pas comme naturellement, elle ne le possède pas d'emblée, mais elle l'acquiert au terme d'efforts réels. C'est grâce à une « contribution » propre de la conscience philosophique que la première série est remplacée par la seconde, que le cours irrégulier et discontinu des représentations se révèle comme un déploiement conceptuel nécessaire. Toutefois, cette « contribution » du savoir philosophique ne produit du neuf que dans la mesure où la vérité du mouvement était comme dissimulée dès le commencement, où la conscience se situait dans une perspective à partir de laquelle sa vision était invinciblement brouillée ou tronquée. Du point de vue de la conscience, on peut parler de « contribution » mais en ce qui concerne les représentations, les contenus, il ne s'agit que d'une rectification du déformé, d'une explicitation de l'implicite, du caché. La série est depuis toujours produite par la concept, par l'esprit qui est son soi immanent et les contenus - des éléments épars aux yeux de la conscience naturelle - sont des moments organiquement reliés de son mouvement parfaitement articulé. Les déterminités et leur vie concrète - écrit la *Phénoménologie de l'Esprit* - sont comme dissoutes dans le tout et n'en sont que des moments. Autant dire que le mouvement du tout est la vérité des éléments

---

[18] *Phénom.* 1 77 / GW 9 61 *22.* Tout ce raisonnement peut être compris comme un écho polémique des enseignements de Kant. Hegel expose l'intégrale continuité a priori de toute l'expérience, de son au-delà et de son en deçà tandis que pour la Critique tout ce qui est au-delà de « l'expérience possible » se trouve « derrière la surface du miroir », « derrière nous *(im Rücken)* » et relève de l'Illusion Transcendantale *C. R. Pure.* 1 1248 / B 672.

[19] J. Hyppolite, *Genèse et Structure de la Phénoménologie de l'Esprit* 1, Paris, 1946, p. 28ss.

particuliers, que les éléments ne sont rien d'autre que le tout et le tout les éléments. Contrairement à l'action de la conscience philosophique, l'esprit ou le concept qui est le soi immanent des contenus ne leur ajoute rien et n'accuse aucun mouvement propre, différent du leur. L'esprit ne fait que « zusehen » : il regarde, il contemple, il assiste au mouvement de ses propres éléments[20].

Toutefois, cette identité sans plus du tout et des parties, du déploiement du concept et du mouvement des représentations qui sont sa trame n'est pas le véritable enseignement de Hegel. La vie du concept n'est pas un simple écoulement de ses éléments mais une « ruse » qui les manipule et ce simple voir, ce « Zusehen » passif n'est qu'une feinte : l'esprit seulement « paraît » s'abstenir de toute activité[21], la vie du savoir véritable n'est qu'une « inactivité apparente »[22]. Dans quel sens l'inactivité de l'esprit n'est-elle qu'apparente, quelle activité cachée mais très réelle peut être assignée au concept par rapport aux différentes représentations particulières, bref au Tout par rapport aux parties ? Cette problématique se formule sur le plan de la théorie de la connaissance, mais elle a une portée pour la philosophie de l'histoire. Autrement dit, les structures conceptuelles de la Ruse de la Raison en matière de connaissance théorique clarifient et dans une certaine mesure déterminent la vision hégélienne de l'histoire[23].

5. L'inactivité apparente

En théorie de la connaissance la Ruse de la Raison semble connoter une simple ignorance ou illusion. La conscience naturelle ne sait pas que ses représentations adviennent selon une parfaite régularité et nécessité. Quant aux contenus eux-mêmes, ils ne doivent pas se prendre pour des réalités autonomes et isolées : ils sont impliqués par ce qui les précède et leur vérité se trouve dans les moments qui leur succèdent. Les contenus croient vivre leur propre vie et effectuer leur propre mouvement. En réalité toutefois c'est l'Esprit qui se meut à travers eux et qui fait advenir par leur moyen ses propres moments conceptuels. Le *Zusehen* n'est pas de la simple contemplation mais elle dissimule un mouvement irrésistible qui est fort différent des agissements et des actions des particuliers pris isolément. Toutefois, si, dans sa ruse, la Raison fait plier les représentations à un ordre qu'elles

---

[20] *Phénom* .1 48 / GW 9 40 *4*.

[21] *Phénom.* 1 48 / GW 9 40 *3*.

[22] *Phénom.* 2 309 / GW 9 431 *33-34*.

[23] La transposition explicite de l'argument épistémologique en philosophie de l'histoire n'aura lieu que dans les cours de Berlin mais les mots clefs de l'exposé épistémologique de la Préface et de l'Introduction de la *Phénoménologie* se retrouvent dans un contexte de philosophie de l'histoire déjà au sein du même ouvrage. Le chapitre « La Vertu et le Cours du Monde » parle du « Hinterhalt ... aus welchem das gute Ansich des Weltlaufs listigerweise in den Rücken fallen soll » (l'italique est de nous) GW 9 211 *32-33* ; voir aussi 210 *23-24* (*Phénom.* 1 317 et 315).

ignorent, le « tort » qui leur arrive est bien léger. Les représentations sont de la même condition noétique ou si l'on veut logique que l'Esprit lui-même, leur soumission à ce dernier, leur subordination au concept n'est pas un joug qui leur serait imposé du dehors. L'illumination qui arrive à la conscience en vertu de l'établissement de la seconde série, cette anamnèse transcendantale qui lui fait comprendre que ses représentations naturelles sont autant de moments organiques d'une série, peut être le résultat d'un arrachement violent d'une véritable ascèse : une fois accomplie, elle découvre un paysage paisible où les éléments épars, délivrés de leur diversité chaotique, exposent leur éclatante conformité avec le tout. La Ruse de la Raison semble être bien innocente, sans avoir quoi que ce soit de commun avec la violence. Les choses vont toutefois changer une fois qu'on se sera situé sur le plan social et historique où la Ruse aura des répercussions autrement graves dans la mesure où elle s'applique à des parties qui sont réellement différentes du Tout.

La ruse en tant que catégorie conceptuelle de l'hégélianisme apparaît dans un texte qui analyse la notion du travail. L'homme possède un *Trieb,* une pulsion qui lui permet - au prix d'énormes efforts - d'accomplir des tâches au sein de la nature qui l'entoure. Il va d'abord se servir des outils qui sont pour ainsi dire la prolongation de ses propres membres et de ce fait ne lui épargneront d'effort que sur un plan quantitatif. Or les choses changent quand l'homme captera des forces de la nature comme l'eau ou le vent. L'eau et le vent possèdent « leur propre activité » et c'est en mettant adroitement son énergie à leur service que l'homme pourra s'affranchir de la nécessité d'agir lui-même, de faire du travail manuel. « Ici la pulsion *(der Trieb)* se retire complètement du travail, elle laisse la nature se consumer, regarde *(sieht zu)* tranquillement et gouverne grâce à un effort léger-Ruse »[24]. L'Esprit devient ici ruse à l'égard de la nature et le *Trieb* pour ainsi dire se transpose en *«Zusehen* théorique »[25]. L'homme ne déploie plus d'effort physique mais seulement un agir intellectuel qui paraît de l'inactivité et c'est en vertu de cette inactivité apparente qu'il saura faire accomplir par la nature sa propre volonté. L'homme met à contribution les énergies de la nature, les utilise pour faire quelque chose « de tout à fait différent de ce qu'elles voudraient elles-mêmes », l'agir propre de ces éléments devient de cette sorte le véritable « contraire de soi-même »[26]. Plus loin dans ce même texte de Iéna Hegel utilisera la notion de la Ruse dans un contexte social mais dans ce passage central où son exercice est compris comme « Zusehen », on discerne surtout des correspondances avec son rôle futur en théorie de la connaissance. Ici aussi les individus, les éléments (de la nature) sont sommés de se soumettre

[24] GW 8 207 *4-5*.
[25] GW 8 207 *10-11*.
[26] GW 8 206 *20*-207*1*.

et ils finissent par apparaître comme accomplissant l'œuvre de l'Esprit. Sans doute, l'écart paraît considérable par rapport à la théorie de la connaissance : après tout, l'eau et le vent sont des réalités physiques autonomes et ils doivent se plier à la volonté de l'homme, ils doivent devenir instruments d'une volonté étrangère. Toutefois, l'écart n'est pas aussi grand qu'il paraît entre le tout et les parties car si la partie doit se subordonner à la volonté du tout, celle-ci est plutôt extérieure qu'étrangère, pour la bonne raison que les parties, elles, n'ont pas vraiment de volonté par rapport à laquelle celle de l'*homo faber* serait étrangère. L'eau et le vent relèvent d'un autre niveau ontologique que l'homme mais ils ne se trouvent pas en discontinuité ni en opposition avec lui. L'eau et le vent, bref la nature physique est dépourvue de conscience et de volonté, par conséquent, le tort qui leur est fait ne peut être que limité. Ici, non plus la Ruse de la Raison n'est pas de la violence.

Le thème philosophique de la Ruse apparaît dans un texte sur travail et technique et ce lieu de naissance n'est pas fortuit. Il permet l'utilisation de la notion en théorie de la connaissance, car il se trouve une continuité entre le connaître et le travail en vertu de l'absence d'une véritable opposition entre le Tout et la partie dans le contexte du travail. Mais, d'autre part, la différence authentique du Tout et de la partie, de l'agir humain et des forces de la nature qu'il utilise permet également l'application de la notion dans les domaines social et historique où la différence devient opposition et où la ruse de l'esprit ne pourra plus dissimuler sa parenté avec la violence.

6. Économie et histoire

Hegel se sert du thème de la Ruse de la Raison - sans la désigner explicitement - dans sa théorie de la société civile, plus exactement dans l'analyse du « système des besoins ». En renvoyant à Adam Smith mais sans donner aucun détail, sans mentionner « la main invisible » - la formule n'apparaît que dans une réflexion sur l'histoire[27] - il explique que la vie économique semble présenter une sorte d'anarchie de ses processus et de ses agents qui néanmoins - sans le comprendre eux-mêmes - obéissent à une loi[28]. On contemple ici un spectacle

[27] « ... l'esprit du temps a donné l'ordre d'avancer. Cet ordre est obéi ; cet être s'avance irrésistiblement et avec un mouvement aussi peu perceptible que celui du soleil, par les bons et les mauvais chemins. D'innombrables troupes légères, contre lui et pour lui, le flanquent de tous côtés ; la plupart ne savent pas de quoi il s'agit et reçoivent seulement des coups sur la tête, comme d'une main invisible ». *Corresp.* II. 81 / *Br.* II 85s. Au début de la période de Iéna, Hegel parle du « jeu apparemment désordonné » des forces motrices - dont la « ruse » - de notre espèce qui ne sont que « des instruments dans la main des puissances supérieures » GW 5 95.

[28] Sur Hegel et A. Smith N. Waszek, *The Scottish Enlightemmnent and Hegel's Acount of* <*Civil Society*>. Dordrecht, 1988.

(Schauspiel) intéressant : comment « les sphères particulières se groupent, exercent de l'influence sur d'autres et se trouvent stimulées ou entravées par elles » ?[29]. L'on ne croit guère à cet arrangement immanent car tout semble livré à l'arbitraire de l'individu. En réalité toutefois, l'anarchie n'est qu'apparente et l'action mutuelle des forces économiques manifeste une analogie avec le système des planètes qui, mouvement irrégulier pour l'œil (naturel), obéit à des lois intelligibles[30]. À première vue, ce texte présente une position très banale. On aurait affaire à une simple ignorance ou à une illusion naturelle à laquelle on pourrait pallier par une étude systématique, par des investigations savantes. Toutefois même ici il s'agit plutôt de passage de la première série à la seconde, et le texte lui-même semble suggérer qu'au lieu d'un constat vulgaire de l'ignorance due à l'absence d'efforts intellectuels véritables, la logique de l'économie est à comprendre en termes d'une finalité cachée, de cette main invisible qui guide - à leur insu - les individus. Le terme *Schauspiel* veut dire moins spectacle que représentation théâtrale, voire celle de marionnettes où les figures sont dirigées par un régisseur invisible. Si le fonctionnement de nos systèmes économiques semble renvoyer à un ordre invisible, il ne s'agit pas tellement d'un « constat objectif » que du discernement des traces d'une volonté cachée. Cette interprétation semble être supportée par quelques notes éparses du texte-matrice de l'apparition du thème de la Ruse de la Raison. On lit dans le chapitre sur La Constitution dans la dernière Philosophie de l'Esprit de Iéna : « L'État est la ruse... La ruse laisse faire les singuliers, chacun se soucie de soi-même, se coule dans l'universel »[31]. Et un peu plus loin : « *La ruse du gouvernement,* laisser faire l'intérêt propre des autres »[32].

On voit alors que dès le commencement, dès la parution du terme dans le contexte d'une analyse de la technique, la Ruse de la Raison est applicable et appliquée également à la sphère sociale. Mais son utilisation par excellence, son rôle spécifique qui la rend « célèbre » se situe dans le domaine de l'histoire où l'on retrouve des analogies avec la théorie de la connaissance mais aussi des différences irréductibles. Comme dans le processus de l'expérience, comme dans la succession des représentations, dans le cours de l'histoire également les particuliers accomplissent l'œuvre du Tout et ils l'accomplissent inconsciemment, voire le plus souvent malgré eux-mêmes. Un manuscrit tardif sur la Philosophie de l'Histoire explique avec pathos que le particulier doit se subordonner à l'universel, que toute « la masse immense des vouloirs, des intérêts et des activités constitue des *instruments* et des moyens de

[29]*Rechtsph.* 4 486. Ilting restitue une ligne du manuscrit de Griesheim contenant le nom d'Adam Smith qui a été omise par E. Gans dans son édition des *Principes de la Philosophie du Droit,* la seule qu'on lisait avant les travaux d'Ilting.

[30] W 7 347.

[31] GW 8 264 *25.*

[32] GW 8 276 *20.*

l'Esprit du Monde pour parvenir à l'accomplissement de ses fins ». Les individus et les peuples cherchent leur propre fin mais leurs actions servent « en même temps comme *les moyens et les instruments d'une chose plus élevée, plus large qu'ils* ignorent et qu'ils accomplissent inconsciemment »[33]. L'Esprit du Monde qui est à l'œuvre dans l'histoire se sert des individus, des peuples qui, tout en croyant poursuivre leurs fins, ignorent le rôle qu'ils jouent dans l'accomplissement des desseins du Tout. Les volontés particulières se séparent de la volonté universelle qui est pourtant leur fondement. De cette sorte la volonté est en conflit avec elle-même : « Elle combat ce qu'elle veut réellement et le réalise ainsi ». Les individus et les peuples considèrent comme leur plus grand bonheur ce qui est leur malheur et inversement ils s'attaquent comme à leur suprême malheur à ce qui est leur bonheur. Et Hegel de citer le dicton français : « La vérité en la repoussant, on l'embrasse »[34]. Toutefois, et c'est l'essentiel, les peuples et les individus ne sont pas seulement égarés et mystifiés, bernés et trompés, ils ne font pas seulement le contraire de ce qu'ils désirent mais ils se trouvent aussi et surtout lésés, broyés, happés par les secousses et les convulsions de l'histoire du monde. L'Esprit fait peu de cas des hommes, ses instruments. « Il poursuit son travail en gros, il possède suffisamment d'individus et de peuples pour les dépenser »[35]. Ou comme le dira succinctement le cours sur la Philosophie de l'Histoire : « La Providence gouverne dans la mesure où elle accomplit... sa fin absolue à partir du malheur, de la souffrance, des fins particulières et de la volonté inconsciente des peuples »[36].

À première vue et ce malgré les vives couleurs, le ton particulièrement dramatique de ces textes, on pourrait croire qu'on a affaire à la même logique qui est à l'œuvre dans le connaître et dans la technique. L'individu, le particulier ignore sa véritable condition et en croyant poursuivre ses propres fins, il sert, instrument inconscient et docile, les desseins du Tout. Toutefois, si la logique du discours philosophique est la même, sa portée métaphysique est altérée. Dans le célèbre texte cité en premier, Hegel rappelle qu'un grand homme qui chevauche dans les alentours va piétiner bien des fleurs innocentes. Et un peu plus bas, il explique que l'Idée paye la rançon de ses victoires par les souffrances des individus. C'est le particulier qui pâtit et qui expie pendant que l'Idée reste en retrait et en paix. Les individus sont abandonnés et sacrifiés. La Ruse de la Raison c'est que du déclin et de la perte de l'individu surgit, victorieux, l'Universel[37].

---

[33] *Rais. Hist.* 110 / V.G. 87. L'essentiel de l'enseignement des *Leçons* sur la Ruse de la Raison se trouve - sans toutefois une mention explicite de la « Ruse » - dans le § 344 des *Principes de la Philosophie du Droit.*

[34] W 12 428.

[35] W 18 55.

[36] W 12 428.

[37] *Rais. Hist.* 129 / *V.G.* 105. Cf. « Es kann auch sein, dass dem Individuum Unrecht geschieht ; aber das geht die Weltgeschichte nichts an, der die Individuen als Mittel in ihrem Fortschreiten

Et c'est ici que les analogies deviennent problématiques. Les contenus noétiques s'intègrent naturellement dans le processus conceptuel car elles sont de la même nature. L'eau et le vent se soumettent sans difficulté à l'œuvre de *l'homo faber* car ils ne disposent pas d'une véritable autonomie existentielle. Par contre, les individus humains que broie le rouleau compresseur de l'histoire sont des fins en soi. Hegel enseigne qu'en termes d'une logique absolue, le particulier doit se subordonner à l'universel, par conséquent, les individus, ces personnes qu'ailleurs il célèbre avec éclat, eux aussi doivent s'abandonner au Tout. Or cette subordination n'est pas une simple subsomption logique des représentations ou une manipulation technique de forces inanimées. Les personnes et les peuples ont une valeur *sui generis* et l'Histoire les endommage et les détruit. A ce moment on peut se demander si la Raison est toujours de la ruse ou si elle n'agit désormais que comme violence manifeste ? Hegel enseigne que ruse et violence sont les deux faces de la même réalité[38], mais est-ce que dans le domaine par excellence de son exercice, l'histoire, la raison n'est en réalité que de la violence ? Sans doute, c'est la même logique qui est à l'œuvre dans les convulsions de l'histoire et les mouvements de la pensée théorique, mais précisément, c'est ici que se pose avec toute sa clarté la grande question de l'hégélianisme. Une logique universelle peut-elle être appliquée aux branches différentes du réel ? Oui, sans doute, dans la mesure où il s'agit d'une application purement logique de cette logique. Or la vie et le destin des individus ne relèvent pas de cette application logique de la logique. Les hommes et les nations ne sont pas de simples représentations, le cours de l'histoire n'est pas un processus noétique. Le grand dessein de l'idéalisme postkantien est l'unification de la raison théorique et de la raison pratique, et la philosophie de l'histoire hégélienne se veut comme le lieu par excellence où cette tâche est menée à bien. La transposition, la rechute inattendue de la ruse en violence, les contradictions que fait apparaître l'application de la logique à l'histoire montre les limites de l'entreprise, l'impossibilité de réduire la liberté en concept. Il est fort instructif que ces limitations apparaissent si clairement dans ce haut lieu de l'idéalisme absolu qu'est la théorie de la Ruse de la Raison.

---

dienen. » V.G. 76.

[38] *Enc.* 1 614 / W 8 365 ; *Sc. Log.* II 262s. / GW 12 165s. Cf. « die *breite* Seite der Gewalt wird von der Spitze der List angegriffen » GW 8 207 *19*.

LE CRISTAL ET LA PYRAMIDE : L'ART SYMBOLIQUE SELON HEGEL

1. La régularité sans concept

Hegel, comme on le sait, étudie l'art à partir du premier moment de l'Idée absolue, à savoir, l'intuition et le singulier. Amateur fervent de l'Antiquité Classique, de Sophocle et d'Aristophane, de Phidias et des sculptures du Parthénon, il ne manquera pas de représenter l'art grec comme le plus parfait accomplissement de l'art humain. Toutefois, la logique même de son système exige que cela ne soit pas la Grèce mais l'Égypte qui présente l'expression propre, la manifestation par excellence de l'art. La production artistique comme telle est un stade de l'Idée où l'Esprit se sert des formes naturelles trouvées dans le monde qu'il pénètre et qu'il assume, certes, mais qu'il ne produit pas lui-même. L'art perpétue une certaine inadéquation entre l'idée et sa manifestation, il ne saura jamais s'affranchir de sa naturalité primitive. C'est à cause de cette servitude innée qu'il révèle le plus fidèlement sa nature dans son premier moment qui est l'art symbolique, qu'à l'intérieur des arts plastiques c'est le premier et le plus primitif, à savoir l'architecture qui en déploie le plus fidèlement l'idée et que d'un point de vue historique, ce n'est pas Hellas mais l'Égypte qui présente, sinon la forme la plus harmonieuse et la plus parfaite de la création artistique mais certainement son moment le plus caractéristique[1].

Le noyau conceptuel de l'Égypte, de l'architecture et de l'art symbolique est admirablement présenté par la métaphore spéculative de la pyramide qui se comprend d'ailleurs à partir de .son enracinement conceptuel en philosophie de la nature, à savoir le cristal. Cette métaphore est le fruit de la spéculation de Iéna que le philosophe développera et quelque peu systématisera par la suite mais qu'il ne modifiera plus pour l'essentiel. La « pyramide » apparaît dans la *Phénoménologie de l'Esprit,* dans la troisième section de la religion de la nature, intitulée l'Artisan. L'Esprit est ici artisan. Il déploie un agir quasi-instinctif, similaire à celui des abeilles construisant leurs cellules. « Les cristaux des pyramides... les combinaisons simples de lignes droites avec des surfaces planes et des rapports égaux des parties... tels sont les travaux de cet artisan de la forme stricte »[2]. L'Esprit ne possède pas encore, ne maîtrise pas encore son contenu, sa signification en lui-même : le cristal sans vie ne renferme qu'un trépassé ayant cessé tout échange et toute interaction avec le monde. Il s'agit ici d'une œuvre abstraite de l'entendement et non pas de la raison, d'une œuvre de l'Esprit qui

---

[1] *Enc.* 3 348, 345 / GW 20 546, 543.
[2] *Phénom.* 2 218 / GW *9* 373 *19s.*

n'a pas encore accédé à la maturité conceptuelle. Hegel revient par la suite à plusieurs reprises à l'exemple de la pyramide mais - avec l'unique exemple d'un paragraphe des *Principes de la Philosophie du Droit* où la pyramide est utilisée comme illustration d'une œuvre accomplie en obéissance au commandement d'un pouvoir public absolu, sans la médiation du désir et de la volonté des individus qui pourtant exécutent le travail de la construction[3] - il s'agit toujours de la pyramide-cristal, manifestation caractéristique d'une certaine production artistique. Et Hegel systématise la métaphore, en fait l'image par excellence de l'architecture, montre comment elle représente une activité extérieure et abstraite de l'Esprit, incapable d'accéder à une véritable conformité à l'idée.

En ce qui concerne maintenant le cristal à partir duquel est développée la métaphore de la *Phénoménologie de l'Esprit,* Hegel en parlait à plusieurs reprises dans les philosophies de la nature de Iéna mais la notion n'obtint son statut définitif que dans le *Troisième Systementwurf. Ce* texte rédigé en 1805/06, donc immédiatement avant la *Phénoménologie,* renvoie à l'Abbé Haüy dont le *Manuel de Minéralogie* a paru en traduction allemande en 1804 et qui semble avoir influencé les développements hégéliens[4]. Selon le *Troisième Systemfentwurf* de Iéna le cristal est une construction parfaitement régulière et homogène d'éléments égaux. II contient, certes, un noyau mais auquel il n'est pas relié par la médiation et sa forme est le résultat d'une croissance inconsciente, immanente, d'une espèce de « géométrie de la nature »[5]. Le cristal se situe en deçà du temps et de toute véritable articulation conceptuelle, de même que de toute vie[6]. Cristal et cristallisation reviennent par la suite dans les cours de Berlin mais eux aussi sans avoir subi une refonte conceptuelle[7]. Hegel continue à broder sur le thème, réutilise la métaphore pyramide-cristal mais ne la repense plus.

La pyramide-cristal est une des notions emblématiques de l'esthétique hégélienne et le paradoxe qu'elle renferme anticipe largement sur la problématique de ce moment essentiel de l'art qu'est l'art symbolique. La pyramide dans son « immensité » est une œuvre parfaitement simple et régulière. Elle écrase pour ainsi dire le spectateur, elle provoque son admiration mais à part le renvoi à l'immensité et à la régularité, ce dernier ne saurait pas dire grand'chose pour expliquer son admiration et pour en décrire l'objet. La parfaite régularité géométrique de la pyramide ne commande que des éléments égaux,

---

[3] W 7 385.

[4] R.J. Haüy, *Lehrbuch der Mineralogie,* tr. D.L.G. Karsten, Paris und Leipzig, 1804.

[5] GW 8 56.

[6] GW 8 56s.

[7] Michelet a construit ses *Zusätze à l'Encyclopédie* en utilisant à côté des *Kollegnachschriften* les manuscrits de Iéna. Pour le cristal, voir par exemple W 9 218s reproduisant d'importants fragments de GW 8 56s.

sans distinction aucune et le parfait ordonnancement des surfaces et des lignes n'admet ni décoration extérieure, ni articulation-structuration intérieure. Quant au cristal, grâce à son éclat, un critère du beau dans l'esthétique traditionnelle[8], il provoque une autre sorte d'admiration d'où manque le sentiment d'être écrasé par l'immense mais une réflexion même très brève suffirait pour montrer que le cristal - malgré sa transparence et son éclat merveilleux - ne dépasse pas la régularité, parfaite mais sans articulation immanente et sans contenu conceptuel, de la pyramide. L'harmonie et l'ordonnancement parfaits du cristal en font un échantillon particulièrement réussi de « la géométrie de la nature » mais le cristal, moment culminant de l'inorganique, reste en deçà de la différenciation conceptuelle des formes de la vie. Qui plus est, la parfaite régularité qu'affichent pyramide et cristal est d'une certaine manière décevante, voire c'est un leurre. La pyramide n'est qu'une enceinte sans faille et hermétiquement close pour renfermer le trépassé et la régularité admirable des cristaux présente un étrange contraste avec l'absence de toute conceptualité véritable en eux. La vérité de la régularité parfaite de ces coques vides, c'est l'extériorité et l'abstraction qui témoignent de la pénétration imparfaite de son apparition par l'Idée. Et cette déficience, cette inadéquation profonde sont l'essence même de l'art symbolique et d'une certaine manière de l'art tout court.

2. L'architecture

Hegel a laissé d'importants textes sur le symbole mais qui sont toutefois moins originels et profonds que les enseignements de Kant et de Schelling. Par contre, sa théorie de l'art symbolique est vraiment novatrice. Le symbole apparaît quand l'esprit décroche de la nature, quand il dépasse l'intuition sensible élémentaire, quand une signification universelle se détache de la chose particulière. Toutefois, décrochage et détachement ne sont pas parfaits. Le point de départ de l'agir symbolique de l'imagination reste toujours le donné dont l'esprit ne se satisfait plus mais dont il ne saurait pas pour autant s'affranchir[9]. Selon sa plus grande généralité le symbole confirme l'avènement d'une différence essentielle entre forme et contenu mais où la séparation n'est jamais parachevée, et si l'universel conquiert une supériorité sur le particulier qu'il rencontre dans la nature, il ne saurait pour autant engendrer, produire ce

---

[8] Albert le Grand, *Sup. Dion.* 4 n. 72.

[9] *Esth.* I 470s / W 13 454. Nous citons l'*Esthétique* à partir de la compilation de Hotho que reproduisent toutes les éditions. Pour une étude récente basée sur les différents *Kollegnachschriften*, voir Jeong-Im Kwon, *Die Metamorphose der symbolischen Kunstform. Zur Rehabilitierung der ästhetischen Argumente Hegels*, Hegel-Studien, Beiheft 32, 1992. Voir du même auteur *Die Charakteristik der symbolischen Kunstform in Hegels Aesthetik*. Diss. Hagen, 1995.

particulier par lui-même. Le symbole est une manifestation par excellence de l'art selon sa condition de facteur de médiation, de médiation limitée et imparfaite.

L'art symbolique, premier moment du processus de l'art, accuse une connexion encore « lâche » entre la signification universelle et l'apparition concrète[10]. Il se sert des formes naturelles données qu'il utilise dans ses compositions mais qu'il laisse souvent inchangées ou ne les modifie que partiellement : qu'on pense simplement aux dieux égyptiens mi-homme mi-animal ! Il lui manque encore cette « procédure de façonnage adéquate » propre à l'art classique[11]. Si l'architecture est l'art symbolique selon son concept parfait[12], c'est qu'elle n'est capable de présenter la signification que dans l'extérieur du « pourtour». En l'absence d'un principe immanent qui permettrait l'engendrement des apparences, des figures conformes à l'intériorité de l'esprit, l'architecture présente des œuvres qui dans leurs formes extérieures ne sauraient exprimer la signification que d'une manière symbolique[13]. L'architecture, cette victoire extraordinaire de l'esprit humain sur la matière, ce monument incomparable de régularité et d'harmonie est condamnée à vivre dans l'inadéquat, tout autant que l'art symbolique lui-même est rivé sur cet horizon matériel qu'il surplombe mais où il demeure enraciné, et, si l'on veut, captif.

3. L'égalité, l'extériorité, la mort

Si la pyramide peut être considérée comme « l'image simple » de l'art symbolique[14], c'est qu'elle est un monument d'égalité, de l'égalité qui implique la régularité mais aussi l'extériorité et, à terme, l'abstraction, source de la non-conformité de la figure à la signification. Les cristaux des pyramides - on se souvient - sont « des combinaisons simples de lignes droites avec des surfaces planes et des rapports égaux des parties...»[15]. Hegel est lecteur d'Haüy pour qui le cristal n'est qu'« une masse régulière de molécules homogènes », d'Haüy dissertant sur des cristaux qui, nonobstant la diversité de leur taille, accusent, chacun, la même structure[16]. Cette égalité que l'esthétique classique considère comme un critère de la beauté est une notion bien pauvre et primitive dans la logique de Hegel[17]. L'homogénéité paisible que constituent des éléments égaux

---

[10] *Esth.* III 334 / W 15 256.
[11] *Esth.* II 11 / W 14 13.
[12] *Esth.* I 123 / W 13 124.
[13] *Esth.* II 258 / W 14 269.
[14] *Esth.* I 477 / W 13 459.
[15] *Phénom.* 2 218 / GW 373 *16ss.*
[16] R.J. Haüy, *Lehrbuch der Mineralogie* 1, 157 *in* GW 8 328.
[17] *Sc. Log.* I. 2 51 / GW 11 268.

est le résultat d'un processus sans médiation aucune. L'homogénéité des cristaux et de ce cristal artificiel, construit par des mains humaines qu'est la pyramide ne sont qu'une tranquille contiguïté, d'ailleurs éminemment caractéristique de l'architecture comme telle[18]. La contiguïté primitive, le voisinage sans plus des éléments est « une identité sans contradiction » qui se trouve aussi à l'origine de la transparence du cristal[19]. Et la transparence n'est pour ainsi dire que la manifestation ou plutôt l'éclat de la régularité.

La régularité est un *Leitmotiv* de tous ces développements. Les cristaux du *Manuel* de l'Abbé Haüy sont « une masse régulière d'éléments égaux » et la régularité est une catégorie par excellence de la pyramide et de l'architecture en général. Toutefois, la régularité n'est pas un *épithète ornant* sous la plume de Hegel. La régularité comme telle n'est que « l'égalité extérieure »[20]. Elle n'ordonne que le mathématique, le quantitatif[21] et elle ne constitue que le stade inférieur de la conformité à la loi, de la *Gesetzmässigkeit*[22].

La régularité qui est le propre de l'architecture s'accuse d'une manière éclatante dans ses motifs décoratifs. Hegel rappelle ici les arabesques et déclare d'une manière plutôt surprenante que l'architecture est contraire à la nature, *naturwidrig* et cette condition « contraire à la nature » est un véritable « devoir » de l'architecture[23].

L'architecture, pourtour inorganique de l'Esprit[24], emploie la matière physique, la matière en tant qu'elle est soumise à la pesanteur et les formes qu'elle présente sont analogues aux figures de la nature inanimée[25]. Et ici la boucle se boucle sur elle-même. La régularité se rapporte à l'extériorité qui, en l'occurrence, relève des formes de la nature inorganique. L'inorganique c'est l'inanimé et l'inanimé finit par être explicité d'après sa vérité de mort. Selon sa plus grande généralité conceptuelle le cristal est déduit comme « l'activité qui avait passé dans son produit » ; c'est-à-dire s'était éteinte en lui[26]. C'est pour cela que le cristal est « un être mort »[27], « un organisme mort » *(todtliegende)*[28] et la

---

[18] *Esth.* III 127 /W 15 139.
[19] *Enc.* 2 475 / W 9 228.
[20] *Esth.* I 182 / W 13 180.
[21] Le plan et le droit du cristal ne sont encore que d'ordre mathématique et n'accèdent pas à la vérité supérieure, *Phénom.* 2 227/ GW 9 378 *28s.*
[22] *Esth.* I 188 s / W 13 185s.
[23] *Esth.* II 288 / W 14 301.
[24] *Esth.* I 329 / W 13 321.
[25] *Esth.* II 246s /W 14 258s.
[26] *Enc.* 2 264 / G W 20 310 *29.*
[27] GW 8 80 *1.*
[28] *Enc.* 2 302 / GW 20 347 *2.*

pyramide qui « loge » un mort[29] est elle-même « un cristal privé de vie »[30]....

Tout cet univers de pyramides et de cristaux est un royaume de la mort. Des coques homogènes et transparentes sont des réalités mortes et elles renferment des morts. Bien sûr, en philosophie hégélienne la mort n'est pas qu'un phénomène biologique, une catégorie empirique mais plutôt la connotation d'un moment donné de l'histoire du concept. Ou plus précisément, elle traduit un niveau donné, une manière particulière de la médiation. Si cristaux et pyramides sont des morts qui entourent un mort, du mort, c'est que la relation de ces formes à leur contenu, le rapport de ces figures aux significations qu'elles expriment est sans véritable médiation. La pyramide est « la demeure qui entoure » le trépassé[31] et l'architecture en général est « l'environnement extérieur de l'Esprit »[32]. Or l'essentiel de cette condition de pourtour, d'environnement n'est pas la spatialité, le fait d'entourer de toute part et d'enfermer un contenu, mais la manière dont cette *« Umschliessung »* s'accomplit. La pyramide est une immense coque qui renferme au milieu d'un espace vide la menue figure du trépassé et le temple est le pourtour de la statue de dieu qui, séparée des murs et de la colonnade, se situe dans un espace vide. La figure est simplement « contenue » mais sans lien organique, conceptuel à la structure qui l'entoure. Le cristal de la pyramide « conserve » le mort[33] mais cette conservation reste une opération extérieure. Le trépassé que cache la pyramide lui est comme un esprit « étranger »[34]. La pyramide en particulier et l'architecture en général se condamnent à une extériorité incapable d'entamer la condition étrangère, extérieure de leur contenu. Ils protègent la figure qui leur est confiée, ils lui permettent de subsister selon son intégralité matérielle, de perdurer selon sa naturalité mais rien de plus. La pyramide conserve la figure embaumée du trépassé mais cette conservation n'est qu'apparemment victoire sur la mort. En réalité, elle est plutôt une manifestation par excellence de la mort elle-même. Selon la *Naturphilosophie* de Iéna la Terre qui est un immense cristal est en deçà du temps[35] et les cristaux sont

---

[29] *Phénom.* 2 227 / GW 9 378 *24.*

[30] *Phénom.* 2 218 / GW 9 373 *23s.* Dans la *Naturphilosophie* hégélienne la terre est un cristal, *Enc.* 2 302 / GW 20 347 *2* et elle accuse « l'égalité parfaite de toutes les parties ». *Droit Nat.* 76 / GW 4 463 *20.* Si les pyramides sont des cristaux, le diamant est cristallisé en pyramides quadrilatérales, *Enc.* 2 469 / W 9 220.

[31] *Phénom.* 2 219/ GW 9 374 *11.*

[32] *Esth.* II 257 /W 14 267.

[33] *Vorl.* 4 530. On pourrait trouver peut-être une illustration inattendue du philosophème hégélien dans la pyramide de verre qui recouvre le Musée du Louvre conservant les œuvres d'art de tellement de civilisations « mortes »...

[34] *Phénom.* 2 218 / GW 9 373 22, voir encore « fremdes » pour la pyramide *Enc.* 3 253 / GW 20 452, pour le cristal GW 8 57 *13.*

[35] GW 7 302s.

« atemporels », pas encore dans le temps[36]. Et plus tard, Hegel remarquera que les pyramides restent en deçà du temps[37]. La conservation tout extérieure soustrait la figure aux connexions vivantes des moments du temps et la réduit à une sorte de résidu opaque, abstrait. Et ce n'est pas un hasard qu'en logique l'essence traitée en abstraction de ses prédicats particuliers et en séparation de ses prémisses est un *caput mortuum*[38]. Arraché de cette sorte au procès vivant du monde et au procès de ses propres moments, un contenu ne peut être qu'une abstraction, un *caput mortuum,* un mort.

Hegel ne cesse de qualifier la fonction de la pyramide, le mode d'être de l'architecture, voire de l'art symbolique tout entier comme *extérieur.* Et cette « extériorité » se laisse réduire si peu à une situation spatiale - que cela soit la condition du pourtour ou même celle de la simple contiguïté - que c'est à partir de son contraire, à savoir de l'intérieur, d'une certaine espèce d'intériorité qu'on comprendra toutes ses implications. Hegel intitule *L'Artisan* le chapitre de la *Phénoménologie* qui porte sur la religion égyptienne. L'artisan est celui qui construit la pyramide[39]. Or le terme « artisan » n'est pas limité à l'ouvrier humain. Dans le magnétisme, processus qui conduit vers l'avènement du cristal c'est « l'impulsion *(Trieb)* immanente » qui est « l'artisan de la forme »[40] et l'impulsion formatrice, le *Kunsttrieb* qui meut l'activité des instincts n'est que comme « l'en-soi intérieur de l'animal, l'artisan inconscient »[41]. Il y a ici un parallélisme entre la manière dont l'artisan humain est censé construire la pyramide et celle dont l'artisan-nature guide l'agir de l'animal. Et la clef de cette symétrie se trouve dans la lecture de l'activité de l'esprit comme « instinctive ». L'artisan égyptien déploie « un agir quasi-instinctif »[42], les Égyptiens érigent leurs monuments comme les abeilles construisent leurs cellules[43]. Or l'instinct a des connotations de l'intérieur, de l'inconscient et de l'immanent. Et l'instinct lui-même est défini comme une « excitation intérieure »[44]. Toutefois, la condition « intérieure » de l'agir de l'artisan ne se limite pas à son origine mais s'étend aussi sur son déploiement. Cette géométrie est secrète *(heimlich) :* elle ne remonte pas à la surface, elle ne s'expose pas, elle ne se manifeste pas.

Or il ne faut pas penser que le secret de cet art consisterait dans une dissimulation consciente, dans une intention expresse de cacher des choses. Non,

---

36 GW 8 56s.
37 *Enc.* 2 362 / W 9 50s.
38 *Enc.* 1 372 / GW 20 1 4 3 *2 3*.
39 *Phénom.* 2 218s, 221 / GW 9 373ss.
40 *Enc.* 2 467 / W 9 218.
41 *Enc.* 2 688 / W 9 495.
42 *Phénom.* 2 221 / GW 9 375 *25*.
43 *Esth.* II 274 / W 14 286.
44 *Enc.* 2 316 / GW 20 361 *8*.

il s'agit ici d'une action inexplicitée et comme telle « inconsciente »[45]. Bien entendu, cette inconscience n'est pas d'ordre psychologique, elle exprime avant tout une vérité logique. Le discours sur l'artisan inconscient se rapporte au concept intérieur qui est également à l'origine de la genèse des formes du cristal[46]. Et *l'immanent* dans ce contexte a un accent plutôt péjoratif. C'est la géométrie secrète de la nature, « un modelage immanent »[47] qui construit les figures propres du cristal mais cette immanence s'accommode à une extériorité et au lieu de passer par la médiation véritable, elle se contente de la régularité et de la symétrie[48]. Et ici les pièces du puzzle sont pour ainsi dire toutes rassemblées. Le processus qui aboutit au cristal est porté ou plutôt « posé » par le *Trieb* immanent, l'artisan de la forme : c'est « la vivacité *(Regsamkeit)* muette de la nature qui déploie d'une manière atemporelle ses dimensions »[49]. L'agir immanent finit ici par apparaître comme un véritable synonyme de l'agir extérieur car dans les deux cas on a affaire à une tentative de faire l'économie de la médiation. Qu'il s'agisse de l'intériorité secrète et animale de la nature ou de l'extériorité paisible et transparente de l'œuvre de l'artisan, on se trouve toujours en deçà du temps et du concept véritable. Et ces définitions qui apparaissent d'une manière très suggestive et très manifeste dans les moments ou plutôt dans les exemples particuliers de la pyramide et du cristal reçoivent leur confirmation sur un plan plus général. Hegel désigne l'architecture comme la cristallisation de la matière[50]. Autant dire, une structuration régulière et intelligible mais tout extérieure et non libre. Et dans un projet de lettre à Creuzer, rédigée à une époque encore antérieure au développement systématique de sa doctrine de l'art symbolique, il parle de « la production quasi instinctive de la raison... dans les religions mythologiques symboliques »[51].

4. L'art : abstraction et imperfection

La dialectique subtile qui conduit à poser l'identité ultime de l'intérieur-immanent avec l'extérieur est parsemé de paradoxes dont la relecture du thème de l'abstraction n'est pas le moindre. Cristaux et pyramides, architecture et art symbolique en général reçoivent avec profusion la désignation « abstrait ». Hegel, on le sait, a eu des comptes à régler avec la notion que ses détracteurs ne

[45] *Naturphil.* 69.
[46] *Enc. 2* 688 / W 9 495.
[47] *Naturphil.* 73.
[48] *Esth.* I 185 / W 13 182.
[49] *Enc.* 2 467 / W 9 218.
[50] *Esth.* I 123 / W 13 123.
[51] *Br.* II 267. Ce passage manque de la traduction française *Corresp.* II. 253.

cessaient de lui lancer au visage et il ne s'était pas privé d'en faire une critique vigoureuse. L'abstraction a toujours été lue comme le résultat d'une certaine séparation du réel, accusant une pauvreté dans le contenu et une espèce de tendance à se confiner dans la réflexion et de cette sorte « manquer » le concret. Par contre, on a toujours été prêt à lui concéder de bon cœur l'exactitude, une perfection formelle sur le plan de la réflexion elle-même. Or pour Hegel précisément si l'abstrait manque le réel, reste impuissant devant la vie, c'est qu'il est le fruit d'une pensée inadéquate, d'une conceptualisation imparfaite[52]. L'art égyptien n'a d'autre contenu que « le Dieu abstrait »[53] et l'architecture comme telle est caractérisée par l'abstraction des formes[54]. Or ceci peut et doit s'expliquer à la lumière de l'abstraction elle-même. *La Science de la Logique* définit l'abstraction comme se rapportant à des concepts universels qui restent toutefois au sens propre du terme « sans concept »[55], ce sont des catégories abstraites qui trahissent « une pensée inculte ». Et un petit texte rédigé à Bamberg attribue la pensée abstraite explicitement à un personnage inculte[56]. Quand un homme n'a pas modelé, façonné, articulé son esprit, sa pensée, ses idées restent fatalement superficielles, inadéquates, n'arrivent pas à pénétrer le réel, à en suivre les articulations[57]. Si l'art symbolique lui-même ne parvient pas à une véritable domination de sa matière, c'est qu'en lui l'Idée elle-même reste indéterminée et abstraite[58].

Une fois de plus, on voit la vérité non-spatiale des termes hégéliens. Si la pensée abstraite est jugée impuissante et superficielle, ses manquements ne consistent pas dans le simple fait de rester à la surface mais de ne pas pénétrer le contenu, de ne pas en éprouver les articulations et de ne pas en épouser les formes. Dans l'architecture, ce moment par excellence de l'art symbolique, l'extériorité, la réalité exposée n'est pas pénétrée *(undurchdrungen)* par l'Idée[59]. Quant à la synthèse propre à l'esprit égyptien, elle se contente de relier les éléments hétérogènes[60]. Autant dire que la forme reste dans une certaine mesure inadéquate au contenu[61]. La figure et la signification maintiennent une relation

[52] Il va jusqu'à parler de l'action de « l'entendement abstrait sensible dans le sommeil de la pensée ». W 11 373.
[53] *Enc.* 3 348 / GW 20 546 *13*.
[54] *Esth.* II 282s / W 14 295.
[55] *Sc. Log.* II. 179 / GW 12 108 *20*.
[56] GW 21 136 *35*.
[57] W 2 577. Voir encore l'amusant passage sur les imprécations « abstraites » de la marchande d'œufs. *Ibid.* 579s.
[58] *Esth.* I 401 / W 13 390.
[59] *Esth.* I 116 / W 13 117.
[60] W 12 258.
[61] *Esth.* I 408 / W 13 396.

« amicale » mais leur séparation et étrangeté mutuelles demeurent[62].

Les modernes sont tentés d'expliquer l'apparente imperfection des œuvres archaïques à partir de l'impuissance technique de l'artiste, de sa maîtrise imparfaite des règles et des procédés de son art. Or ce n'est pas l'artiste qui ignore les règles de son art, c'est l'Idée elle-même qui à ce stade de son développement ne domine pas encore sa manifestation. On a affaire ici à une espèce de survie des réalités naturelles que l'artiste utilise dans sa production. Les nuances des couleurs, la veine du marbre, les différentes infractuosités de la matière sont autant d'éléments primitifs donnés qui d'une manière ou d'une autre survivent au sein de l'œuvre d'art. L'artiste tente d'arracher les matériaux de son œuvre à son environnement primitif, essaie de les retravailler, de les reformuler mais il n'y parvient pas complètement. L'ambition par excellence de tout artiste, la fin de tout art véritable c'est de donner à « l'intérieur... une apparence inventée par l'esprit », or la forme seulement « trouvée », donnée d'avance persiste, survit dans la nouvelle figure[63]. Bien sûr, il s'agit ici d'une expression fidèle de la condition « symbolique » de cet art archaïque. Le symbole proprement dit - rappelle *l'Esthétique* - « laisse la figure déterminée qu'il utilise subsister dans sa déterminité »[64]. Le symbole ne subsume pas le particulier sous l'universel mais l'utilise simplement pour signifier cet universel et de ce fait persiste une ambivalence qui n'est pas seulement fortuite mais obligée[65].

L'ambivalence inévitable de l'art symbolique ne résulte pas d'un désir conscient de brouiller les pistes, de mélanger les significations, de feindre ce qu'on n'est pas. Si l'œuvre d'art symbolique laisse apparaître une pluralité de significations, ce n'est pas le fait d'une surdétermination intentionnelle mais plutôt de l'absence de la détermination adéquate. Comme la géométrie secrète de la nature dans les cristaux, la production qui construit les pyramides est pour ainsi dire inconsciente, reste en deçà d'une véritable articulation intelligible. Hegel parle de « la vie muette » de la cristallisation[66] et il rappelle que l'art égyptien est « mystérieux et muet, sans son et immobile »[67].

Il s'agit ici de processus quasi-naturels, d'une espèce de germination sourde, d'un mûrissement instinctif qui ne parvient pas encore au concept. Est-ce que cela équivaut à un constat de moindre rationalité ? Est-ce que Hegel reproche

[62] *Esth.* II 112/ W 14 121.

[63] *Esth.* I 470 / W 13 453. L'artisan, lui aussi, ne fait qu'« utiliser » les formes naturelles sans les reproduire complètement, *Phénom.* 2 218ss / GW 9 373s. Rappelons encore que l'œuvre *(das Werk)* elle-même implique « l'inadéquation du concept et de la réalité », qu'elle se rapporte à « die aus dem Begriff verschwundene, nur *vorgefundene fremde* Wirklichkeit... » GW 9 221.

[64] *Esth.* I 357 / W 13 348.

[65] Voir « l'ambivalence » de l'œuvre de l'artisan égyptien, *Phénom.* 2 221/ GW 9 375 *20s.*

[66] *Enc.* 2 454 / W 9 200.

[67] *Esth.* I 474 / W 13 457.

à l'architecture d'être moins rationnelle que la philosophie, d'être moins en mesure de véhiculer la vérité que le Savoir Absolu ? Sans doute, on observe l'absence d'une véritable conformité entre la forme et le contenu dans l'art symbolique mais les critères de cette carence ne sont pas les mêmes que ceux de la connaissance philosophique. Le caractère mystérieux de l'art symbolique fait qu'il présente pour ainsi dire une énigme à résoudre, une tâche à accomplir[68] tandis que dans son moment suivant, dans son moment « classique » l'art ne se cherche plus car il s'est trouvé[69].

Une certaine lecture de l'*Esthétique* pourrait faire croire que la rigidité, la sévérité, bref, l'abstraction, l'inadéquation n'est propre qu'à l'art égyptien, cet art abstrait par excellence où tout n'est que symétrie, ligne abstraite et immobilité[70]. Après tout, cet art consiste essentiellement dans une lutte ininterrompue entre la signification et les matériaux de la figure extérieure[71]. Toutefois, l'inadéquation ne se limite pas à l'art égyptien mais elle caractérise également le premier des arts plastiques, à savoir l'architecture[72]. Et le constat ou plutôt la déduction de la non-conformité, de l'inadéquation ne s'arrête pas à l'architecture mais s'étend sur l'art symbolique tout entier. L'art symbolique n'est qu'un conflit incessant, une lutte infinie entre la signification-contenu et la forme qui lui résiste[73]. Et cette condition d'inadéquation découle de la nature même du symbole. Dans un cours sur *l'Histoire de la Philosophie* Hegel définit « la nature du symbolique » comme « un être-là qui ne correspond pas à l'idée infinie [74]». Il est donc évident que dans son « moment » symbolique l'art manifeste cette inadéquation de nature[75] et si l'art égyptien accuse si fortement la rigidité, l'abstraction c'est que dans cet art tout est symbole[76] et l'Egypte elle-même est le pays des symboles[77]. Donc l'inadéquation de la forme et du contenu, de la figure et de la signification semble provenir du monde du symbole et doivent s'appliquer à l'art dans la mesure où il est « symbolique ». Autant dire, ce n'est que dans ce premier moment que l'idée se déployant dans l'art ne parviendrait pas à dominer parfaitement sa manifestation, qu'elle devrait accepter la survie en elle du donné et du naturel. C'est pour cela d'ailleurs que Hegel aurait employé le terme « artisan » pour désigner l'agent de ce premier stade de la production artistique.

---

[68] *Esth.* II 12 / W 14 14.
[69] *Esth.* I 400ss / W 13 390ss.
[70] *Esth.* II 427 / W 14 452.
[71] *Vorl.* 4 530.
[72] *Esth.* II 259 / W 14 270.
[73] *Esth.* I 425 / W 13 411s.
[74] GW 18 91.
[75] *Esth.* II 11 / W 14 13s.
[76] *Vorl.* 4, 529.
[77] *Esth.* I 473 / W 13 456.

Par la suite, l'Artisan cède la place à l'Artiste quand la Grèce prend la place de l'Egypte et l'art classique succède à l'art symbolique[78].

En réalité toutefois, en vertu de la dialectique immanente du système hégélien, plus précisément en vertu du lieu conceptuel de l'art qui se situe au premier moment de l'Idée absolue, sa première manifestation symbolique balbutiant, son premier stade le moins parfait caractérisent mieux que ses moments ultérieurs le moment « art » . de l'Idée. Les monuments égyptiens peuvent être plus « défectueux » que les œuvres grecques[79], l'agir inconscient, quasi-instinctif de l'artisan peut paraître bien primitif, bien rudimentaire à côté de la clarté de l'artiste grec, l'Égypte et l'art symbolique restent les expressions par excellence du premier moment de l'idée. L'Absolu se manifeste d'abord sous la forme d'un être-là sensible, il se laisse intuitionner à travers une chose singulière. La lumière de l'Idée luit à travers et en vertu d'une chose naturelle, l'Idée se sert de cette naturalité pour se déployer dans le monde. Et si ce déploiement est une parousie authentique de l'Absolu, elle s'accomplit à travers les contraintes de la forme que l'idée elle-même a voulu assumer. En fidélité à son lieu de naissance, à son lieu « conceptuel » c'est l'art tout entier - et pas seulement dans sa période égyptienne et dans son moment symbolique - qui accuse l'inadéquation, la non-conformité entre la forme et le contenu. Toutefois, il ne s'agit ici aucunement du constat contraint d'une imperfection mais de la défense de l'art contre des empiètements de ce qui ne l'est pas. L'art n'est ni religion, ni philosophie : il n'a comme finalité première ni l'édification pieuse ni l'instruction intellectuelle. L'art n'est pas de la représentation ni du concept mais le cachet de l'Idée dans le sensible. Il est un moment très haut, peut-être le moment par excellence du sauvetage des phénomènes et la grandeur de l'esthétique hégélienne c'est que malgré toutes les tentations de la perfection grecque et de la clarté parfaite du concept, cette esthétique, cette philosophie est parvenue - tout en lui donnant un rôle exalté dans le déploiement du sens du monde - à conserver la spécificité de l'art, à ne pas réduire la figure en Concept.

[78] *Phénom.* 2 222 / GW 9 375 *36.*
[79] *Enc.* 3 349 / GW 20 547 *27.*

LES MÉTAMORPHOSES DE LA CAUSALITÉ DANS LA LOGIQUE DE HEGEL

1. La relation absolue

On a toujours dit que le système hégélien est d'une homogénéité extraordinaire. Un chapitre donné d'un ouvrage hégélien reproduit l'articulation du système tout entier et les développements, les thèses, les antithèses et les synthèses accusent des parallélismes étonnants dans les sections respectives de cette immense encyclopédie. Ceci est particulièrement vrai pour la logique qui est la clé structurale du système et dont l'articulation ternaire, les triades successives manifestent d'une manière éloquente l'homogénéité du déploiement conceptuel. On accuse Hegel de forcer souvent la note, de vouloir enfermer le réel dans le lit de Procruste de la dialectique mais, pour l'essentiel, l'élan spéculatif de cette philosophie se traduit harmonieusement dans la succession de ses moments. On reproche à Hegel un penchant pour les expérimentations conceptuelles, un véritable engouement pour les architectoniques artificielles, mais l'auteur de l'*Encyclopédie des Sciences Philosophiques* n'entendait que décrire le réel, c'est-à-dire en restituer l'ordre, le mouvement propre. Le réel c'est le monde manifeste, effectif, mais qui existe selon des structures universelles immanentes. Ces structures conceptuelles vivent et se déploient selon leur rythme propre et leur déploiement est un développement. Les structures élémentaires évoluent vers des structures plus complexes et plus complètes et cette évolution aboutit à un accomplissement conceptuel qui est aussi avènement du réel effectif. « Quand toutes ses conditions sont présentes, la chose entre dans l'existence»[1]. Quand tous ses apparaît comme un tout parfait. Il existe donc un véritable mouvement logique qui, en se déployant, en parcourant sa trajectoire, remonte à partir de son immanence conceptuelle à « la surface » et aboutit à l'établissement de l'effectivité manifeste et autonome. Le processus de la causalité présente les grands moments de cette remontée, tandis que l'action réciproque décrit la condition générale de l'effectivité advenue.

Hegel traite de la causalité dès ses premières publications[2] mais il n'en présentera un exposé systématique que dans la *Logique de Iéna*. En fait, cet exposé est le plus volumineux de tous ceux qu'il aura consacrés à la causalité (et à l'action réciproque) mais ici l'analyse de la relation causale n'est pas encore séparée des développements sur la Force[3], et l'agir réciproque apparaît plutôt

---

[1] *Sc. Log.* I. 1 141 / GW 11 32 *15-16*.
[2] *Differ.* 106 / GW 4 32s, *Scept.* 70 / GW 4 228s.
[3] Pour la force chez Hegel : K. E. Schorr, *Hegels Konzeption der Kraft in seiner Philosophie des absoluten Geistes*. Diss. Kiel, 1957 (Ms).

comme une quiétude substantielle que comme un échange infini[4]. Plus tard, devant ses lycéens de Nuremberg, Hegel résumera ses thèses en quelques paragraphes concis et précis[5] mais l'exposé le plus harmonieux, et aussi le plus complet, est celui de la *Science de la* Logique[6]. Finalement, les trois versions de l'*Encyclopédie* reprendront avec leur discipline sévère et leur concision légendaire l'acquis de la Grande Logique[7]. L'*Encyclopédie* ne revient pas sur les résultats de la *Science de la Logique* mais en modifie quelque peu l'économie interne. Elle ne reproduit pas explicitement la division ternaire de la relation causale et surtout, elle accroît considérablement la place réservée à l'action réciproque[8].

Hegel expose la causalité et l'action réciproque au terme de la doctrine de l'essence. L'action réciproque dans laquelle s'accomplit la causalité « se tient déjà au seuil du concept »[9]. L'Essence qu'étudie le second tome de la logique objective est la vérité de l'Être. L'Être ne se contente plus de sa condition immédiate, brute, mais fait retour sur soi et devient Essence. Ce retour sur soi est la Réflexion. L'Essence se réfléchit : d'abord, elle paraît en elle-même, puis elle apparaît et finalement elle se révèle[10]. Au terme de son « apparaître », l'Essence s'établit en « relation essentielle » : celle du tout et des parties, de la force et de son expression, de l'intérieur et de l'extérieur. Quand l'essence passe de l'apparition à la révélation de soi, la relation « essentielle » se transpose en relation « absolue ». Contrairement aux termes de la relation essentielle, ceux de la relation absolue tendent à une autonomie effective qui, après les épreuves de la substantialité et de la causalité, sera définitivement acquise par l'action réciproque.

Dans le domaine de l'Être, les choses passent encore tout simplement dans leur autre et s'y abîment. Leur exister reste isolé et immédiat. Dans l'Essence, la situation change. La réflexion qui débute avec une sorte de paraître évanescent finit par établir une relation. Au lieu d'un miroitement, d'une instable tension vers..., il se construit une liaison à deux termes. Cette liaison va en s'approfondissant en direction de la mutualité des termes. Le mouvement que

---

[4] *Log. Mét.* 65-88 / GW 7 43-75.

[5] *Propéd.*175-176 / W 4 20-21 ; W 4 99-102 ; 179-184.

[6] *Sc. Log.* I. 2 268-296 / GW 11 393-409. cf aussi « die Wechselwirkung der Dinge » *Sc. Log* I. 2 163-166 / GW 11 332ss.

[7] *Enc.* 1 223-236, voir aussi 236-238 / *Enz. Heid.* 89-93 (§§ 100-105), voir aussi 93-95 (§§ 106-108) ; GW 19 131-133; 133-135 et *Enc.*1 400-403 ; 403-405/ GW 20 170-174; 174-176.

[8] *La Science de la Logique* consacre 405 lignes à la causalité et 95 lignes à l'action réciproque. Pour *l'Encyclopédie de 1830* ces chiffres sont respectivement 82 et 37, même si on ne tient pas compte pour l'action réciproque des §§158 et 159. Il est vrai que les 31 lignes du §154 qui clôt la section sur la causalité concernent essentiellement l'action réciproque.

[9] *Enc.* 1 588 / W 8 302.

[10] *Sc. Log.*I. 2 6 / GW 11 243 *22-23*.

décrit l'Essence dans son parcours conduit vers l'équilibre croissant des *relata*. La disproportionalité, la fragilité du rapport entre le tout et les parties cède le pas à une stabilité claire et lumineuse dans la relation absolue. Or cette stabilité ne saurait être donnée d'emblée, elle ne sera que l'œuvre des processus successifs de la substantialité, de la causalité et de l'action réciproque.

Le commencement de la relation absolue est la substantialité. La substance se rapporte immédiatement à ses accidents. Elle est la puissance qui les maîtrise et les accidents n'ont pas de véritable existence. Toutefois, « l'inessentialité », « la nullité » de ses accidents se répercutent sur la substance. La substance n'est que ses accidents, donc le changement perpétuel, la disparition incessante des accidents entraîne aussi l'instabilité essentielle de la substance. De plus, puisque la substance n'est que ses accidents, quel que soit le côté et la relation que l'on « pose », cela est indifférent. Donc, malgré — ou plutôt à cause de — leur disproportion radicale, la relation entre la substance et ses accidents reste réversible.

Cette réversibilité sera supprimée avec l'avènement de la causalité. Au lieu de la présence immédiate de la substance dans tous ses accidents, un rapport spécifique s'inaugure ici entre la cause et chacun de ses effets. La cause est primordiale, originaire, l'effet est secondaire, déterminé. La cause pose, l'effet est posé. C'est une relation apparemment irréversible : l'effet découle de la cause et la suit. Toutefois, l'irréversibilité de la relation ne signifie encore aucunement la permanence, la stabilité des *relata*. L'effet — au moins à première vue — ne saurait devenir cause de sa cause mais il peut très bien devenir et il deviendra effectivement, cause d'autres effets. Donc une progression sans limites, l'hémorragie de la relation descendante, bref, la célèbre mauvaise infinité.

La fuite en avant de cette progression ne s'arrêtera qu'avec le renversement du mouvement rectilinéaire de la causalité efficiente en mouvement circulaire où, malgré l'interdit primitif, l'effet se reconvertit en cause de sa cause. Comment cela est-il possible ? D'une part, si la cause est cause de son effet, elle n'en est la cause qu'en la causant effectivement. Autant dire que la cause n'est cause qu'avec l'avènement de son effet, voire elle n'est cause qu'en vertu de son propre effet. S'il en est ainsi, si la cause n'est cause qu'en causant son effet, alors en causant cet effet, elle se cause elle-même. La cause est donc *causa sui*[11]. D'autre part, si la cause n'a pas la même position que son effet, c'est-à-dire — comme l'exprime Hegel — si la cause et l'effet sont différents selon « la forme », ils ont néanmoins le même contenu. L'effet ne contient que ce que contient la cause. La pluie est la cause de l'humidité du sol, mais cette humidité n'est que la même masse

[11] Cf. *Jac.* 39 / GW 15 26 *33-36*.

d'eau qu'était la pluie.

Dans la mesure où l'effet est aussi cause et la cause de l'effet, vu qu'ils possèdent le même contenu, il y a un premier renversement du mouvement rectilinéaire, descendant de la causalité efficiente en un mouvement circulaire. Par la suite, à travers une dialectique compliquée du causer et d'être-causé Hegel approfondit le renversement : l'identité selon le contenu se doublera d'une identité selon « la forme » où les deux termes de la relation se montreront en même temps descendant et ascendant, ascendant et descendant. A ce moment, la relation causale est transposée en relation d'action réciproque. On n'a plus affaire aux rapports entre une substance active et une substance passive mais à la relation mutuelle entre deux substances, chacune active et passive. La relation réciproque s'inaugure comme l'avènement d'une mutualité parfaite des *relata* devenus stables et égaux mais la visée véritable du mouvement de l'Essence, c'est le dépassement de toute substantialité donnée, présupposée par la naissance d'un univers de pure relation : la sphère du concept en tant que concept.

Ce résumé rapide suit les exposés traditionnels de la logique et pour l'essentiel, il reste fidèle à la lettre de l'argument de Hegel[12]. Or la progression qui conduit de la causalité efficiente à l'action réciproque ne se comprend vraiment qu'à la lumière de la métaphysique qui lui est sous-jacente. L'accomplissement de la relation absolue dans son terme, l'action réciproque, est un mouvement. Et ce mouvement est bel et bien une progression qui s'effectue sur trois plans pratiquement parallèles. La relation absolue où aboutit la réflexion de l'Essence se comprend comme une avancée à partir du caché vers le révélé, des ténèbres vers la lumière, de l'implicite vers l'explicite. De plus, cette progression comporte aussi une espèce d'égalisation ou d'équilibrage de la disproportion entre les termes, la suppression graduelle de tout ce qui est excédentaire, non-parallèle, non-correspondant dans les *relata* afin de permettre la naissance d'une véritable identité harmonieuse. Si la cause était encore supérieure et déterminante à l'égard de son effet et l'effet secondaire et soumis par rapport à la cause, aucun des *relata* de l'action réciproque ne prime ni ne détermine l'autre. Finalement, le passage de la causalité à l'action réciproque signifie également une stabilisation. Si la causalité efficiente est encore le mouvement irrésistible d'une progression infinie, le procès de moments radicalement instables, impermanents, dans l'action réciproque la substance arrive à son havre. La course est accomplie, les *relata* ne se pourchassent plus les uns les autres[13]. Rien n'est enfoui dans des ténèbres cachées, aucune inégalité ne pèse sur les moments de la relation, ils jouissent désormais de la sécurité d'une existence stable.

---

[12] Pour la déduction hégélienne des catégories dans le contexte total de l'idéalisme allemand voir M. Vetö, *De Kant à Schelling* II, p. 91 sq.

[13] Cf. *Sc. Log.* I. 2 273 / GW 11 395 *36*.

2. Du substrat au paraître pur

La relation absolue est la pièce finale, le véritable accomplissement de la doctrine de l'Essence. Elle appartient encore au monde de la nécessité mais celui-ci passe, grâce à l'action réciproque, dans le concept qui constitue le règne de la liberté. En fait, chez Hegel, le déploiement est un développement et un développement contient toujours — selon la matière — le développement qui le suit. C'est donc un passage de la doctrine du Concept qui ouvre la voie à une analyse détaillée de la relation absolue. « L'obscurité mutuelle des substances se trouvant en relation causale — lit-on au début de la logique subjective — a disparu car l'originalité de leur subsister pour-soi est passée en être-posé et par là devenue clarté transparente à soi-même... »[14]. Cette phrase présente pour ainsi dire en un raccourci toute la problématique de la clarification de la relation causale en relation d'agir réciproque. La causalité reste encore un moment de la nécessité qui est équivalente à l'originalité immédiate, présupposée. Elle ne parvient à « la clarté transparente » de l'agir réciproque[15] qu'en transposant son être-en-soi immédiat en être médiatisé pour-soi.

La relation causale est obscure car « la causalité appartient à la nécessité encore non dévoilée, aveugle »[16]. L'épithète antique aveugle est reprise ici selon la logique de l'idéalisme absolu. La condition aveugle de la nécessité s'explique par son facteur « Être ». Les réalités du monde de l'Être existent en « un passage *(Übergehen)* aveugle », dans « une chute aveugle dans l'être-autre ». « L'essence » même de ces effectivités est « la crainte de la lumière *{Lichtscheue)* car elles manquent de tout paraître, de tout réflexe ». Sans doute, la nécessité ne fait que contenir l'Être comme le survivant sursumé d'une époque révolue. Elle est elle-même moment d'Essence et comme tel, tend vers la clarté et « la révélation »[17] mais même ce moment de l'Essence doit se concevoir comme une lutte contre les ténèbres auxquelles la réflexion reste encore soumise.

La nécessité craint la lumière. Or celui qui craint le Jour se terre, se cache dans les profondeurs, répugne à remonter à la surface. Et effectivement, pour Hegel, « aveugle » est synonyme d'« intérieur »[18]. La nécessité est aveugle dans la mesure où elle est « *intérieure* et cachée »[19]. « Caché » ne signifie pas ici une condition factuelle, contingente d'ensevelissement ou d'enveloppement mais recèle une signification

---

[14] Sc.*Log*. II 42 / GW 12 161 *4*.
[15] *Sc. Log*. I. 2 293 / GW 11 407 *34*.
[16] *Enc*. 1 441 / GW 20 209 *22-23*.
[17] *Sc. Log*. I. 2 266s / GW 11 392.
[18] *Sc. Log*. II 42 / GW 12 15 *30*.
[19] *Enc*.1, 403 / GW 20 174 *6* (§ 157).

proprement conceptuelle d'« en-soi » en opposition à « pour-soi ». La nécessité est aveugle car l'accomplissement de son mouvement ne se conçoit qu'*ex post facto.* La cohérence, la correspondance mutuelle des moments du mouvement n'est pas encore évidente, explicite à l'origine[20]. La causalité, dans la mesure où elle appartient encore au monde de la nécessité, relève de cette condition cachée, non-révélée. La cause qui agit n'est pas encore posée selon le concept. Elle exerce son action d'une manière aveugle, elle s'abîme dans son procès[21].

La causalité se comprend donc dans un premier moment comme une effectuation aveugle qui se propage dans des espaces intérieurs, cachés mais derrière ce procès sans fin s'esquisse un auto-dépassement, une montée vers la lumière. La nécessité est « un être-en-soi et une intériorité » que le mouvement causal va graduellement supprimer. Autant dire que, grâce à l'œuvre de la causalité dissipant ses propres ténèbres, « la nécessité se dévoile »[22]. Ce dévoilement est le moment propre de la relation absolue qui, à son terme, dans l'action réciproque, abolit l'identité seulement « intérieure » des *relata* en faveur de la manifestation[23].Toutefois, le développement qui dissipe les ténèbres ne doit pas se comprendre comme le rayonnement d'une lumière venant du dedans. Dévoiler ne signifie pas ôter une draperie ou ouvrir un store pour que la lumière du jour éclaire un objet ou remplisse une pièce. Le dévoilement n'est pas la libération d'une lumière intérieure jusqu'alors enfouie mais la construction d'une condition où ce sont les structures constituant la relation absolue qui deviennent elles-mêmes lumineuses. Le réel n'est pas éclairé de l'extérieur ou de l'intérieur mais il s'instaure lui-même en état de lumière.

Pour l'idéalisme hégélien l'action réciproque est un chiffre du concept venu à soi[24] et, entrevue à partir de la relation absolue, l'instauration de l'action réciproque annonce l'avènement du réel effectif. L'action réciproque elle-même va être définie comme « un paraître complètement transparent »[25] tandis que le concept lui-même est décrit comme « une clarté dans laquelle aucune des différences ne produit d'interruption, de trouble mais chacune est également transparente»[26]. La relation absolue aboutit à une condition de clarté parfaite, celle de la transparence. Or « transparence » ne signifie pas ici « être-inondé » de lumière extérieure ou intérieure, elle n'est pas une simple condition statique de luminosité. La transparence est à comprendre dans un sens dynamique comme l'accomplissement

[20] W 4 181
[21] *Enc.* 1 580s / W 8 289.
[22] *Sc. Log.* I. 2 295 / GW 11 409 *2.*
[23] *Sc. Log.* I. 2 295 / GW 11 409 *5-8.*
[24] *Sc. Log.* I. 2 294 / GW 11 408 *18-19* .
[25] *Sc. Log.* I. 2 293 / GW 11 407 *34.*
[26] *Enc.* 1. 410s / GW 20 180 *17-19* (§ 164).

d'une progression ou, plus exactement, elle *est* une progression. Hegel caractérise le mouvement du « modus » de l'Absolu comme « l'extériorité transparente qui est *l'acte de-se-montrer* soi-même, un mouvement *hors de soi* » *(aus sich* heraus)[27]. Voilà donc les deux composants ou aspects de la clarté finale de la relation absolue. Un moment d'aller hors de soi et un moment de révélation de soi qui, bien sûr, ne sont que les deux faces du même mouvement conceptuel. La sortie de soi est pour ainsi dire suppression de substrat, remontée à la surface, donc moment vertical. Or quand le substrat est dissous et la remontée accomplie, quand tout l'intérieur est établi à l'extérieur, il n'y a alors qu'un pur luire, un pur paraître : une manifestation en continuité complète avec elle-même. Donc un moment « horizontal ».

Dans sa lutte sans merci contre la chose en soi, contre toute limitation et toute finitude, la philosophie de Hegel tout entière est une immense campagne pour éliminer les divers phénomènes de substrat. Or le lieu par excellence du substrat est la doctrine de l'Essence. Parvenu dans son commentaire au chapitre sur la relation absolue, G.R.G. Mure remarque que « jusqu'alors l'Esprit n'a réussi à se révéler complètement en aucune phase de l'essence »[28]. La progression qui conduit d'abord du paraître en soi à l'apparaître et qui voit l'avènement du phénomène n'est qu'une éclatante illustration de cette situation où l'Essence parvient à exposer son contenu, mais le fondement de ce qui apparaît ainsi demeure obscur, sous-jacent, indépendant de son paraître. Sans doute, la progression de la logique objective ne cesse de limer les excroissances des fondements cachés ou plutôt de mettre en lumière la chose en soi enfouie, ce « rocher sous la neige »[29], et d'exposer les liens de cette chose à son apparaître. Nonobstant, l'essence demeure comme quelque chose « d'abstrait se trouvant derrière l'existence et le phénomène »[30]. L'Essence joue traditionnellement le rôle du substrat caché et la relation causale, pourtant si proche de la disparition totale du substrat, témoigne de sa persistance obstinée, de ses sursauts vigoureux...

La causalité présente deux *relata:* la cause et l'effet. Celle-là comme « le présupposé ou le *Prius original* et persistant »[31], celui-ci comme une réalité médiatisée et conditionnée. Tout enseignement sur la causalité se trouve pénétré et comme déterminé par la vision d'« une cause se trouvant dans le dos de son propre effet et au-delà de lui »[32]. Or qu'elle soit représentée comme se cachant derrière le

---

[27] *Sc. Log.* I. 2 237 / GW 11 375 *25-26.*
[28] G.R.G. Mure : *A Study of Hegel's Logic*, Oxford, 1950. p. 144.
[29] *Scept.* 27 / GW 4 201 *29.*
[30] *Sc. Log.* I. 2 270 / GW 11 294 *7-8.* Cf. *Phénom.* 1 77 /GW 9 61 *22.* Voir pourtant *Enc.* 1 386 / GW 20 157.
[31] Cf. *Enc.* 1 237s / *Enz. Heid.* 94 (§ 108).
[32] *Enc.* 1 235 / *Enz. Heid.* 92 (§ 103).

dos de son effet ou en deçà de la surface de son paraître, la cause apparaît toujours comme un substrat. Ou plus exactement: la relation causale présente deux moments successifs de la persistance du substrat. Le premier c'est la cause elle-même comme présupposé. Le second c'est le contenu identique de la cause et de son effet.

Dans chaque relation causale, la cause est conçue comme un primordial-originaire, comme un présupposé. Elle précède l'effet, elle l'institue et le détermine. Si l'Allemand appelle la cause *Ursache,* c'est qu'elle est bien *Ur Sache,* chose primordiale. Pour la représentation de la conscience commune, la cause est par rapport à l'effet comme « ce qui se rapporte originairement à soi-même/est/ en regard du médiatisé »[33]. Bien sûr, une analyse plus poussée montre que la cause n'est cause que dans la mesure où elle cause effectivement son effet. Elle est alors conçue, elle aussi, comme étant originairement médiatisée car n'étant elle-même qu'en vertu de l'effet. Cette analyse conduit à un rééquilibrage des *relata* et elle devrait entraîner l'absorption définitive de tout substrat. Or précisément, au terme de ce développement une nouvelle manifestation du substrat surgit. Pour la représentation « courante » cause et effet paraissent très différents[34] mais en réalité, ils possèdent le même contenu. La pluie cause l'humidité du sol mais l'humidité n'est que ce qu'est la pluie. Selon le contenu, cause et effet sont identiques, ils ne diffèrent que selon « la forme ». Or à ce moment on réalise qu'au delà de leur différence, ce contenu identique peut être considéré comme un substrat commun dont le causant et le causé, la cause et l'effet, ne sont que des « déterminations de forme »[35].

Toutefois si la relation causale est un moment authentique de la persistance du substrat qu'elle entend perpétuer par des procédés subtils, elle finira néanmoins par l'abolir. Cette abolition qui est d'ailleurs l'aboutissement ou si l'on veut, l'accomplissement du parcours de toute l'Essence est l'avènement de la réciprocité où les termes de la relation seront parfaitement égalisés : « le préalable *(das Voraus)* qui est l'apparence de l'immédiateté est... enlevé » et ne demeure plus de substrat auquel les *relata* pourraient « inhérer »[36].

Cette réciprocité parfaite, victorieuse de tout substrat, c'est-à-dire de tout paraître inadéquat, imparfait, du caché, du sous-jacent est la transparence. Or si la transparence est l'aboutissement du procès de l'Essence, elle demeure phénomène d'Essence, par conséquent, phénomène du mouvement

---

[33] *Sc. Log.* I. 2 277 / GW 11 398 5-6.

[34] *Enc.* 1 234 / *Enz. Heid.* 90 (§101).

[35] *Sc. Log.* I. 2 272 ; 282s / GW 11 395 16-17 ; 401 22-30.

[36] *Sc. Log.* I. 2 290 ; 288 / GW 11 406 8 ; 405 9.

de la Réflexion. Il y a toujours une dualité ou plutôt un « dédoublement »[37] mais le dédoublant et le dédoublé se situent désormais dans un parallélisme sans faille, dans une égalité parfaite. À ce moment, la réflexion parvient à son stade ultime de « révélation », à une condition où l'Essence devenue « une avec son apparaître est... *effectivité* »[38].

Hegel désigne la révélation soit comme « manifestation » soit comme « paraître » ou plutôt comme « paraître pur ». « Manifestation » suggère la persistance de la dualité-différence des *relata* tandis que le « paraître pur » met l'emphase sur leur essentielle identité-continuité. En réalité cependant il s'agit toujours de la même chose exprimée en images spatiales différentes. Une fois image du mouvement ascendant, donc symbolisme du vertical, dans le cas de la manifestation. Une autre fois, l'image de l'horizontalité dans la notion de paraître pur qui n'est que paraître sans rien au-delà de lui. Mais dans les deux cas, on désire exprimer l'identité de contenu des *relata.* La relation absolue est une relation de révélation : les accidents manifestent la substance[39], les effets la cause[40]. Or si ces définitions semblent marquer la persistance du substrat, leur enseignement principal est que la relation absolue n'est pas un moment parmi d'autres de l'Essence. L'apparente survivance du substrat cache seulement le progrès irrésistible de l'égalisation et de l'équilibrage des *relata.* La révélation est un terme à forte connotation théologique et elle rappelle l'immensité, l'indépendance, l'autarcie totale de ce qui est révélé, donc elle renvoie fatalement à tout ce qui *n'est pas* révélé. Or il faut rappeler que pour Hegel, Dieu n'est pas jaloux[41], que dans le Christ a été révélée la plénitude de la divinité ! Et effectivement, dès la fin de la section sur l'Apparaître, c'est-à-dire encore avant l'avènement de la relation absolue, Hegel explique que dans les relations entre le tout et les parties, la force et son expression, l'intérieur et l'extérieur « l'extériorité du phénomène est... l'extérioration de ce qu'il est en soi et en tant qu'ainsi son contenu et sa forme sont purement et simplement identiques, il n'est rien en et pour soi *que le fait de s'extériorer.* Il est le révéler de son essence, de telle manière que cette essence consiste seulement dans le fait d'être ce qui se révèle »[42].

Dans les pages qui suivent, Hegel utilisera avec prédilection le terme « manifester » pour « révéler », or la manifestation est ici essentiellement manifestation de soi. L'exposé est ponctué d'admirables

---

[37] Cf. *Sc. Log.* I. 2 289 / GW 11 405 24 ; *Log. Mét.* 69, 85 / GW 7 47 *2*, 62 *9*.
[38] *Sc. Log.* I. 2 6 / GW 11 243 *28*.
[39] Cf. *Enc.* 1 399 / GW 20 170 *9-10*.
[40] *Sc. Log.* I. 2 277 / GW 11 398 *9-10*.
[41] *Enc.* 1 572 / W 8 276.
[42] *Sc. Log.* I. 2 225 / GW 11 368 *31-35*.

définitions. L'auto-exposition de l'Absolu — lit-on dans un chapitre que *l'Encyclopédie* ne reprendra pas — « est extérioration, non d'un intérieur, non pas en regard de quelque chose d'autre mais seulement comme acte absolu de se manifester par soi-même...»[43]. Et un peu plus loin, en présentant la notion de l'« effectif », Hegel dira qu'il est *«manifestation» :* qu'il ne se trouve pas entraîné par son extériorité dans la sphère du *changement* et n'est pas davantage paraître de soi dans *un autre* mais il se manifeste, c'est-à-dire qu'il est, dans son extériorité, lui-même...»[44].

On comprend mieux le sens de cette manifestation quand on la reprend contre l'arrière-fond de la notion de « lumière ». La lumière est pure manifestation[45] et elle se définit comme « la pure identité avec elle-même et la pure relation à soi »[46]. La lumière est transparence : une condition de pure auto-relation, de pure réflexion, d'« immédiateté purement et simplement médiatisée »[47]. L'auto-exposition de l'Absolu est son auto-position et elle n'est que son auto-position. « Comme la *lumière* de la nature n'est pas quelque chose, ni une chose mais son être est seulement paraître, ainsi la manifestation est-elle l'effectivité absolument égale à soi-même »[48].

Toutes ces définitions parlent d'une manifestation qui aura dépassé la dualité du dévoilé et du dévoilant. Or pour exprimer la disparition définitive de tout substrat et la parfaite horizontalité de la relation absolue, Hegel semble désireux de retourner au langage initial du paraître avec toutefois l'immense différence que si au début de son « parcours » l'Essence paraît en elle-même et en dehors d'elle-même, toujours comme fondement distinct et différent de son paraître, à son terme, elle n'est plus paraître de quelque chose mais devient pur paraître ou plus précisément, « *paraître posé comme paraître* »[49]. L'accomplissement de la relation absolue bannit toute dualité, toute finitude mais elle n'abolira pas la médiateté. Au terme de son mouvement, avant de passer dans le Concept, l'Essence réalise qu'elle est « une manifestation qui est... la réflexion du paraître comme paraître »[50]. La laborieuse remontée à la surface se comprend comme un processus d'équilibrage en une relation parfaitement réciproque. Il y a transparence sans interruption ni trouble, néanmoins elle est de la réflexion. La révélation qui est le terme de la relation absolue est complète. Le paraître est posé

---

[43] *Sc. Log.* I. 2 239 / GW 11.375 *37-39*.
[44] *Sc. Log.* I. 2 247 / G W 11 381 *1-4*.
[45] *Enc.* 2 231 / GW 20 277 *21-24*.
[46] *Esth.* III 27 / W 15 31.
[47] Cf. *Sc. Log.* I. 2 14 / GW 11 248 *3*.
[48] *Sc. Log* .I. 2 268s / GW 11 393 *13-15*.
[49] *Sc. Log.* I. 2 268 / GW 11 399 *9*.
[50] *Sc. Log.* I. 2 295 / GW 11 409 *7-8*.

comme paraître. Il n'est plus l'apparaître d'un autre mais il est toujours paraître, médiateté.

3. De la disproportion à l'égalité harmonieuse

Le développement de la relation absolue est la suppression graduelle de la différence ou plutôt de la diversité des *relata.* Les relata sont soit en discontinuité soit en disproportion entre eux. Dans un premier moment, nous avons entrevu le mouvement surtout du point de vue de la discontinuité. La suppression du substrat et l'avènement du paraître posé comme paraître ont été décrits comme une remontée à la surface et comme une installation dans l'horizontal. Tout ce mouvement spatial est pour ainsi dire un devenir-identique du « bas » avec « le haut ». D'un « bas » considéré comme détenant un pouvoir déterminateur de son autre, tout en restant séparé et indépendant de cet autre. Or maintenant — dans un second moment — la différence des termes de la relation absolue va être comprise comme leur disproportion mutuelle qui, elle, peut être décrite en un langage pour ainsi dire temporel. La progression à partir de la relation causale jusqu'à la relation réciproque apparaît ici comme le rapport entre « l'avant » et « l'après » ou plutôt entre le commencement et la fin. La cause est le commencement, l'effet la fin. Et la faille propre à la relation causale, c'est l'absence apparente d'un lien véritable entre le commencement et la fin qui fait que la fin paraît advenir d'une manière contingente, fortuite, sans rapport organique au commencement. On se souvient que Hegel avait désigné le mouvement de la causalité comme un procès aveugle dans la mesure où ce mouvement exclut toute détermination d'avance, toute prévision. Cette condition de cécité ne saurait être guérie que par le renversement de la causalité efficiente en causalité finale. Dans un de ses cours d'histoire de la philosophie, Hegel oppose « la cause à partir des fins » à « la cause extérieure »[51]. Or, ce qui caractérise la cause finale, c'est une détermination immanente de ses moments successifs[52]. La cause seulement efficiente passe et se perd, tandis que la cause finale qui prévoit et conduit elle-même son mouvement producteur se maintient et se conserve dans son agir. Si la cause efficiente aboutit à des effets apparemment très différents d'elle-même, la cause finale, elle, ne produit en réalité qu'elle-même. Autant dire que dans la causalité finale le terme devient un et identique avec le commencement[53]. On appelle le destin aveugle car ses moments ne se déroulent pas selon une fin

[51] *Hist. Phil.* 2 221 / W 18 396.
[52] *Enc.* 1 441 n. 11 / GW 19 161 *20-22.*
[53] *Enc.* 1 441 / GW 20 210 *2-3.*

posée et comprise d'avance mais ils adviennent sans raison[54]. C'est l'absence d'une fin permettant la compréhension des rapports mutuels des moments qui fait concevoir la nécessité comme aveugle[55]. Par contre, une activité déterminée par une fin est « voyante »[56]. Si l'action finale est « voyante », c'est qu'elle est *pré*-voyante. Elle voit au début ce qui adviendra à la fin et son mouvement s'oriente selon et vers cette fin.

La compréhension de l'identité profonde du commencement et de la fin modifiera notre représentation des moments de la relation absolue. La causalité efficiente domine le monde matériel mais — comme le rappelle Hegel — la vie, et *a fortiori* la vie spirituelle, ne subit pas passivement l'influence de la cause extérieure mais l'accueille, l'intègre et « puis » réagit contre elle. L'individu vivant transforme l'objet extérieur en une excitation correspondant à ses tendances internes, le poète intègre les données de la nature dans des structures jaillies de son imagination créatrice[57]. Cette réaction interruptrice modifie la direction de la causalité. Le caractère rectilinéaire de la causalité efficiente paraît se recourber dans la circularité du rapport téléologique. D'un point de vue proprement logique il ne faut pas d'ailleurs penser qu'il y a 'd'abord' le mouvement droit de la causalité efficiente qui 'par la suite' se renverse en mouvement circulaire de la fin. La présence de la fin au début de la relation signifie que déjà le commencement est déterminé par le terme, donc le mouvement est d'emblée circulaire[58].

Cette circularité essentielle cachée de la relation absolue représente une imagerie spatiale de plus et elle traduit la même vérité que celle que le langage temporel désigne par l'identité du commencement et de la fin. Or en logique (spéculative), ni le temporel ni le spatial ne peuvent avoir qu'un rôle pour ainsi

---

[54] *Enc.* 1 580s / W 8 290.

[55] W 4 181.

[56] *Enc.* 1 581 / W 8 289.

[57] *Sc. Log.* I. 2 281 / GW 11 400s. Cf. J. D'Hondt, *Hegel philosophe de l'histoire vivante.* Paris. 1966, p. 295s.

[58] Du point de vue de la structure de la logique ce rapprochement entre cause (effective) et finalité peul apparaître problématique car la relation causale, notion de la logique objective n'a plus de cours dans la logique subjective — lieu de la finalité — *où* la causalité « s'était abîmée dans le concept » *Sc. Log.* II 33 / GW 12 137 *5-6*, de même *Sc. Log.* II 255, 264, 218s / GW 12 160 *15-28*, 167 *5-9*, 134 *10-17*. Toutefois, considérée en termes de sa structure conceptuelle, la comparaison reste valide et féconde dans la mesure où la cause finale, c'est-à-dire la finalité est comme le successeur de l'action réciproque, notion de logique objective à laquelle renvoie incessamment la causalité efficiente. On n'a qu'à faire remarquer que le recourbement qui caractérise le monde de la finalité est affirmé d'abord de l'action réciproque *Enc.* 1 402 / GW 20 173 *26-27*. Les mouvements rectiligne et recourbé de la relation absolue sont d'ailleurs préfigurés par les réflexions du jeune Hegel sur le destin et le châtiment public. L'un est une conséquence venant du dehors, inévitable de l'acte coupable, l'autre immanent a l'agent, s'accomplit comme de l'intérieur, comme une réaction *(Zurückwirkung)* a soi-même. W 1 344s, 344n, 340, 305s.

dire propédeutique et doivent se dépasser dans le conceptuel. Est circulaire un mouvement qui n'avance ni ne recule, qui ne monte ni ne descend, mais dont les moments se situent toujours sur le même plan. Le mouvement circulaire est à comprendre comme la réunion de deux mouvements de direction opposée et auquel, pour pouvoir subsister comme mouvement, il ne reste que de tourner en rond. Toutefois d'un point de vue logique, cela signifie l'équivalence des deux mouvements, plus précisément, leur réciprocité. Le mouvement circulaire attribué à la relation causale exprime sur le plan de la représentation une relation réciproque[59].

Or l'avènement d'un véritable mouvement circulaire, accomplissement de la relation, n'est possible que si les deux *relata* peuvent être conduits jusqu'à une correspondance, une proportionnalité, bref, une identité véritables. La relation causale de l'efficience a été comprise comme celle de la disproportion des termes. La relation causale de la finalité vient d'être exposée comme une relation de proportion. Le rectilinéaire ne peut se recourber en circulaire, la causalité efficiente ne peut se transposer en causalité finale, bref, la relation de la causalité ne peut se sursumer en relation d'agir réciproque que si la cause et l'effet cessent d'être différents et se laissent réduire à l'identité. Cette réduction s'effectue sur deux plans ou en deux moments. Dans un premier moment, il faudra montrer que cause et effet ont le même contenu. Dans un second moment, qu'ils s'identifient également selon la forme. Autant dire que l'effet ne saurait contenir que ce que contient sa cause et que, d'autre part, la cause est aussi bien effet et l'effet cause.

La relation absolue marque l'avènement de l'effectivité[60]. Le phénomène n'est pas encore une effectivité véritable par rapport à la chose en soi mais l'accident l'est à l'égard de la substance. Ceci dit, l'accident n'est que d'une efficacité quasiment évanescente par rapport à la substance et l'effet, lui aussi, demeure subordonné à la cause. Il s'ensuit que ce sont des relations entre *relata* effectifs mais disproportionnés. Sans doute, la disproportionalité va en décroissant.. Si les accidents s'évanouissent, périssent devant l'immensité et la puissance prépondérante de la substance, l'effet reste au moins pour un moment dans une situation de vis-à-vis exclusif en regard de sa cause. On pourrait dire que dans une certaine mesure la vérité de la substance est l'accident, c'est-à-dire qu'en dernière instance substance et accident sont identiques. Toutefois, l'identité des termes de la relation n'est pas la même dans la substantialité que dans la causalité. La substance est identique à l'accidentalité[61], c'est-à-dire aux accidents. Par contre, la cause est identique à un effet individuel. L'identité qui prévaut dans la relation

---

[59] *Enc.* 1 402 / GW 20 172 *23-27*.

[60] La relation absolue apparaît avec la tragédie antique. Dans la comédie les deux pôles éthiques ne sont l'un pour l'autre que les ombres ou la tromperie, tandis que dans la tragédie « die eine im Ernste in die andere scheint ». GW 4 461 *28-32*.

[61] *Sc. Log.* I. 2 272 / GW 11 39 *54*.

causale est ce que nous appellerions identité de contenus[62]. L'effet est identique avec la cause dans la mesure où il ne peut contenir que ce que contient la cause. Ce qui est à voir, c'est s'il contient tout ce que contient la cause ou s'il ne demeure en lui un reste, de l'excédentaire. Déjà à Iéna, Hegel parle du caractère « tautologique » de la relation cause-effet[63] que traduit une simple proposition « analytique »[64]. La cause advient quand la substance expose son contenu à l'extérieur[65] mais est-ce qu'elle expose tout son contenu ? L'effet manifeste la cause[66] mais est-ce que la cause tout entière se révèle dans la manifestation ?

Pour illustrer l'identité de contenu entre la cause et l'effet Hegel a recours dès Iéna à l'exemple de la pluie et de l'humidité. La pluie est la cause de l'humidité du sol, l'humidité est l'effet de la pluie. Or l'humidité n'est rien d'autre que la pluie elle-même, la pluie sous une autre forme, d'une manière différente[67]. Ou encore : si le mouvement d'un corps est considéré comme son effet, alors la cause en est la force pressante du corps mais c'est le même quantum de mouvement qui avait *été* présent *auparavant* dans *le* corps : autant de mouvement communiqué à l'effet qu'avait perdu la cause. Et pour donner finalement un exemple puisé dans l'univers moral : la cause d'une action est le sentiment intérieur de son agent et l'action en tant qu'effet a le même contenu et la même valeur que le sentiment, sa cause[68]. Sans doute, on a affaire ici à une position traditionnelle de la philosophie. Saint Thomas d'Aquin enseigne que l'image-effet représente sa cause selon la similarité de forme[69] et d'après le célèbre commentaire de Jacobi, Spinoza aurait professé que tout effet est contenu par sa cause et toute cause par son effet[70]. Or Hegel entend approfondir et compléter l'argument. Pour pouvoir expliquer qu'il n'y a rien dans la cause qui ne soit dans l'effet et dans l'effet qui ne soit déjà dans la cause[71], il va dépasser le plan d'une analyse matérielle en faveur d'une réinterprétation de la relation causale à partir de sa forme. Autant dire qu'il ne se contente pas de montrer que la cause et l'effet ont le même contenu mais il démontre encore que la cause est aussi bien effet que cause, donc aussi bien causé

[62] *Sc. Log.* I. 2 278s / GW 11 398s.
[63] *Log. Mét.* 70ss / GW 7 48ss. Cf. *Sc. Log.* I. 2 272, 280, etc / GW 11 399 *15*, 400 *9*, etc.
[64] *Sc. Log.* I. 2 279 / GW 11 399 *11-12, 20*.
[65] *Log. Mét.* 6ss / GW 7 44s.
[66] *Sc. Log.* I. 2 277 / GW 11 398 *9-10*.
[67] *Log. Mét.* 70 / GW 7 49.
[68] *Sc. Log.* I. 2 280 / GW 11 399 *28-35*.
[69] *Sum. Theol.* I. 45.7. concl.
[70] Cf. F.H. Jacobi : *Lettres à Moses Mendelssohn sur la Doctrine de Spinoza. Œuvres Philosophiques*, tr. J.-J. Anstett, Paris, 1946, p. 110sq / *Gesamtausgabe* 1, 1, Hambourg-Stuttgart, 1998, 20 sq.
[71] W 4 102.

que causant et que l'effet est aussi bien causant que causé, cause aussi bien qu'effet.

Hegel élargit son analyse concernant l'identité de la cause et de l'effet en faisant remarquer que si la cause est bien cause, elle n'est pas seulement cause mais encore autre chose. La pierre qui se meut est cause de son mouvement mais elle possède encore d'autres déterminations : celles d'avoir une couleur, une forme, etc.[72]. Du point de vue de la seule relation causale, à savoir celui de la « forme », l'effet est complètement causé par la cause mais la cause n'est pas seulement causant l'effet. Elle possède aussi d'autres contenus que ceux qu'elle transmet à l'effet. Elle est cause selon les propriétés qui s'exposent dans l'effet mais il lui reste « d'autres propriétés » en vertu desquelles elle *n'est pas* cause. La cause a donc par rapport à son autre, l'effet[73], de l'excédentaire.

Les résultats de notre réflexion semblent nous repousser dans le monde du substrat. La cause détermine son effet mais il reste de l'excédentaire qui échappe à leur relation et qui constitue la cause en tant qu'indépendante et séparée. Toutefois, cette excédentarité qui paraît consacrer la disproportion de la cause et de l'effet, une disproportion « en faveur » de la cause, n'est ni claire ni univoque et, en fait, c'est l'apparente rechute dans les ténèbres du substrat « sans relation, immédiat »[74] qui permettra de vaincre la disproportion des *relata* causaux.

L'effet semble être causé complètement par sa cause mais dans la mesure où cette dernière n'est pas cause de par tout son être, l'effet échappe, à son tour, à la cause. S'il ne saurait s'affranchir de son être-déterminé par la cause sur le plan d'une éventuelle excédentarité de contenu, il se soustrait à la détermination par une contingence sur le plan de sa relation de forme. Quand une pierre tombe sur une autre, elle devient cause de la modification ou du mouvement de cette dernière mais cette causalité efficiente n'est qu'« extérieure »[75] et comme telle, non-prévoyante. L'objet qui est cause selon une relation mécanique, celle qui prévaut dans le monde physique n'est pas cause selon sa nature particulière mais seulement en vertu de son existence physique brute. Il n'exerce aucune influence sur l'autre objet en vertu de ses propres déterminations et propriétés mais le fait seulement glisser ou tomber. Il lui est « extérieur », c'est-à-dire contingent d'être la cause de son effet mais alors l'effet, lui aussi, ne saurait être que contingent à son *égard*[76].

Cette efficace de la cause dans le mécanisme est un véritable cas-limite de la condition de substrat. La cause est, certes, cause de son effet mais d'une manière tellement fortuite, d'un engagement tellement minime que son efficacité, sa

---

[72] *Sc. Log.* I. 2 287 / GW 11 402 *16-17*.
[73] *Sc. Log.* I. 2 277 / GW 11 398 *3*.
[74] *Sc. Log.* I. 2 283 / GW 11 401 *31*.
[75] *Sc. Log.* I. 2 284 / GW 11 4 02 *19*.
[76] *Sc. Log.* II 323 / GW 12 137 *12-18*.

causalité est fatalement contingente. Or s'il en est ainsi, alors ce n'est pas seulement la cause qui demeure indépendante et excédentaire par rapport à l'effet mais l'effet, lui aussi — malgré son appartenance à la cause — apparaîtra dans un halo d'indétermination. Plus exactement, il y a de la détermination mais une détermination imprévoyante, aveugle, une détermination qui, tout en découlant de la cause, lui demeure extérieure. Et ici il faudrait revoir les développements qui conduisent à interpréter le contenu de la relation causale comme son substrat. Si la cause et l'effet ont un contenu identique, ce contenu identique peut apparaître comme le véritable substrat de la relation causale, son noyau *un* pendant que ses termes demeurent *différents* du point de vue de la forme. Et précisément, dans la mesure où leur substrat commun, le contenu n'a pas de véritable relation médiatisée avec la forme, c'est-à-dire avec la cause et l'effet en leur qualité d'éléments formels de la relation causale, la cause, en tant que causant et l'effet, en tant que causé, ne peuvent avoir qu'une relation extérieure, « indifférente » à l'égard du procès tout entier[77]. Or puisque l'élément médiateur, l'élément proprement relationnel n'est que le contenu commun qui reste en rapport d'indifférence et d'extériorité par rapport aux *relata,* les *relata* eux-mêmes sont condamnés à rester dans un rapport d'indifférence et d'extériorité l'un à l'égard de l'autre. À ce moment, on comprend que si la cause accuse de la disproportion par rapport à l'effet, l'effet lui aussi a sa propre disproportion à l'égard de la cause. Si la cause ne s'épuise pas dans l'effet, l'effet, à son tour échappe à la cause. L'excédentarité primitive de la cause trouve son pendant dans l'excédentarité cachée mais également originaire de l'effet. La brutale détermination immédiate de l'effet par la cause est sanctionnée par le détachement et l'émancipation de l'effet. On voit que la proposition « analytique » concernant l'identité de contenu des relata causaux, cette tautologie « vide »[78], ne fait que masquer pour un moment une disproportion aggravée car étendue sur les deux termes, donc devenue mutuelle. Or l'excédentarité du fait de sa transposition en un rapport mutuel permet un renversement qui aboutira à l'élimination ultime de la disproportion. Rendus égaux dans la disproportion, les *relata* partent à la conquête de la proportion.

Identiques selon le contenu et différents, ou plutôt « divers », selon la forme[79], la cause et l'effet ont brisé leur précédent rapport d'asymétrie descendante. La vérité de ce rapport sera le renversement de cette relation, le renversement de ses termes que symbolise le recourbement du mouvement rectilinéaire en un mouvement circulaire[80]. La disproportion entre les *relata* ne saurait être sursumée qu'au prix de la suppression d'une unilatéralité qui, tout en insistant sur la nature originaire et

[77] *Sc. Log.* I. 2 283 / GW 11 401 *28-30.*
[78] Cf. *Log. Mét.* 70 / GW 7 48 *11.*
[79] *Sc. Log.* I. 2 278 / GW 11 398 *36.*
[80] Cf. *Enc.*1 402 / GW 20 173 *26-27.*

dominatrice de l'*un* des deux termes, finira par le priver de tout véritable pouvoir de détermination immanente.

La leçon du tautologisme des contenus c'est que l'insistance sur un moment d'identification partielle ou plus exactement, considérée à partir du seul point de vue matériel ne fait qu'aggraver la disproportion, et la relation causale est sommée de se remettre en question comme telle, selon ses moments primitifs. D'ordinaire, en relation causale la cause est conçue comme le terme originaire, initiant, actif et l'effet comme secondaire, conditionné, passif. Or cette conception s'avère superficielle et inexacte. La cause cause l'effet mais elle n'est vraiment cause qu'en causant. Avant de produire son effet, la cause n'est pas sa cause ou plus exactement elle n'est pas cause du tout. Seul l'avènement de l'effet institue la cause comme cause. Donc l'effet, tout en étant très réellement second et posé, « deviendra » subrepticement premier et posant. La cause n'est qu'en causant l'effet, donc sa condition de cause est l'effet de l'événement de l'effet. L'effet s'érige ainsi cause de la cause, c'est-à-dire cause tout court. Il peut bien n'être qu'un tard-venu, un non-autonome, il n'est pas seulement le résultat de sa cause mais aussi son origine.

Le renversement du mouvement causal, l'instauration de la circularité supprime l'unilatéralité et l'asymétrie des *relata* mais va-t-elle également éliminer leur disproportion, à savoir leur excédentarité respective ? Sans doute, désormais, la cause est aussi bien cause qu'effet et l'effet aussi bien effet que cause, mais est-ce que cela suffit pour éliminer tout ce qui est excédentaire dans les deux termes ou bien aura-t-on simplement amélioré le lot de l'effet, tout en lui laissant un ensemble de déterminations par lesquelles il *ne cause pas* la cause ? Autant dire que la question est de savoir si l'agir réciproque ne touche que partiellement ses termes ou bien si elle épuise tout leur être? Bien sûr, Hegel répond que l'agir réciproque est la déduction mutuelle complète et exclusive des *relata,* mais pour y parvenir il faut encore relire le mouvement causal à partir d'une perspective renouvelée.

4. De l'évanescence à la stabilité

La relation absolue a comme but l'élimination graduelle de tout substrat[81]. Ce processus n'est qu'une forme de la lutte contre la disproportion des *relata* et pour l'établissement d'un rapport de réciprocité stable entre eux. Or cette stabilité ne saurait être que l'aboutissement du procès, et l'histoire de la relation absolue est pour ainsi dire la chronique des événements de la vie des *relata* qui, insuffisamment médiatisés eux-mêmes, entraînent leur autre dans la disproportion. Le mouvement

[81] Bien sûr, « graduel » ne signifie pas « quantitatif » : le moteur de la dialectique hégélienne est partout et toujours la négativité.

propre de l'Essence est la réflexion, une tendance à la manifestation mais qui reste grevée d'ambiguïté. Elle désire, certes, paraître et apparaître mais elle tente de reprendre d'une main ce qu'elle avait octroyé de l'autre. Sans doute, tout cela n'est que des combats d'arrière-garde, car le mouvement vers la révélation est irréversible, néanmoins les moments d'évanescence ressurgissent tout au long de l'itinéraire de la relation absolue.

Le premier moment de la relation absolue est la substantialité. C'est une relation très inégale où l'un des *relata* est pour ainsi dire tout et l'autre quasiment rien. Les accidents n'ont aucun pouvoir ni par rapport à la substance ni les uns à l'égard des autres. La vie des accidents est un changement perpétuel. Ils surgissent de la substance seulement pour y retourner l'instant suivant. La substance dispose d'un pouvoir illimité sur ses accidents qu'elle fait paraître et disparaître à son gré. Les accidents ne constituent que « le jeu étant-là » de la substance[82]. Dépourvus de toute existence médiatisée par eux-mêmes, les accidents ne cessent de s'engloutir dans la substance. Et malgré toute apparence de stabilité, de caractère de substrat[83], la substance — n'étant elle-même que la somme de ses accidents — est soumise, elle aussi, à cette condition d'instabilité. La substantialité n'est donc qu'une relation « immédiatement disparaissante » où les termes ne sont séparés par aucune « différence réelle »[84]. La situation change avec la causalité. Si la substance est un pouvoir immédiat et illimité sur ses accidents, elle paye cette domination au prix de sa propre évanescence. N'étant que l'ensemble de ses accidents, elle change quand changent les accidents, elle passe en eux. Cette instabilité prendra fin avec l'avènement de la causalité. La substance devient cause dans la mesure où « elle se réfléchit en elle-même *contre* son propre passer dans l'accidentalité »[85] et, de ce fait, elle se donne une stabilité au moins apparente. De plus, si la substantialité n'est qu'un « tranquille surgir d'elle-même » *(Hervorgehen ihrer selbst)*»[86], la cause est, quant à elle, « source de production à partir d'elle-même »[87]. C'est dire que contrairement au « disparaître immédiat » de la substantialité, la causalité se présente

[82] *Propéd.* 175 / W 4 20.

[83] W 4 100.

[84] *Sc. Log.* I. 2 273 / GW 11 395 *39*-396 *1*.

[85] *Enc.* 1 400 / GW 20 170 *24-25*.

[86] *Sc. Log.* I. 2 271 / GW 11 394 *34*. Jarczyk-Labarrière traduisent « venir au jour d'elle-même ».

[87] La substantialité répète au sein de l'effectivité le rôle du fondement qui, n'étant ni actif ni final ne « produit » pas mais à partir duquel seulement « surgit » ou « provient » *(hervorgeht)* l'existence *Enc.*1 381 / GW 20 120 *24-26* ; *Enc.* 1 222 / *Enz. Heid.* 76 (§ 74) ; voir aussi GW 21 109 *22-23*. Voir encore *Enc.* 2 189/ GW 20 239 *14-15* ; *Rais. Hist.* / GW 18 184, hervorbringen » qui est le terme technique pour la production causale *Enc.* 1 400 / GW 20 171 *2* (§ 153) ; *Propéd.* 176 / W 4 21, est rapproché de « manifestation » *Sc. Log.* I. 2 256 / GW 11 385s.

comme un rapport entre des moments « posés », à savoir médiatisés, par conséquent, comme une relation « réelle »[88].

La causalité s'annonce comme la production de son autre, l'effet, par la cause et de ce fait, comme un rapport de termes réellement différents, « une relation de *deux côtés autonomes* »[89]. Toutefois, le développement de l'argument remettra en question la prétendue mutualité harmonieuse des *relata* et si, contrairement à la substance et à ses accidents qui ne sont que de simples abstractions[90], la cause et l'effet apparaissent comme « deux existences indépendantes »[91], le caractère instable de ces *relata,* minés d'indétermination, de finitude, fait que leur apparente stabilité, leur autonomie et leur indépendance affichées se réduisent en poussière.

Nous avons vu lors de l'étude de l'excédentarité mutuelle de la cause et de l'effet que ces déterminations formelles de la causalité ne se rapportent l'une à l'autre que pour ainsi dire extérieurement, par conséquent, une certaine contingence plane sur l'avènement de l'effet. Or à la lumière d'une nouvelle analyse, la contingence se révélera plus profonde. Ce n'est pas seulement que la filiation des *relata* accuse des taches opaques mais — plus significativement — leur existence est précaire. La médiation insuffisante de leur naissance les voue à une identité à soi déficiente. Le caractère partiel de la causalité résulte du fait que la cause n'est cause de son effet que par un aspect ou une partie de son être et cette origination partielle est conditionnée du dehors. La pluie produit de l'humidité mais si cette masse d'eau qu'est la pluie tombe, c'est qu'elle a été soulevée dans l'air par le vent, une force extérieure qui allant à rencontre de la pesanteur propre de l'eau, fait advenir la précipitation résultant dans l'humidité[92].

Si on comprend bien ces développements, une causalité seulement partielle de la cause signifie une causalité extérieure. Il y a certes, détermination mais une détermination incomplète, malheureuse, brisée. Dans la détermination causale selon sa plénitude, à savoir la causalité finale, le résultat est préfiguré au départ, la fin se retrouve dans le commencement, l'effet est lisible en filigrane dans la cause. Ce qui revient à dire que quand elle cause, la cause finale ne se perd pas dans son effet[93] mais que son mouvement « retourne en soi-même ». Il en va autrement pour la causalité efficiente où la cause ne cause son effet que d'une manière extérieure, donc le terme présente autre chose que ce qui était au commencement. Autant dire que la cause en

---

[88] *Sc. Log.* II 269 / GW 11 393 *28*. L'italique est de nous. Voir aussi *Sc. Log.* II 273 ; 279 / GW 11 396 *1* et 399 *5*.
[89] *Sc. Log.* II 137 / GW 12 79 *34*.
[90] *Enc.* 1 234 / *Enz. Heid.* 90 (§101).
[91] *Enc.* 1 401 / §153. GW 20 171 *33*.
[92] *Sc. Log.* I. 2 284 / GW 11 402 *27-34*.
[93] La fin « nicht einen Augenblick verlorengeht in Andersheit und Selbstverlust ». B. Lakebrink, *Kommentar zu Hegels « Logik » in seiner « Enzyklopädie » 1830,* II, Frb./Munich, 1985, p. 205.

produisant l'effet ne se retrouve pas en lui, par conséquent, le mouvement causal n'est pas un retour en soi-même mais une avancée pour poser un nouvel effet.

La causalité efficiente est un exemple par excellence du mauvais infini où la finitude non-médiatisée produit une sorte d'hémorragie du réel[94]. La cause efficiente est « déterminée » donc « finie ». Elle n'est cause que par un certain aspect de son être et l'effet lui-même n'est effet que par un aspect donné de son être. Cette condition finie, partielle de la cause *comme* cause et de l'effet *comme* effet aboutit à un renversement, à une juxtaposition des rôles. L'effet n'étant effet que par une certaine partie de son être, devient — en vertu d'une « autre » partie de son être — cause et son effet à lui est sujet à la même détermination, d'où un procès infini de renversement d'effet en cause. Ce renversement ne s'effectue pas seulement en direction descendante mais aussi en direction ascendante. La cause est cause en vertu d'une détermination finie qui n'affecte qu'une partie de son être. Elle n'est posant que par une partie, sous un certain aspect mais pour le reste, elle aussi, elle n'est que posée[95]. Chaque cause n'est cause que d'un certain point de vue et envisagée d'un autre point de vue, elle n'est qu'effet. Il existe donc — comme le montre l'antithèse de la troisième antinomie de Kant — une régression infinie dans la série causale[96].

Le mauvais infini est cette condition où la finitude des termes laisse un immense espace d'indétermination qui est à l'origine d'une fuite en avant. La production de l'effet a été considérée comme l'avènement d'existences « réelles », de choses « indépendantes ». En vérité, cependant, la production causale n'est qu'un écoulement sans borne. D'ailleurs, écoulement n'est pas le terme adéquat pour désigner cet aspect du procès causal et Hegel lui-même se servira de l'expression « se repousser de soi-même »[97]. Au début du second livre de la logique objective, le mouvement propre de l'Essence, la Réflexion, est désignée comme le mouvement de « se repousser de soi-même »[98]. L'essence veut se retrouver auprès de soi dans un autre mais elle n'y parvient pas et elle doit repartir incessamment vers l'extérieur. Cette fatalité s'exerce d'une manière particulièrement vive dans la série causale. Dans son exposé du mouvement de la causalité efficiente, Hegel dit que la cause devient « extérieure à elle-même », pose son effet non pas en soi-même mais dans « une autre substance » ou « substrat », ce qui revient à « le repousser de soi-même »[99]. Cette terminologie « agressive » est très juste.

---

[94] Cf. *Sc. Log.* I. 2 285 / GW 11 403 *17.*

[95] Cf. *Sc. Log.*I. 2 284s / GW 11 402s

[96] Cf. W 4 101. Plus tard, Hegel « déduira » l'action réciproque comme la réconciliation de la thèse et de l'antithèse de la troisième antinomie de Kant W 4 190.

[97] *Sc. Log.* I. 2 286 / GW 11 403 *36.*

[98] *Sc. Log.* I. 2 22 / GW 11 251 *33.*

[99] *Sc. Log.* I. 2, 286 / GW 11 403 *33-36.*

Quand la cause parvient à son effet, elle ne se réunit pas avec elle-même donc elle ne peut pas se reposer dans son effet. Il lui faut s'en séparer, par conséquent, repousser l'effet.

Cette contrainte témoigne de la non-liberté cachée de la cause efficiente envers son effet. La cause se repousse dans l'effet, c'est-à-dire elle pousse l'effet en avant dans la série descendante de la progression mais, de ce fait, elle instaure aussi une distance ou un hiatus entre elle-même et son effet. Ce qui veut dire que le renvoi en avant, tout en étant un acte de domination, est aussi le signe d'une démission. La cause prétend avoir accompli son devoir à l'égard de l'effet. Elle l'a mis sur sa trajectoire, donc elle l'a installé dans un exister séparé, mais par cet acte elle signale également qu'elle s'en désintéressera dans l'avenir. L'effet « au moment même » d'être institué comme effet se trouve envoyé en avant et contraint à passer en cause[100]. Ce repartir immédiat est — qu'on se le rappelle — résultat de la disproportion, de l'excédentarité entre cause et effet. Dans un premier moment, la cause ayant produit un effet de même contenu qu'elle-même « disparaît dans la quiétude de l'identité immédiate » pour « se réveiller » dans un second moment dans « une autre substance ». Autrement dit, elle pousse en avant l'effet devenu cause[101]. Il n'a quasiment pas le temps de vivre sa condition d'effet, il est tout de suite sommé de devenir cause. Il vient d'être institué effet et il ne lui est pas permis de perdurer comme effet. Il est forcé de se métamorphoser en cause, par conséquent, de cesser d'être ce qu'il est.

On retrouve ici, au-delà des masques trompeurs d'une stricte détermination, une indétermination profonde qui est la source de l'instabilité de l'univers causal. Hegel identifie toute causalité « finie » avec le mouvement du mécanisme où l'extériorité des *relata* fait que « la *réflexion* de la cause dans son effet... est en même temps un *être* qui repousse »[102]. Dans le procès mécanique, l'autre, l'effet, n'est pas institué en vertu d'une détermination conceptuelle mais par un envoi brut et nu dans la séparation[103]. « Le repousser de soi » est l'expression adéquate d'une origination radicalement contingente où la production se contente d'initier l'existence de son effet mais se désintéresse par la suite de toute production ou plutôt de toute formation continue de son rejeton.

Un profond paradoxe gît au cœur de la causalité efficiente. Elle est — surtout depuis Newton — signe d'une puissance infinie et implacable de détermination. Mais cette puissance se révélera dans les analyses hégéliennes comme de « l'impuissance »[104]. La cause passe d'une manière immédiate et

[100] *Sc. Log.* I. 2 292 / GW 11 407 *21-25*.
[101] *Sc. Log.* I. 2 291s / GW 11 407 *3-8*.
[102] *Sc. Log.* I. 2 292 / GW 11 407 *22-23*.
[103] Sur causalité et mécanisme *Sc. Log.* II 223 / GW 12 137 *3-22*.
[104] *Sc. Log.* I. 2 285 / GW 11 403.

irrésistible dans son effet. Or la rançon de ce passage est la perte de sa liberté[105]. La cause ne choisit pas entre action et non-action, « il lui faut *(muss)* effectuer »[106]. La détermination causale est une nécessité aveugle qui pour ainsi dire chasse devant elle son effet. Or l'effet qui ne peut pas se dérober, se venge entraînant avec lui une « partie » de l'être de la cause. Incapable de retourner en elle-même, de s'arrêter, de demeurer en repos, la cause dérive vers l'effet. Au commencement la cause comme « chose première », originaire semble être investie d'une « autonomie absolue »[107] et l'effet, lui aussi, se voit octroyer de l'autonomie[108]. Toutefois, c'est l'équilibrage même des relata primordiaux qui nous montre : cette autonomie n'est qu'un artifice de la réflexion. Pour que leur autonomie soit authentique, il faut que chacun des *relata* maîtrise son mouvement, possède, contienne en soi-même son propre être. Or dans la causalité efficiente ni la cause ni l'effet n'ont en eux, plus exactement, ne *sont* pas, leur propre être[109]. Son être propre échappe à la cause et la cause dérive vers l'effet. Cette dérive ne sera arrêtée que dans l'agir réciproque où la substance absolue sous-jacente à la relation ne pose plus ses termes par un procès de mauvaise infinité, mais elle se développe dans une continuité de moments parfaitement égaux et réciproques.

5. Totalités et continuité

L'action réciproque est le résultat commun de la substantialité et de la causalité[110], une conséquence où les deux prémisses se dépassent complètement. La substantialité est une relation d'immédiateté dont les termes n'ont aucune permanence ni être-soi. La causalité, elle, est pleine de disproportions et de ruptures : ne commence-t-elle pas son procès par un véritable arrêt ? Selon la conception traditionnelle, la cause ayant produit son effet disparaît, « *s'éteint* » en lui[111]. Par contre, la première apparition de l'action réciproque dans la logique est sous forme de la « continuité »[112]... Tout l'art de Hegel consiste à montrer que les différences, tout en étant véritables, ne sont que relatives car l'action réciproque est présente virtuellement au sein des deux autres moments de la relation absolue et elle oriente et attire leur

---

[105] *Sc. Log.* II 255 / GW 12, 160 *22-23*. Pour la critique de la causalité efficiente dans la pensée postkantienne voir M. Vetö, *De Kant à Schelling*, II, p. 375 sq.

[106] *Sc. Log.* I. 2 277 / GW 11 398 *13*.

[107] *Enc.* 1 400 / GW 20 171 *6*.

[108] *Enc.* 1 401 /GW 20 171 *33*.

[109] Voir dans ce contexte le rapprochement entre causalité et jugement hypothétique *Sc. Log.* II. 136s / GW 12 79, voir aussi *Enc.* 1 405 / GW 20 159 *8*.

[110] *Sc. Log.* I. 2 293 / GW 11 407 *27-28*.

[111] *Sc. Log.* I. 2 278 / GW 11 398 *27*.

[112] *Sc. Log.* I. 2 165 / GW 11 333 *26-27*.

mouvement vers elle-même. L'action réciproque est « une forme plus parfaite »[113], voire « la vérité de la causalité »[114] mais elle est aussi et surtout la vérité de toute la relation absolue et ce n'est qu'à partir d'elle que se révélera le sens plénier des structures de cette relation.

Si l'effectivité des *relata* de la substantialité et de la causalité n'est qu'imparfaite et fragile, c'est que ces relations n'ont pas su surmonter la disproportion de leurs moments ni colmater les brèches entre eux. Inversement, avec l'avènement de la parfaite continuité et de la parfaite proportionalité de l'action réciproque, les *relata* doivent devenir des totalités autonomes[115]. À ce moment la question se pose — et c'est peut-être la plus importante question concernant l'action réciproque — qu'entend-t-on au juste par ces totalités et comment se présente leur rapport à cette continuité accomplie qu'est la relation réciproque ? Est-ce que la relation d'agir réciproque est une nouvelle espèce de rapport entre les « anciens » termes qui survivent ou bien y a-t-il eu renouvellement des termes en eux-mêmes ?

Dans un premier moment, on verra qu'en vertu du dépassement de tout substrat, l'action réciproque surmontera la dualité même des substances. Dans un second moment, on comprendra que l'abandon de la dualité ne signifie aucunement la réduction de la relation absolue à une substance individuelle isolée. L'action réciproque continue — évidemment — à avoir deux termes, mais l'être-différent de ces termes n'entrave pas leur unité supérieure. Les moments de la relation absolue sont absolument les mêmes. Il suffira alors d'en considérer un seul, de ne regarder qu'une seule des totalités en continuité. Seulement — mais c'est l'essentiel — l'identité des termes ne consiste que dans leur relation mutuelle car les termes eux-mêmes ne sont que cette relation. Autant dire que ces termes ne sont pas des choses, des substances mais des coupes homogènes d'une « relation renfermée en elle-même »[116]. Ils ne sont pas des portions séparées d'un tout mais les segments d'un mouvement qui a partout et toujours la même égalité et réciprocité de direction et de contenu.

Leur contenu identique est le substrat commun de la cause et de l'effet, mais en fin de parcours de la relation causale tout « troisième » susceptible d'être le substrat des deux autres disparaît. Toutefois, ce qui fait la signification conceptuelle du substrat, à savoir l'absence d'une authentique médiateté, c'est-à-dire une condition de *présupposition,* reste entier. L'action-réaction se présente encore comme « une causalité mutuelle de substances

[113] *Différ.* 106 / GW 4 32 *5*.
[114] *Enc.* 1 236 / *Enz. Heid.* 92 (§ 104).
[115] *Sc. Log.* I. 2 295s / GW 11 409.
[116] *Enc.* 1 402 / GW 20 172 *28-29.*

présupposées, se conditionnant »[117]. Par contre, la relation réciproque ne saurait tolérer même la simple survie des substances. La vraie réciprocité — on le sait — est un « paraître complètement transparent » et comme tel, elle est exempte de tout vestige d'immédiateté, de présupposition. Et plus loin, dans la logique subjective, Hegel dénoncera les tentatives d'expliquer avec Leibniz l'action réciproque comme une harmonie préétablie. L'harmonie préétablie est une relation «présupposée»[118], or l'incompatibilité de l'action réciproque avec le donné, l'immédiat, bref, avec le présupposé concerne toute présupposition, aussi bien celle des substances que celle de la relation elle-même.

La véritable action réciproque rompt avec toute présupposition, par conséquent, elle cherche à établir une condition qui serait au-delà de toute substance. Comme on le sait, pour Kant déjà l'action réciproque renvoie au-delà de ses termes, les substances finies. Kant croyait retrouver ce « plus » d'abord dans l'action du Créateur[119], plus tard dans le pouvoir a priori de l'aperception transcendantale[120]. Or si Hegel, lui aussi, préconise un dépassement des deux termes, le « troisième » qu'il présente n'est pas une nouvelle réalité numériquement différente des anciennes mais une transposition, une métamorphose des *relata* primitifs.

L'avènement de l'action réciproque signifie « la sursomption de toutes les différences entre les termes de la relation [121]». La différence « disparaît »[122] ou plutôt, elle est « nulle » et « vide »[123]. La différence entre les moments est fonction d'un ordre de succession, or précisément, quand la causalité parvient au concept[124], elle n'admet plus ni un « premier » ni un second. Et s'il n'y a ni premier, ni second, c'est que la différence apparemment radicale entre la cause et l'effet n'est en réalité que « nominale ». L'effacement de la dualité révèle qu'en dernière instance il n'y a pas « deux » termes dans la relation mais « une » seule réalité qui se déploie[125].

Qu'est-ce à dire ? Après « s'être brisée en deux substances opposées » dans la causalité[126], la relation aboutit à « une paralysie » des opposés qui « coalescent » pour ainsi dire en « un seul produit »[127]. C'est ainsi que Hegel interprète

[117] *Sc. Log.* I. 2 293 / GW 11 407 *30-31*.
[118] *Sc. Log.* II. 222s / GW 12 136 *31-33*.
[119] Kant, *Diss.* §§16-20 1 659ss / Ak II 406ss.
[120] Kant, *C. R. Pure* 1, 944s / B 260.
[121] *Sc. Log.* I. 2 293 / GW 11 407 *33-34*.
[122] *Enc.* 1 236 / *Enz. Heid.* 92 (§ 104).
[123] *Enc.* 1 403, 402 / GW 20 173 *21*, *16*.
[124] *Sc. Log.* I. 2 294 / GW 11 408 *19*.
[125] *Enc.* 1 402 / GW 20 73 *15-16*. Cf. *Sc. Log.* II 77 / GW 12 383 *7-39*.
[126] *Log. Mét.* 65 / GW 7 43 *11*.
[127] *Log. Mét.* 90s / GW 7 67s.

à Iéna l'action réciproque, mais cette quiétude substantielle, la condition « sans relation » du produit[128] ne saurait rendre compte de la continuité propre à la relation absolue. Il y a bien sûr, dépassement définitif de toute opposition mais cela ne signifie aucunement l'abolition des différe. Les termes de la relation constituent une continuité parfaite, tout en existant comme des totalités autonomes.

L'engendrement des termes de la causalité se comprend comme un repousser de soi : la relation absolue éclate pour ainsi dire en deux substances. Il en ira autrement quand elle sera parvenue au haut plateau de l'action réciproque. À ce moment de son accomplissement ultime, le réel sous-jacent à la relation absolue ne s'articule plus en se repoussant de soi mais en « se différenciant »[129]. Sans doute, déjà « en soi » il n'y eut qu'une seule effectivité dans la relation absolue, mais dans son accomplissement, la relation parvient à articuler son unité primitive. Elle se présente désormais comme « une différence absolument transparente ». Les mots ont ici un poids particulier. La relation réciproque est « une différence transparente ». Elle n'est pas un élément un mais une différence d'éléments. Or cette différence est transparente. Autant dire qu'elle est d'une homogénéité parfaite. Et pour mettre l'emphase sur cette homogénéité, Hegel dira que cette différence transparente est « une simplicité déterminée ». Ensuite comme pour souligner l'élément de continuité, la théorie des définitions synonymes se clôt avec un rapprochement essentiel : la simplicité de la relation est à comprendre comme « une identité »[130]. Toutefois, l'identité en question n'est pas une identité donnée, immédiate, primitive. Au début du chapitre sur la relation absolue, Hegel disait que la totalité qu'elle est n'est qu'« Un subsister »[131] tandis que l'identité des moments de l'action réciproque n'est pas « une » mais « Une et la même »[132]. « Une et la même » sont expression d'une condition de médiateté, d'articulation. Et effectivement, les totalités qui constituent la relation réciproque sont d'une continuité parfaite mais elles demeurent différentes. Non pas des différents donnés et présupposés mais des différents posés ou plutôt des différents qui se posent. Dans les dernières lignes de la logique objective, Hegel met les points sur les i : les totalités de l'action réciproque constituent « Une et la même réflexion »[133]. La notion d'action réciproque est donc à interpréter comme une auto-détermination parfaite, comme une vie continue qui, sans se briser, se différencie, et les moments de sa différentiation sont des totalités.

---

[128] *Log. Mét.* 91s / GW 7 69 *4*.
[129] *Sc. Log.* I. 2 295 / GW 11 409.
[130] *Sc. Log.* I. 2 296 / GW 11 409 *36*.
[131] *Sc. Log.* I. 2 68 / GW 11 393 6-7.
[132] *Sc. Log.* I. 2 296 / GW 11.409 *36*.
[133] *Sc. Log.* I. 2 295s / GW 11 409 *13-32*.

KANT ET SCHELLING

1. La réception de Kant par Schelling

Schelling est le plus jeune des quatre grands idéalistes allemands et c'est lui, philosophe de la mythologie, théologien spéculatif, fortement influencé par la théosophie qu'on considère « le moins kantien » d'entre eux, celui qui se serait le plus fortement soustrait à l'inspiration de la *Critique.* Schelling était devenu célèbre par une philosophie de la nature qui paraît bien loin des sobres déductions du maître de Königsberg. Par la suite, il accède au sommet de la célébrité avec son système de l'identité absolue, une spéculation où il fait précisément ce auquel le vieux Kant s'était opposé de toutes ses forces : à savoir extraire *(herausklaubern)* le réel du concept[1]. Finalement, la *Spätphilosophie* publiée dans les années de la domination culturelle du positivisme et du scientisme, semblait même à des métaphysiciens importants, comme constituant une rupture radicale avec la *Critique*[2]. Tout cela est vrai et il y a bien des textes schellingiens où l'on aurait de la difficulté à saisir des accents ou des thèses kantiens. Toutefois, on peut et on doit aller au-delà de ce constat des faits car en dernière instance, Schelling reste dans la mouvance de Kant, son œuvre représente un déploiement des plus profondes potentialités de la Critique.

Schelling qui a publié son premier opuscule à dix-sept ans et qui continuait à écrire jusqu'à sa mort, intervenue 62 ans plus tard, commence et finit son œuvre avec Kant. Son premier écrit *Antiquissimi de prima malorum* porte sur la première page une référence à l'écrit sur le Mal Radical que l'étudiant de Tübingen cite encore à partir du Berlinische Monatsschrift où il a paru, avant d'être intégré dans le traité sur *La religion dans les limites de la simple raison*[3], et le dernier chapitre de son dernier ouvrage, l'*Exposé de la philosophie rationnelle pure* contient plusieurs citations et références au philosophe de Königsberg[4]. Sans doute, Schelling commence avec Kant et - nous allons le voir plus en détail - il le retrouvera dans sa dernière philosophie, mais il l'abandonne apparemment, voire le dénonce violemment, à l'époque de l'identité. Néanmoins, ici aussi les choses sont plutôt complexes. Dans l'année 1804 où Kant mourut, Schelling écrivit quelques uns des plus beaux de ses textes de l'Identité. Ceci dit, il fut le seul parmi les grands idéalistes à rédiger une

---

[1] Ak XII, 370. Cf. *Fu* 1 177.

[2] E. v. Hartmann, *Schelling und die Gegenwart.* Unsere Zeit XI, 1875, p. 424.

[3] Dans l'édition critique *HK* 1 64 n B (W I, 3 n). En 1797, il citera ce texte à partir du traité sur la Religion, *HK* I 4 167 (W I 440).

[4] *Introd.* 511 n 3 ; 518 ; 522 n 1, 2 / W XI 554 n 3 ; 555 n 2; 563 ; 567 n 2, 3.

nécrologie sur « l'auteur de la Critique », originateur des idées qui sont des « propylées éternelles de la vraie philosophie »[5].

Schelling a fait la connaissance de la philosophie critique dans le *Stift* de Tübingen où depuis 1790 exerçait comme « répétiteur » le kantien Dietz. L'étudiant brillant était encore passionné par des recherches théologico-philologiques, mais l'intérêt pour la philosophie finissait par dominer celui que ses camarades appelaient « orgueilleux kantien »[6]. Dans cette dernière décennie du XVIIIe siècle les plus importants séminaires protestants d'Allemagne acceptèrent, disons plutôt assimilèrent, avec plus ou moins de réticence la critique kantienne et le jeune Schelling, lui, lisait Kant avec enthousiasme. Il le lisait et il s'y référait dans ses écrits qui allaient paraître en une rapide succession. Le nom de Kant semble être le nom d'auteur le plus fréquemment cité dans les volumes de l'Édition Historico-Critique en cours. Dans les premiers huit tomes parus de cette édition qui ne contiennent que des textes publiés du vivant de Schelling - avec l'exception de quelques tout petits écrits d'occasion, il s'agit des ouvrages déjà publiés dans l'édition Cotta - le nom de Kant se retrouve sur quelque 170 pages sur un total de 1750. Sauf pour la *Nouvelle Déduction du Droit Naturel*[7] et les deux écrits proprement théologiques, à savoir l'opuscule *Sur des mythes, des saga historiques et des philosophèmes du Monde Ancien* et la dissertation savante sur Marcion, tous ces textes contiennent des références à Kant ou des citations de ses écrits[8].

Schelling a commencé à lire Kant à Tübingen et il a continué à le travailler à Leipzig, puis à Iéna. Les deux œuvres kantiennes qu'il avait le plus étudiées sont la *Critique de la Raison Pure* et les *Premiers Principes Métaphysiques de la Science de la Nature.* La Critique est, bien sûr, un peu partout, dans l'œuvre du jeune Schelling et les écrits de la *Naturphilosophie* regorgent de citations des *Principes.* Schelling cite également la *Critique de la Raison Pratique* et la *Métaphysique des Mœurs,* se réfère à *la Critique de la Faculté de Juger* et il semble connaître les *Fondements* et les *Prolégomènes.* En revanche, il ignore le *Conflit des Facultés* et du traité sur la Religion, il ne semble avoir lu que son premier chapitre le premier chapitre sur le Mal Radical. En dehors de ces ouvrages plus importants, Schelling cite aussi des opuscules kantiens : surtout la *Définition du Concept de la Race humaine* et *Les Conjectures sur les commencements de l'histoire humaine* (dès 1792), mais aussi *Sur les volcans dans la Lune, Sur l'usage des principes téléologiques, De la fin*

[5] W VI 7.
[6] Hölderlin Jahrbuch 1948/49, p. 14.
[7] Voir toutefois HK I 3 124.
[8] On n'inclut pas dans ce compte quelques petits textes d'occasion sans portée philosophique véritable.

de toutes choses, l'écrit polémique contre Eberhard, de même les articles *Sur un Ton supérieur nouvellement admis en philosophie, Qu'est-ce que les lumières ?* et *Qu'est-ce que s'orienter dans la pensée ?* Finalement, Schelling a probablement lu *Sur le lieu commun : Il se peut que ce soit juste en théorie...* Tous ces écrits proviennent de la période critique. En ce qui concerne le Kant précritique, Schelling ne cite que *l'Essai sur les grandeurs négatives* et l'article de 1775 *Sur les différentes races humaines.* Quant à l'*Unique fondement possible de la démonstration de l'existence de Dieu,* il n'est présent qu'a travers le renvoi à une recension[9], et aucune mention n'est faite de la *Dissertation de 1770.* Cette liste de lecture est très importante dans la mesure où il paraît fort probable que Schelling allait relire certains de ces ouvrages, en revanche, nous n'avons guère d'indice d'un élargissement ultérieur de sa connaissance du corpus kantien.

Schelling restait pour ainsi dire dans la proximité de Kant pendant toute cette dernière décennie du XVIIIe siècle et l'intensité de sa fréquentation allait croissant. Dès 1795, il écrit dans une lettre à Hegel qu'avec Kant s'était levée la nouvelle Aurore de la philosophie[10], mais ce n'est que dans l'année 1797, plus exactement dans les magnifiques *Éclaircissements de l'Idéalisme de la Doctrine de la Science,* cet « essai limpide »[11], et surtout dans ses *Idées pour une philosophie de la nature* qu'il apparaît en une constante discussion critique avec les textes de Kant. En fait, c'est dans les *Idées* que le jeune philosophe, précepteur de deux adolescents nobles à l'Université de Leipzig, déclare en toute humilité ne présenter que de « simples extraits de Kant » et « des remarques occasionnelles sur ses principes »[12]. Or si Schelling porte aux nues la pensée du « fondateur de la philosophie critique »[13], s'il appelle la *Critique de la Raison Pure* « ouvrage immortel »[14], s'il pense que la déduction transcendantale des catégories et la critique de la faculté de juger téléologique sont des doctrines d'« une profondeur insondable »[15], il ne considère pas pour autant la Critique comme un système achevé, mais plutôt comme « le canon » de tout système possible[16]. Kant a œuvré dans les domaines essentiels du savoir, il inaugurait une nouvelle époque dans l'histoire de la pensée humaine, mais il n'a pas

---

[9] *HK* I 4 100 (W I 460). Toutefois, des commentateurs rappellent les parallélismes entre l'opuscule kantien et un cours de Berlin où Schelling entend démontrer la divinité de l'existence, non pas l'existence de Dieu *Schellings Seinslehre und Kierkegaard...,* éd. A.M. Koktanek. Munich, 1962, p. 89.

[10] *Pl.* 1 74 sq.

[11] G. di Ruggiero, *Storia della filosofia. L'età del romanticismo* II, Bari, 1968, p. 253.

[12] HK I 5 220/(W II 2 230).

[13] *Pr. E.* 31 n K / HK I 1 286 (W I 102 n).

[14] *Pr. E.* 204 n E / HK I 3 102 n E (W I 332 n).

[15] *Pr. E.* 137 / HK I 2 163 (W I 230).

[16] HK I 3 72 (W 1 304).

vraiment présenté les principes ultimes de sa propre philosophie[17]. Dégager ces principes et construire à partir d'eux l'édifice de la philosophie critique est le travail qui incombe aux disciples et successeurs. Schelling méprise les kantiens qui copient servilement mais finalement « méconnaissent »[18] la pensée profonde de leur « Seigneur et Maître »[19]. Lui, il voudrait sauver la philosophie critique des méprises, et il se donne la tâche d'en déduire les principes les plus profonds afin de lui permettre de porter effectivement les fruits dont elle est féconde.

Schelling avait fait la connaissance de la Critique avant d'avoir pu étudier la Doctrine de la Science mais il se met rapidement à la lecture de Fichte qui, le premier, a su faire de la pensée critique une philosophie intégrale[20]. Lui-même, « le crieur public du moi » fichtéen[21], se comprend comme kantien dans la mouvance de Fichte, à travers les lumières de Fichte. Quant à Fichte lui, il a très bien compris que son jeune collègue et allié ne pouvait pas être considéré - malgré le texte des *Idées* - comme un simple « *Ausleger* » de Kant[22]. Schelling admire les grands ouvrages de Kant, commente avec ferveur sa pensée, mais il voudrait en suivre l'esprit, non pas la lettre[23]. Il n'ambitionne aucunement de copier ce que Kant avait effectivement écrit ou bien ce qu'il aurait pu bien vouloir écrire, mais de comprendre ce qu'il aurait *dû* écrire[24]. On connaît la célèbre formule d'une lettre de Schelling à Hegel : Kant a donné les résultats du savoir, il faudrait encore en retrouver les prémisses[25] ! Ces prémisses, Schelling entend les retrouver au moyen d'une interprétation créatrice des grands moments du savoir théorique et par la construction d'une véritable philosophie de la nature.

2. La présence de Kant dans la philosophie du jeune Schelling

Schelling admire Kant et croit devoir reconnaître dans les positions de la Critique des acquis définitifs de la philosophie. Il lui reproche néanmoins des déficiences sur des points essentiels. Avec tous les postkantiens, il trouve inacceptable, qu'après avoir délimité des deux grands domaines, théorique et pratique de la Raison, Kant n'ait pas su ou voulu présenter un principe commun des

---

[17] Cf. *infra n.* 25.
[18] HK I 4 69 (W 1 346).
[19] HK I 4 131 (W I 404).
[20] HK I 4 136 (W I 409 sq).
[21] *Sch. Sp.* 1 15.
[22] Fichte, *2. Introd. O. P.* 285 / GA I 4 234 n.
[23] *Pr. E./* HK I 71 (W I 152s).
[24] HK I 4 4 102 (W I 375).
[25] *Pl* 1 71.

deux usages de la Raison, l'origine commune des sphères théorique et pratique[26]. Ensuite, il note que les diverses synthèses théoriques constituent les moments essentiels du connaître, mais il se voit contraint de faire remarquer que Kant n'a jamais tenté de retrouver à la racine de ses synthèses secondaires, dérivées, Une synthèse, La synthèse primordiale fondatrice de la Conscience, donc de la Nature[27]. Il rappelle que le noyau propre de l'idéalisme critique est la thèse que l'unité analytique de la conscience de soi est fondée sur son unité synthétique[28], mais que la notion même de la *conscience* n'est jamais déduite[29].

Ces lectures de la problématique kantienne présagent l'utilisation de notions qui proviennent de la Critique. Schelling, on vient de le voir, reconnaît l'importance exceptionnelle de la notion de *synthèse* pour la pensée transcendantale, mais il parle avec mépris de « la dispute d'école des jugements analytiques et synthétiques »[30], ouvrant ainsi la voie au refus de ce dualisme partiel mais essentiel qui, grâce à la notion de la synthèse a priori, marque le kantisme tout entier. D'autre part, Schelling - comme les autres postkantiens - rejette avec dédain le spectre du *Ding an sich*[31], notion absurde et contradictoire. Toutefois dans ses fougueuses *Lettres sur le Dogmatisme et le Criticisme,* il semble admettre la distinction entre choses en soi et apparences, une déchirure du connaître, qu'il attribue à « une chute prétemporelle »[32]. Et cette thèse qui apparaît à l'origine plutôt comme une intuition spéculative inspirera par la suite une théorie métaphysico-épistémologique essentielle. La multiplicité des représentations partielles et limitées est cet univers de connaissances finies où se diffracte l'unité originaire de l'intuition pure, de l'intuition intellectuelle. La diffraction est un fait ou plutôt un faire qui s'accomplit en fonction de l'autolimitation, c'est-à-dire de la chute de la liberté infinie dans le libre arbitre fini[33]. Finalement, la synthèse a priori ne se transpose pas seulement en une catégorie métaphysico-théologique pour rendre compte de la grande distinction de la Critique, mais elle sera mise à contribution pour un thème qui anticipe la pensée de l'identité. Dès le magnifique

---

26 *Pr. E.* 50 / HK I 2 73 (W I 153).
27 *Pr. E.* 50, 54 / HK 1 2 72, 76 (W I 154. 155) cf. HK I 7 271 (W III 268).
28 *HK* I 4 174 (W I 448).
29 *HK* I 4 148 (W I 421).
30 *HK* I 4 73 (W I 354).
31 *Pr. E.* 115/HKI 2 138 (W I 210), HK I 4 132 sq (W I 404 sq).
32 *HK* I 4 165 n D (W I 439). C'est « une chute platonicienne » *Pr E.* 197 / HK I 3 95 (W I 325). Toutefois, si la *Critique* est relue à partir de Platon, les Idées Platoniciennes sont interprétées à partir de la perspective kantienne « *Timaeus* » *(1794),* éd. H. Buchner, Stuttgart. Bad Canstatt, 1994, p. 23, 70. Voir encore l'extraordinaire rapprochement du « schème » kantien, réinterprété dans le contexte de la *Naturphilosophie* avec « l'image générale » et ses instances singulières de représentation par l'Artisan de la République. HK I 5 247s (W II 268s).
33 HK I 4 166 (W I 440) cf. *Révél.* I 70 / W XIII 51.

ouvrage *Sur le Moi*, la question de la possibilité des jugements synthétiques a priori se trouve réinterprétée comme se rapportant au mystère de la sortie de soi de l'Absolu[34], un philosophème que le Système de l'Identité ne saurait ni expliquer ni admettre.

Ces exemples de relectures schellingiennes de la Critique sont les manifestations éclatantes de la souveraine liberté avec laquelle les postkantiens traiteront la pensée de leur maître. Bien sûr, dans la plupart des cas, les écarts ne sont pas aussi larges, les transpositions aussi excessives. Pour l'essentiel, la réflexion du jeune Schelling peut être comprise comme une continuation créatrice de plusieurs grands moments du kantisme. Schelling n'a jamais fait grand cas de la morale de Kant, des enseignements de la Critique de la Raison Pratique. En revanche, la première et la troisième critiques constituent le point de départ de sa spéculation. L'analytique transcendantale est « continuée » *via* les *Premiers Principes* en une philosophie théorique appliquée qu'est la philosophie de la nature[35]. La notion de l'organisme, ressourcée dans la catégorie de l'action réciproque, sera à l'origine d'une spéculation où la nature aboutit à l'art, « sursumé » à son tour par le sujet-objet de l'Identité. Et cette transposition n'est rendue possible que grâce à l'unification de la spontanéité et de la liberté, où ce grand fichtéen qu'était le jeune Schelling parvient à unifier tous les domaines du réel à partir de la liberté.

Kant avait défini la spontanéité de l'intelligence comme le ressort *sui generis* de la connaissance théorique, de l'intuition des formes générales de la sensibilité, des synthèses subjectives et objectives de l'entendement. La spontanéité est une lumière qui émane de la subjectivité pour éclairer et pénétrer le donné mais cette lumière reste grevée d'une obscurité native, du divers sensible, du *x*. En revanche, dans le domaine pratique la liberté dispose d'une causalité indivise, possède une emprise intégrale sur son monde. La distinction et la séparation entre spontanéité et liberté est à l'origine des deux manières de connaître radicalement différentes que Kant attribue respectivement aux raisons théorique et pratique et c'est elle qui rend compte de la différence irréductible de ces deux sphères de l'esprit, Schelling dès le commencement récuse cette division et énonce la thèse d'une continuité ininterrompue entre le plus bas degré de spontanéité théorique et le plus haut niveau de la liberté pratique[36]. Abattre de la sorte les cloisons étanches entre les deux grandes régions du savoir permet de leur attribuer une portée et un pouvoir égaux. Désormais la philosophie n'est plus condamnée à œuvrer dans deux mondes différents, mais peut poursuivre avec ardeur sa tâche d'unifier la raison, donc de poser les jalons d'un savoir un,

[34] *Pr.* E. 163s / HK I 2 99 (W I 294).
[35] HK I 5 61 (W II 3s).
[36] *Pr. E.* 109 / HK I 2 133 (W I 205).

universel, le savoir absolu du Système de l'Identité et de l'Encyclopédie hégélienne.

Si l'énoncé de la continuité de la spontanéité et de la liberté est comme l'anticipation fondatrice du Savoir absolu, c'est par la *Naturphilosophie* que Schelling entreprend la première démarche de l'élargissement du savoir. Kant enseigne que les concepts purs de l'entendement sont les lois générales de la nature, donc l'analytique transcendantale, le lieu et la matrice des catégories, est bel et bien une philosophie première par rapport au savoir sur la Nature. Schelling va déduire et articuler les catégories pures en direction des principes généraux de la science de la nature, leurs dérivés ou, si l'on veut, les moments de leur articulation immanente. Les grandes forces et les lois fondamentales de la physique, de la chimie, de la biologie sont comprises comme découlant des catégories de l'Entendement[37]. Résultats d'une véritable déduction transcendantale seconde, ces concepts généraux de la nature inanimée et animée constituent des moments de la conscience transcendantale, son passé transcendantal inconscient, bref, « *eine unreife Intelligenz* »[38]. En affinité inconsciente avec les efforts contemporains de l'*Opus postumum* kantien[39], Schelling est tenté par l'élaboration d'une succession, d'une *Stufenfolge* des moments de la nature[40]. En fait, il n'ira pas jusqu'au bout de l'entreprise, mais restera finalement comme malgré lui respectueux de l'interdit kantien de déduire les lois particulières de la nature[41]. La *Naturphilosophie* va fort loin dans l'exposé a priori des lois et des relations de la nature mais s'arrête devant la déduction des espèces naturelles, des races animales et végétales, elle ne succombe pas à la tentation de se métamorphoser en une véritable logique positive, elle constitue à peine une espèce de première moulure de l'Encyclopédie.

Schelling complète pour l'essentiel la construction de l'édifice de sa philosophie de la nature en 1799, et c'est en se servant de passerelles que lui présente la *Critique de la Faculté de Juger,* cette « plus profonde » des œuvres de Kant[42], que le schellingisme continuera sa marche vers la philosophie absolue. La philosophie de la nature a comme concept ultime l'organisme, or grâce à sa relecture à partir de la catégorie de l'action réciproque, l'organisme se transpose dans l'art, plus exactement dans l'œuvre d'art, où la liberté et la nécessité, c'est-

[37] Pour tout cela voir M. Vetö, *De Kant à Schelling* I, p 455 sq.

[38] *S. I. T.* 8 / HK I 9.1 31 (W III 341).

[39] Sur cette proximité voir M Vetö, *De Kant à* Schelling I, p. 271 sq. Notez que si Kant lui-même ne semble pas avoir lu Schelling dans le texte, il a pris connaissance de ses positions à partir de quelques recensions. Ak XV. 968 n, XXI. 87, 97. etc.

[40] HK I 7 342 (W III 196 n 2).

[41] *C. R. Pure* 1 87 / B 165.

[42] *Phil. Mod.* 196 / W X 177.

à-dire le théorique et le pratique fêtent leurs épousailles[43]. Au milieu de son séjour à Iéna, Schelling dépasse les constructions, malgré tout unilatérales, de la philosophie de la nature pour poser les grands concepts réconciliateurs de tout savoir : l'intuition intellectuelle et surtout le sujet-objet. Le sujet-objet, conçu dans un sens constitutif, non plus régulatif, « donne » la Raison, une Raison qui n'a plus grand chose à voir avec la Critique mais n'est qu'un chiffre, le chiffre par excellence de l'identité absolue.

3. Rückzug auf Kant

L'historiographie schellingienne a comme un de ses jeux favoris le découpage de cette pensée selon les grandes périodes de son développement. Sans entrer dans le détail des controverses, on pourrait distinguer trois grandes époques de la maturité schellingienne. Le système de l'identité, la philosophie intermédiaire et la dernière philosophie. En ce qui concerne les rapports à la Critique, l'identité la récuse, la philosophie intermédiaire en retrouve des thèmes et, d'une certaine manière, l'inspiration, la dernière spéculation professe la continuité avec elle.

Dès le début de son séjour à Iéna où Schelling se situe encore dans la mouvance transcendantale, il écrit dans une lettre à Carus : « pietas » est la seule chose qui nous reste à l'égard du vieil homme qui ne connaît pas Fichte et qui paraît avoir oublié son propre système[44]. Plus tard, conscient de sa dette, de la filiation de sa propre pensée par rapport à l'Aïeul, il prétend « mieux comprendre Kant qu'il ne se comprend lui-même »[45]. Or avec la consolidation du grand édifice de l'Identité, cette construction du Savoir Absolu, Schelling va prendre ses distances avec le maître fatigué qui désormais se tait, perdu qu'il est dans les déductions incessamment recommencées de l'*Opus postumum*.

La Critique prétend à une validité universelle, or elle n'est pas une philosophie universelle mais plutôt une philosophie allemande[46]. Elle est certes à l'origine des tentatives récentes de fonder l'idéalisme, mais c'est un système qui ne contient finalement que les germes d'un idéalisme *empirique*[47]. Schelling, qui le censure de plus en plus sévèrement, finit par afficher un véritable mépris pour Kant[48]. Il se permet de parler de « sa prétendue *(sogenannte)* Critique »[49] et il va

---

[43] Voir pour cela surtout le dernier grand chapitre du *Système de l'Idéalisme Transcendantal.*
[44] *Fu* 1 177.
[45] W V 188.
[46] W V 185.
[47] W II 57 (1802).
[48] W IV 350s, 365.
[49] *Acad. Univ.* 93 / W V 270.

jusqu'à déclarer n'avoir jamais lu « les bavardages de Kant »[50].

Ces bravades, ces sorties excessives s'expliquent à partir de la situation historique du Système de l'Identité. Schelling a définitivement assimilé les contributions fondatrices de la Critique. Arrivé au sommet du Savoir Absolu, il regarde avec impatience les lenteurs et la prudence du kantisme, et surtout, il ne peut que récuser une philosophie qui interdit la quête de l'inconditionnel[51]. D'autre part, cette dénonciation de l'esprit et des principes généraux du kantisme s'accompagne d'un effort continu de règlement de compte avec les enseignements au moins des deux premières critiques. Schelling attaque pour ainsi dire les compromis du kantisme, de leur « droite » et de leur « gauche ». On a vu son refus de la Chose en soi qu'il complète maintenant avec une déclaration de guerre au divers sensible. Le divers sensible n'est qu'un résidu, un germe de non-philosophie[52] qui reste comme une écharde dans la chair de la connaissance. Garant aux yeux de Kant du respect de la finitude, de la dépendance féconde du bathos de l'expérience, le divers sensible a été hypostasié par Fichte en Non-moi. Or Schelling n'a cure d'aucune survivance de la finitude, d'aucune limitation du connaître. En fait, Hegel le comprendra parfaitement : la grande visée et le grand accomplissement de son ancien camarade est de dépasser la position de « la conscience commune »[53]. Et précisément, la Critique est l'exploration du fonctionnement et des limites de la conscience commune, elle est la philosophie par excellence de la conscience commune[54]. Quant à l'univers de la Raison Pratique, Schelling qui compare défavorablement l'esprit du kantisme avec l'héroïsme de la morale de Lucrèce[55], s'acharne surtout contre la notion du postulat moral de l'existence de Dieu. La thèse d'une liaison causale extérieure entre l'existence de Dieu et la motivation morale de l'agir des hommes traduit « une corruption morale »[56], c'est une véritable « abomination » de vouloir prouver l'existence de la divinité à partir des besoins moraux des hommes[57].

C'est par le Système de l'Identité que Schelling est arrivé au sommet de sa réputation, qu'il est venu à être considéré, comme « un nouveau soleil » de la philosophie, comparable à Kant[58]. Or les textes de l'Identité n'ont été

---

[50] *Sch Sp.* 1 127.
[51] Comme Hegel, lui aussi, déplore « la destruction de la métaphysique ». W VIII 10.
[52] W V 53 sq.
[53] Hegel, *Hist. Phil.* 7 2052 / W 20 429.
[54] W V 12.
[55] W V 6 666 cf. W VIII 8.
[56] *Pr. E.* 101 n L / HK I 2 124 n L (W I 198 n) ; cf. HK I 4 64ss (W I 349 sq).
[57] W VI 557. Presque cinquante ans plus tard, il dira que le sens critique a abandonné Kant dans sa philosophie morale. *Rat. Introd.* 511 n 3 / W XI 554 n 3.
[58] Johann Michael Sailer, *Briefe*, éd. H. Schiel, Regensbourg, 1952, p. 274.

rédigés que pendant cinq courtes années et avec son départ pour Munich Schelling entre dans une nouvelle phase de sa création philosophique. Le quasi-consensus de l'historiographie explique « le tournant » que marquent les Recherches sur la liberté humaine par « la découverte » des grandes questions du Mal, de la Liberté, de l'Existence, d'un Dieu vivant et personnel dans le contexte de la rencontre avec la théosophie chrétienne, notamment de Boehme et d'Oetinger. En réalité, si ces considérations sont tout à fait justifiées, elles ne suffisent pas pour autant à rendre compte du glissement de la problématique schellingienne. En préparant les Recherches, Schelling lit Boehme, Luther, Augustin, de même que Leibniz, mais il relit aussi Kant sur Le Mal Radical. C'est dans les Recherches, la plus célèbre, la plus fascinante de toutes ses œuvres que Schelling semble faire amende honorable. Il reprend contact avec Kant, il se déclare interprète de ses pensées[59], loue « les voies honorables » du Maître de Königsberg[60] qu'il appellera un peu plus tard, « cet Hercule parmi les penseurs »[61].

En dépit de cette reconnaissance explicite de la grandeur du « fondateur de la philosophie critique », de la réapparition, directe ou indirecte, de quelques unes de ses doctrines, ses lecteurs n'ont guère pu discerner dans le Schelling des *Recherches* et de *l'Anti-Jacobi* le continuateur de Kant. Or, avec la *Spätphilosophie* les choses changent. Les contemporains, au moins certains parmi d'eux, constatent la présence de Kant dans la spéculation schellingienne, ses retrouvailles avec la Critique. Dans l'année qui suit la mort du philosophe, l'écrivain Otto Gruppe parle d'un *Rückzug,* d'un « retour à Kant »[62], un peu plus d'un quart de siècle plus tard, James Watson, professeur de philosophie morale et mentale à Queen's University, Kingston, au Canada note que le vieux Schelling suit étroitement « la lettre même de Kant »[63]. Quant au philosophe lui-même, il entend remettre Kant à la place qui lui revient. Depuis que l'auteur de la Critique a compris et exposé la subjectivité de la substance[64], la philosophie n'a changé en rien d'essentiel[65]. Tout ce qui s'était produit d'important depuis Kant est à mettre en rapport avec lui. Désormais, la philosophie n'est que le même système qui, à travers chacune de ses manifestations, afflue vigoureusement vers le point

---

59 *Rech. O. M.* 167 /W VII 383s.

60 *Ibid.* 176 n b / W VII 393 n 2.

61 W VIII 48.

62 O. Gruppe, *Gegenwart und Zukunft der Philosophie in Deutschland*, Berlin, 1855, p. 38.

63 J. Watson, *Schelling's Transcendental Idaalism,* Chicago, 1882, p. 249. Pour l'historiographie de la discussion du kantisme de la *Spätphilosophie,* cf. M. Vetö, *Le fondement selon Schelling,* p. 579 n 8.

64 *Gr.* 172.

65 *WA 1827/28* 42.

ultime de sa transfiguration[66]. Cette phrase provient des célèbres *Leçons de Munich* sur l'Histoire de la Philosophie Moderne qui consacrent un chapitre important à Kant, en fait, l'unique exposé systématique des grandes lignes du kantisme qu'on puisse trouver dans le corpus schellingien[67]. Or si à Munich Schelling parvient à restituer sa place historique à Kant, il adopte encore une position très critique à son égard. En dépit de son importance extraordinaire, son influence, la largeur de ses vues, rien de permanent n'est resté de la Critique[68]. Cette philosophie a quasiment disparu[69], ses « résultats matériels sont vides et nuls »[70].

Toutefois, cette évaluation paradoxale de la Critique - portée aux nues pour son inspiration générale, dépréciée sur le plan de ses accomplissements particuliers - va en s'effaçant pendant la toute dernière période de créativité philosophique de Schelling, ses années de Berlin. Si à Munich encore, l'exposé d'histoire de philosophie que présentent en plus ou moins de détail les cours *d'Introduction* débute avec Descartes, à partir du départ pour Berlin, la philosophie moderne est censée avoir pris son essor avec Kant. Schelling est appelé à Berlin pour contrecarrer l'influence hégélienne et d'aucuns l'accusent de rechute dans le dogmatisme. Or le philosophe veut mettre les points sur les i. Kant - confesse-t-il - est « notre grand maître »[71], rien ne doit être abandonné, délaissé de l'acquis kantien par ma faute[72]. Toute mon activité de professeur et d'écrivain tend montrer au public comment on pourra retrouver le Kant perdu[73] !

4. Perspectives générales

Depuis l'accès à l'autonomie philosophique, c'est-à-dire depuis la philosophie de l'identité, énoncée et proclamée par *l'Exposé* de 1801, la pensée de Schelling peut être interprétée à partir de l'évolution de sa position à l'égard de Kant. Le refus éclatant que profère l'Identité change au profit d'une vision plus nuancée, pour finir dans une franche apologie des mérites immortels du Maître. Les retrouvailles avec l'idéalisme kantien peuvent être mises en valeur grâce aux « événements » de l'évolution philosophique de Schelling mais pour l'essentiel, elles s'inscrivent dans ce mouvement général que nous avons cru pouvoir caractériser comme la Seconde Voie de l'Idéalisme Allemand. L'Idéalisme

[66] *Phil. Mod.* 89 n / W X 73 n.
[67] *Phil. Mod.* 89-106 / W X 73-91.
[68] *Sch Sp.* 3 56.
[69] *Gr.* 73.
[70] *Phil. Mod.* 105 / W X 89.
[71] W X 396.
[72] W XIV 366.
[73] *Pl.* 3 132s.

Allemand naît avec l'entreprise critique mais le programme initial de la limitation du savoir se transpose rapidement en une tendance vers son élargissement. La construction du moi fichtéen, puis la philosophie de la nature et l'idéalisme absolu du jeune Schelling, conduisent à Hegel dont l'Encyclopédie présente l'accomplissement même du Savoir Absolu. Toutefois, le kantisme a encore une autre potentialité, celle d'être une philosophie de la finitude et c'est cette potentialité qu'explorent le second Fichte et surtout le second Schelling, constructeur d'un système de la liberté[74], auteur d'une philosophie positive. « Le retour à Kant » est à comprendre à partir de la perspective de cette Seconde Voie où les déductions compliquées des savoirs négatif et positif, des philosophies de la mythologie et de la Révélation sont motivées par le ressourcement dans l'inspiration de la Critique, ses grandes restrictions et son dualisme imparfait, réinterprétés par le Schelling de Munich et de Berlin.

Sans doute, la réinterprétation, ce ressourcement créateur qui permet le surgissement de la *Spätphilosophie* - l'accomplissement selon W. Schulz de l'Idéalisme Allemand - est à chercher sur un plan général, celui de l'inspiration de l'idéalisme de Kant, de ses intuitions primordiales. Ceci dit, il faut bien noter l'importance de certains thèmes particuliers qui remontent à la surface ou plutôt - c'est le cas de l'Idéal Transcendantal - qui font l'objet d'une véritable redécouverte. La Philosophie Intermédiaire prend son essor dans la relecture du Mal Radical à partir de la notion du Caractère Intelligible qui permet à Schelling la projection d'une grandiose ébauche d'anthropologie métaphysique[75]. La relecture de l'apriorité du Temps, en fonction des synthèses pratiques de la liberté est à la base de l'immense chantier des *Âges du Monde* et les Antinomies seront mises à contribution pour les besoins d'une *Naturphilosophie* de nouvelle mouture[76]. Quant aux constructions arides des *Potenzen,* elles constituent cette Philosophie Négative qu'on peut considérer comme l'équivalent parfait de la Critique *stricto sensu*[77]. Finalement, Schelling met l'accent sur l'importance de la notion de l'Idéal Transcendantal, véritable couronnement de la Dialectique. L'Idéal Transcendantal est le point de départ de toute la philosophie postkantienne[78]. Il présente, à partir de la notion de « la totalité transcendantale des prédicats », la totalité des essences comme Compossibilité. Or la Compossibilité est « la matière » même de l'Être Suprême. La grandeur de Kant c'est d'avoir conduit cette notion la plus universelle jusqu'à la particularité ou la singularité parfaite. L'Idéal Transcendantal qui correspond à la Divinité n'est pas seulement

---

[74] *Phil. Mod.* 49, 71 / W X 36, 56.

[75] *Rech. O. M.*168 / W VII 384 ; cf. *Rat. Introd.* 448 / W X 483.

[76] W X 333 sq.

[77] *Pl.* 3 136.

[78] *Rat. Introd.* 271n 1 / W XI 283 n 1.

l'Être général mais tient lieu d'un sujet individuel[79]. Sans doute - continue Schelling - Kant n'était pas en mesure de « démontrer » l'existence de cet Idéal mais en en construisant le concept, il était parvenu, le premier, à l'accomplissement de la métaphysique. L'idéal transcendantal est le concept ultime de la philosophie négative et c'est à partir de lui qu'on pourra accéder - par un saut - à la philosophie positive[80].

La philosophie positive, cette notion schellingienne par excellence, est introduite par le concept de l'Idéal Transcendantal. Le kantisme est surtout à l'origine du schellingisme tardif de par son attitude générale à l'égard du réel et par le pressentiment d'un domaine d'intelligibilité *sui generis* soustrait à l'entendement fini. La Critique c'est la reconnaissance des limites de la Raison, la reconnaissance de notre finitude. Le tournant schellingien a son origine dans une prise de conscience analogue des limites de la raison qu'inspire la réalisation du mystère du mal, le « constat » de l'Existence, irréductible aux concepts de la raison raisonneuse, aux catégories de l'esprit fini. En préconisant le retour aux voies honorables de Kant[81], Schelling anticipe la critique du panlogisme de Hegel, des prétentions du *Geist* à un Savoir absolu. La Critique n'a rien d'un scepticisme désabusé, son office - voilà l'enseignement ultime de la *Spätphilosophie* - est plutôt de conduire la Raison à s'humilier, à accepter sa finitude, son impuissance[82]. La Critique kantienne est une auto-critique, celle à laquelle se soumet la raison naturelle après les errements, les fausses prétentions du dogmatisme. La nouvelle critique qu'entreprend le second Schelling est également une autocritique, une autocritique non plus de la raison naturelle mais de celle que la postérité de Kant a dévoyée, conduite vers les prétentions orgueilleuses d'un Savoir Absolu. La Raison idéaliste - c'est la grande thèse de W. Schulz - croit pouvoir tout expliquer et tout déduire, bref, elle se prend pour le pouvoir de médiation universelle. Or avec le second Schelling, cette Raison postkantienne doit réaliser ses limites : elle est peut-être capable de médiatiser toutes choses au ciel et sur la terre, mais elle ne saurait médiatiser elle-même, c'est-à-dire expliquer son existence. La raison est là et elle raisonne, mais elle n'est pas capable de rendre compte de son propre avènement de Raison.

Cette interprétation de la dernière philosophie de Schelling est profonde et féconde mais elle doit être continuée et élargie dans une direction plus positive. La *Spätphilosophie* n'est pas seulement la reconnaissance par la raison de sa limitation primordiale, elle est aussi et surtout l'élargissement de la sphère de l'intelligible. La Critique interdit le suprasensible, l'inconditionnel, mais de ce fait

---

[79] *Rat. Introd.* 272ss / W XI 285ss.
[80] Cf. M. Vetö, *De Kant à Schelling* II, p. 408 sq.
[81] Cf. *supra* p. 170 n 60.
[82] *Rat. Introd.* 520 / W XI 566.

elle met de côté un domaine qui finira par être compris comme celui du Positif. La dernière philosophie est certes une vigoureuse protestation contre le panlogisme hégélien, mais cela ne signifie aucunement une tentative de soustraire l'Existence, la Positivité à la Raison. À Munich et surtout à Berlin, le schellingisme apparaît plutôt comme un immense effort spéculatif pour renouveler le sens de la Raison afin de pouvoir penser le Positif.

Sur le plan métaphysique le plus profond, à la racine de cette tentative de penser le Positif se trouve l'immense philosophème de la synthèse a priori, de cette synthèse qui pour le jeune Schelling est le noyau du kantisme[83]. La synthèse a priori exprime la reconnaissance de la dualité irréductible de la raison et de l'existence, et l'acceptation de la finitude de la raison. Toutefois, si la synthèse a priori atteste la nécessité pour la pensée de sortir pour ainsi dire d'elle-même - une entreprise que le jeune Schelling avait jugée pourtant inconcevable - et de faire appel à un autre, à *son* autre, elle représente également une véritable résurrection de la raison. La raison admet ses limites, concède toute sa place à son autre, mais précisément par la synthèse a priori, elle saura se servir de cet autre, se réapproprier ce qu'elle a dû céder auparavant à cet autre.

L'enseignement sur la synthèse a priori est la clef de voûte de ce dualisme modéré, ce dualisme imparfait qui est finalement le sens métaphysique du kantisme. Or Kant qui pourtant restait amoureux de « la métaphysique »[84] n'a pas su toujours ni partout rester fidèle à l'inspiration profonde de la synthèse a priori. Il a certes discerné le domaine du suprasensible comme l'autre de la raison, mais il a cru devoir se résigner à l'hétérogénéité radicale de ce supra-sensible par rapport à la Raison. Plus tard, Schelling rappelle à ses auditeurs qu'il avait discerné les « insuffisances » du kantisme dès 1795[85]. Sans doute, il s'agit plutôt de conjectures tardives d'auto-interprétation douteuse dont le philosophe était toujours friand : les visées de la lecture de Kant dans *Vom Ich* ne sont pas nécessairement les mêmes que celles des cours de Berlin... Toujours est-il qu'au beau milieu de la philosophie de l'identité, si peu respectueuse de la Critique, on trouve une comparaison profonde pour reconnaître la grandeur de Kant aussi bien que ses carences. Kant - lit-on dans le grand *Système de toute la philosophie* de Wurzbourg - est comme le prisonnier de la *République* qui, ayant discerné la lumière extérieure, réalise que tout ce qu'il voit ne sont pas des choses réelles. Toutefois, ce prisonnier ne s'approche de la source de la lumière qu'à reculons, donc continue à ne voir que des apparences, il ne sera alors pas en mesure de

[83] Cf. *supra* p. 165 n 28.

[84] *C. R. Pure* 1 1397 / B 878. Kant a conservé un penchant pour la métaphysique ancienne : « Er mochte sie wohl, wenn sie nur sich halten lasse » *Rat. Introd.* 338 / W XI 359.

[85] *Révél.* I 104s / W XIII 82.

savoir si l'on peut sortir de la Caverne[86]. La philosophie critique est impuissante à saisir les réalités ultimes et en désespoir de cause, elle abandonne toutes les vérités importantes à la croyance[87]. Si Schelling s'oppose à Kant, et puis à Jacobi, c'est qu'il délimite avec eux un domaine du supra-sensible auquel la Raison raisonneuse ne saurait accéder, néanmoins, il pense pouvoir montrer que tout ce suprasensible peut et doit faire l'objet de la connaissance, qu'en fait, il *est* l'objet de la connaissance la plus parfaite[88]. En face de Kant qui se contente de discerner le positif et de le séparer du reste des connaissables, Schelling entend lire le positif comme l'Autre de la Raison, mais d'un Autre qui est son corrélat fécond. La carrière philosophique de l'étudiant de Tübingen s'inaugure sous le signe de la réception de la Critique et si dans beaucoup de textes schellingiens les traces de Kant sont quasi inexistantes ou semblent défigurées à force de la réinterprétation, ce grand postkantien demeure toujours disciple de Kant. Il se veut bien auteur d'une « nouvelle Critique » mais qui reste inconcevable sans l'ancienne. À travers les méandres de son évolution, au fil des relectures qui souvent sollicitent le texte en en forçant le sens originel, Schelling continue à se situer dans la mouvance de Kant, dans cette immense entreprise qu'avait initiée la Critique.

[86] W VI 524.
[87] W VI 16s.
[88] W VIII 42 sq.

MYTHOLOGIE ET PHILOSOPHIE NÉGATIVE SELON SCHELLING

1. Nécessité et fatalité

Les lecteurs de l'édition Cotta ont toujours été perplexes devant la composition du volume XI. D'abord *l'Introduction historico-critique à la philosophie de la mythologie,* ensuite l'*Exposé de la philosophie rationnelle pure.* On dit qu'il s'agit ici d'une absurdité éditoriale. Après tout, la philosophie pure rationnelle, c'est la philosophie négative, tandis que la mythologie appartient à la philosophie positive. La philosophie positive - dit-on - est une pensée libre où, à partir du *Dass* existentiel que Schelling finit par montrer comme identique avec le Dieu personnel, se déploient les figures de l'existence historique. D'abord, les figures de la mythologie, puis celles de la Révélation. Quant à la philosophie négative, elle est une logique supérieure dont les moments se déduisent les uns des autres avec une régularité parfaite. La philosophie positive est donc la discipline de la liberté historique, la philosophie négative la discipline de la nécessité logique.

Or, nous ne sommes pas d'accord avec cette position. Nous pensons que la mythologie appartient bel et bien à la philosophie négative : en éditant les *Œuvres* K. F. Schelling a suivi les indications de son père[1] et il a eu raison de les suivre... Et nous entendons prouver notre position non pas à partir des considérations concernant l'architectonique du système de la *Spätphilosophie* mais en termes de la condition, du niveau philosophique de la mythologie. Sans doute, la philosophie négative est une logique parfaite, la trame du déroulement nécessaire des contenus, des contenus purs de la raison. Or, cette nécessité elle-même n'est pas la belle nécessité-liberté des Stoïciens et de Spinoza. La nécessité rationnelle n'est pas une autonomie mais plutôt le signe d'une extériorité, d'une fatalité. Et la mythologie elle-même se déroule avec une nécessité implacable. La philosophie rationnelle pure est le monde des concepts. La mythologie est celle des représentations mais représentations et concepts, tous deux, sont soumis à une nécessité qui leur échappe. Et ici par le biais de la présentation d'une nécessité extérieure se trouvant à l'œuvre dans le mythe, Schelling justifie rétroactivement ses positions de jeunesse : les mythes ne sont pas des allégories, fruits d'une invention arbitraire mais des productions nécessaires de la conscience. Et comme nous allons le voir : la réalisation du caractère non-libre de la production intellectuelle, des concepts purs et des représentations mythologiques montre que la vie de la conscience a une détermination pratico-morale. Le déploiement irrésistible des mythes tout autant que le déroulement implacable des concepts

[1] *Rar.* 668ss.

sont la conséquence d'une transgression. La raison naturelle, domaine de la philosophie négative naît d'une chute immémoriale, transcendantale qui fonde la conscience elle-même. La mythologie, le monde du paganisme, l'idolâtrie s'expliquent à partir d'un péché originel.

Dans un premier moment je vais essayer de traiter de la nécessité propre à la philosophie négative. Traditionnellement, on considère « la raison pure » comme d'une limpidité parfaite. Ses moments découlent les uns des autres et elle est dirigée par une régularité parfaite. Or, Schelling remarque dans le système de la philosophie pure rationnelle que la raison avance, poursuit sa trajectoire par un processus nécessaire, « involontaire ». Ce caractère involontaire du procès de la raison traduit le fait qu'elle obéit, pour ainsi dire, à des « autorités ». Ces autorités de la raison désignent avant tout la loi de cause-effet. L'esprit obéit à cette loi presque de la même manière dont « le corps obéit à la soi de la pesanteur : nous jugeons selon elle non pas parce que nous le voulons où à la suite d'une véritable compréhension mais parce que nous ne pouvons pas faire autrement »[2]. Cette obéissance est aveugle et surtout elle est à déplorer car elle traduit le fait que la raison dépend de « certaines présuppositions dont elle est elle-même inconsciente » ![3] Dans ces conditions, la régularité implacable de la nécessité qui gouverne la raison est le signe d'une espèce de fatalité, d'une soumission à quelque chose d'extérieur qu'on n'a pas choisi soi-même et qui nous domine à notre insu. Et c'est à partir de cette implacable domination qu'on pourrait aussi comprendre le procès obsessionnel des *Potenzen*... Il y a ici toute une vision qui remet en question la valorisation traditionnelle de la rationalité : le processus de la raison est désormais signe d'une aliénation[4].

Ce caractère non libre de la philosophie rationnelle est un résultat essentiel de la *Spätphilosophie*, et rétroactivement il permet une meilleure compréhension du rapprochement surprenant entre mythologie et philosophie pure rationnelle. Le schellingisme est philosophie transcendantale et sa grande découverte initiale, la *Naturphilosophie* se comprend à partir des structures kantiennes. Dès 1797, le jeune Schelling déclare : la *Naturphilosophie* est philosophie théorique appliquée[5]. Elle est le développement des catégories de l'entendement en des lois qui gouvernent la nature inanimée et la nature animée. Par philosophie théorique Schelling entend ici essentiellement la logique transcendantale qui traite des concepts purs, des catégories de l'entendement : causalité, substantialité, etc. Ces catégories sont les lois les plus générales de la nature et elles se spécifient en des concepts moins généraux qui sont les lois

---

[2] *Rat. Introd.* 254 / W XI 263.
[3] *Rat. Introd.* 255 / W XI 265.
[4] Cf. M. Vetö, *Le fondement selon Schelling*, p. 323ss.
[5] *HK* I 5 61 (=W II 3s).

particulières de la nature. Cette spécification s'effectue par une construction logico-métaphysique. Les lois particulières de la nature sont autant de moments du devenir logico-métaphysique des lois générales. Et c'est cette même méthode de la construction qui permettra plus tard le développement des figures mythologiques : comme les lois particulières de la nature, les figures mythologiques, elles aussi, sont des moments des catégories universelles. Moyennant, bien sûr, des *Potenzen* qui assument de plus en plus l'héritage des Concepts Purs de la Première Critique. Toutefois, il ne faut pas se contenter de présenter cet aspect plutôt logico-métaphysique du parallélisme entre la nature et la mythologie pour rendre compte de l'appartenance de la mythologie au domaine de la philosophie négative. Notre thèse se justifie encore et surtout sur un plan transcendantal et sur un plan pratique. Ce qui revient à dire que la philosophie de la mythologie aura une double fondation : métaphysique et théologico-religieuse.

2. La déduction de la mythologie

Quelques années avant sa mort, Schelling a griffonné une note capitale en marge du manuscrit du système de la philosophie rationnelle pure : «Ce que la nature est pour nous autres (idéalistes), était pour les Grecs le monde de leurs dieux, né d'une manière inconsciente comme la nature pour le moi » ![6]

Dans cette note, le parallélisme de la nature et de la mythologie n'est pas fondée sur la similarité de leur construction logique mais se trouve renvoyé à leur commune origine inconsciente qui se comprend ici dans un sens proprement transcendantal. Bien sûr, intervient ici tout le problème de la nature comme genèse inconsciente du moi que reproduit sur un autre plan, « un plan supérieur » la mythologie en tant qu'histoire naturelle de l'esprit humain[7] mais je ne veux pas parler de cela maintenant. Je limite mon propos à la problématique de la représentation. Les figures mythologiques comme les lois naturelles sont des représentations et la représentation elle-même est une notion proprement transcendantale. Elle n'est pas une catégorie de la raison pure, intelligible mais le produit d'une raison humaine, affectée par la sensibilité. Dans le kantisme, l'intuition intellectuelle, la connaissance des noumènes est l'apanage d'un intellect archétypal tandis que la représentation n'est propre qu'à l'intelligence phénoménale, soumise aux conditions de l'espace et du temps. La représentation se comprend alors à partir d'une limitation de la raison que le jeune Schelling traduit par un acte primordial où la chose en soi indivise devient assujettie à

---

[6] *Rat. Introd.* 447 n. 5 / W XI 482 n 4.

[7] Cf. *Mythol.* 172 / W XII 258.

l'objectivation morcelante : « Dans l'acte unique par lequel l'Absolu en nous devient objet pour lui-même ... s'épanouit tout un système de représentations finies ... »[8]. Les représentations qui recouvrent ici tout le domaine de la connaissance théorique sont les données de la conscience. La conscience se sert de ces catégories - par exemple, de la causalité, de la substantialité - mais elle s'en sert naturellement. Autant dire qu'elle n'avait pas choisi elle-même ces catégories, c'est-à-dire qu'elle ne les avait pas rendues siennes d'une manière consciente et libre. La conscience est soumise d'une manière nécessaire aux catégories du connaître fini. En tant qu'intelligence, elle aurait « droit » à une connaissance nouménale mais dans sa condition actuelle, dans sa condition de « fait » elle ne peut suivre que ses « autorités ». Et elle ne se souvient pas « quand » elle s'y était soumise. Le transcendantal, c'est-à-dire l'a priori devient ici paradoxalement le chiffre d'une certaine dépendance qui date du « jour » de la constitution de la conscience elle-même. À savoir : de ce régime de connaître fini qui est propre au moi phénoménal.

Schelling explicite le sens caché du transcendantal. Il est finitude où la validité rationnelle de l'a priori n'est que la face externe d'une facticité supérieure... Et c'est précisément cette facticité supérieure que traduit l'ordre et la régularité du processus mythologique. Le polythéisme, c'est-à-dire le procès de la représentation mythologique, est compris par Schelling comme engendré, lui aussi, par un acte immémorial, par un acte transcendantal qui aurait déchiré l'unité indivise de son contenu intelligible: « Avec cette première détermination, la conscience se voit soumise à la succession nécessaire des représentations qui est le procès du polythéisme véritable. La première affection étant posée, pensée et vouloir, entendement et liberté n'auront aucune part dans le mouvement de la conscience à travers les figures qui se succèdent les unes aux autres. La conscience se trouve embrouillée *(verwickelt)* dans le mouvement par mégarde, d'une manière qui ne lui est plus compréhensible. Celui-ci se rapporte à la conscience comme *destin,* comme une *fatalité* contre laquelle elle ne peut rien... Elle est investie dès *avant* la pensée par ce principe dont le polythéisme et la mythologie ne sont que des conséquences purement *naturelles* ... »[9]. Ce passage de *l'Introduction historico-critique* est le véritable *locus classicus* de la philosophie de la mythologie. Il explique la grandeur de la mythologie comme son déchirement. Commençons avec la grandeur...

Contre les thèses rationalistes qui veulent expliquer les mythes en termes d'intentions arbitraires, par des velléités pédagogiques ou des fictions poétiques, Schelling a toujours été partisan d'une considération, d'une étude immanentiste de la mythologie. Les mythes ne sont pas des allégories. Déjà la *Philosophie de l'Art*

[8] *HK* I 4 166 (=W I 440).
[9] *Hist. Crit. Introd.* 192s / W XI 192.

déclare que les figures de la mythologie grecque ne signifient pas ceci ou cela : elles ne signifient pas, elles *sont* ! Tout ceci va être repris d'une manière systématique et surtout avec une argumentation authentiquement transcendantale mais la vision de base est exprimée par une phrase de 1792 en provenance du tout premier texte schellingien : « non enim artis, sed necessitatis fuit haec veritas per *mythous* traditio »[10]. Et le philosophe de revenir sur cette position où plutôt de l'élaborer davantage 30-40 années plus tard avec des accents polémiques virulents. L'apparition des divinités égyptiennes à forme animale est un moment aussi nécessaire de la progression de la conscience que l'avènement des bêtes dans le procès de la nature[11]. Ce serait une chose risible d'interpréter les mythes comme de simples catégories, de fictions savantes, de pures conventions de la vie sociale car alors on accordera plus de puissance au mensonge qu'à la vérité[12]. Peut-on croire que l'on se laisse torturer, voire exécuter pour des fictions, que des peuples entiers s'adonnent à des sacrifices douloureux plutôt que de renoncer à des représentations mythiques qui ne seraient que de pures fabrications ?[13]

Au début l'insistance du philosophe sur la réalité des divinités grecques a pu être prise pour une espèce de provocation, d'un gant jeté au visage des rationalistes des Lumières mais, par la suite, surtout dans la *Spätphilosophie,* la thèse acquiert de solides assises spéculatives. L'autarcie de la mythologie qui n'admet qu'une explication immanentiste[14], devient un moment essentiel du système. Schelling fait toujours de la philosophie transcendantale : il faut *déduire* les notions mythologiques. Il cherche à démontrer l'apriorité des représentations mythologiques, ce qui revient à les déployer selon une méthode génétique. La philosophie de la mythologie est quasiment la déduction transcendantale du polythéisme et c'est par ce fait qu'elle se trouve à l'origine de la phénoménologie de la religion de nos jours ou simplement de toute science de la religion qui ne se veut pas de simple réductionnisme !

3. La conscience envoûtée

Or cette déduction transcendantale de la mythologie représente un acquis ambigu. Elle permet la prise au sérieux de la mythologie en tant que produit nécessaire de la conscience mais cette prise au sérieux reçoit un éclairage tragique quand on se rend compte du caractère de la nécessité qui fonde la finitude. Nous pensons que l'assignation de la mythologie dans l'aire de la philosophie négative

---

[10] *HK* I 1 76 (=W I 15).
[11] *Mythol.* 281 / W XII 423.
[12] *HK* I 1 212 sq (=W I 57SQ).
[13] *Révél.* II 234 / W XIII 379.
[14] *Mythol.* 92 / W XII 139.

permettra de mieux comprendre la condition de la raison théorique. Pour le fichtéisme, la genèse de la science du théorique se comprend à partir du Non-Moi et Schelling franchit rapidement le pas vers une caractérisation explicitement morale du Non-Moi. Qu'on cite du nouveau mais cette fois-ci intégralement le texte sur l'origine de la représentation : « Dans l'acte unique par lequel l'Absolu en nous devient objet pour lui-même (la liberté devient libre arbitre) s'épanouit aussi tout un système de représentations finies, de même que naît en nous le sentiment profond de notre finitude morale »[15]. Cet acte primordial lui-même est un acte moral[16]. La liberté devient libre arbitre, c'est-à-dire se dégrade en choix, en tension, en aspiration au lieu de rester dans l'intelligibilité claire d'une coïncidence avec le bien. L'homme s'enfonce dans son ipséité et la représentation est fonction de cette condition de rupture, de saisie de soi. C'est pour cela que dès 1796-97 Schelling n'hésite pas à parler de « chute platonicienne » en vertu de laquelle l'esprit déchoit de la vision des choses en soi dans le morcellement de la représentation qui traduit une condition partielle et partiale[17]. Et il écrira en 1804 que la philosophie théorique a comme principe propre la chute et que comme telle, elle n'est qu'une « philosophie négative »[18]. Une dizaine d'années plus tard, dans un fragment des *Âges du Monde,* le non-moi, principe de la philosophie théorique finira par être désigné comme « déchu »[19]. Autant dire que la grande régularité de la philosophie rationnelle ne saurait masquer le fait de son origine impure. Et cette origine impure ne se comprend pleinement qu'à partir d'une perspective théologique que fait advenir le rapprochement entre mythologie et philosophie théorique.

Schelling se croit dans la grande tradition de la philosophie occidentale quand il considère le savoir théorique comme un malheureux morcellement, quand il rejette « la réflexion ». Il déduit la limitation de la conscience qui la condamne à la réflexion, au fonctionnement selon la loi du cause-effet à partir d'une chute mais, malgré la caractérisation explicite de la chute comme « morale » - dans la tradition fichtéenne ! - cette chute reste une catégorie très générale, essentiellement métaphysique. Le moi se saisit et par ce fait, il déchaîne le non-moi. Apparemment, tout cela est très dramatique mais ce drame ne doit pas s'entendre dans un sens effectivement moral : l'événement, si événement il y a, est plutôt une condition pratique, pratique selon sa plus grande généralité. Et en effet, dès ce moment, on reproche à Schelling son peu d'intérêt à l'égard de

[15] *HK* I 4 166 (=W I 440).
[16] *Ibid.*
[17] *Dogm. Crit. Pr. E.* 197 / HK I (=W I 325) ; *HK* I (=W I 439).
[18] W VI 43.
[19] B. Loer : *Das Absolute und die Wirklichkeit in Schellings Philosophie*, Berlin/New York, 1974, p. 42.

la philosophie morale. Or, la situation change une fois qu'on considère la mythologie. On dit que les formations de la mythologie sont aussi nécessaires et inévitables, voire aussi intelligibles que les concepts de la philosophie pure rationnelle et qu'elles s'expliquent comme ces derniers à partir des lois immanentes du fonctionnement de la conscience elle-même. Toutefois, si l'intelligibilité des concepts purs rationnels est due à la domination harmonieuse d'une nécessité sur la conscience, dans la mythologie la nécessité à laquelle elle est assujettie est violente.

On dit que les figures mythologiques, elles aussi, doivent s'expliquer à partir de la conscience qui les produit mais cette conscience, elle, est « envoûtée »[20]. Elle s'épanouit, certes, selon un ordre strict mais celui-ci correspond à la régularité « par laquelle évolue une maladie dans des crises successives »[21]. Cette maladie de la conscience que traduisent les convulsions du procès mythologique, cet envoûtement de la conscience ne s'expliquent plus dans les termes épistémologiques d'un acte du moi transcendantal mais par un cataclysme, par une crise qui est une chute véritable[22].

Dans un passage important d'une des dernières leçons de *l'Exposé de la philosophie rationnelle pure* Schelling parle avec un certain mépris de ceux qui voudraient prendre la philosophie kantienne pour une simple théorie de la connaissance quand elle est, en vérité, « la critique du savoir possible à l'homme naturel »[23]. Or, l'homme naturel c'est l'homme déchu des épîtres pauliniennes. L'homme déchu qui ayant rompu ses liens avec Dieu, a succombé à la domination des puissances maléfiques. Sans doute, la satanologie de Schelling est plutôt hétérodoxe et il n'est pas nécessaire d'entendre ces puissances dans le sens des réalités extérieures effectives. Elles sont plutôt des forces de la conscience elle-même. Néanmoins, c'est une vision traditionnellement chrétienne dans la mesure où le polythéisme revient à une domination diabolique effective de la conscience. Satan - ou Hadès[24] - est le chef de file du paganisme et les dieux sont des puissances véritables qui oppriment la conscience. Les Potenzen sont à prendre très au sérieux. Elles peuvent ne relever que de la conscience elle-même mais elles la dominent effectivement. Comme peut la dominer la folie...

Il est temps de résumer et de signaler quelques pistes. À la lumière de cette convergence de la Raison et de l'écriture, de Kant et de Luther, on peut s'aventurer vers une réinterprétation du sens profond de la philosophie négative et de la

---

20 *Mythol.* 187s / W XII 283.
21 *Mythol.* 210 / W XII 318.
22 Cf. X. Tilliette : *La mythologie comprise. L'interprétation schellingienne du paganisme.* Naples, 1984, p. 87.
23 *Rat. Introd.* 488 / W XI 527.
24 *Révél.* III 260 / W XIV 241.

mythologie. La philosophie négative est bel et bien la science propre à l'homme naturel. L'homme naturel, c'est-à-dire la conscience se constitue par une chute et cette chute présente pour ainsi dire deux visages. L'avènement de la conscience en tant que production des représentations du savoir théorique se comprend comme ce mouvement dès toujours accompli par lequel le Moi se saisit et se constitue comme individu et, par ce fait, se fonde comme fini. Il s'agit ici d'un acte quasiment intemporel qui a lieu dans chaque homme. Dans un second moment, on entrevoit cette finitude comme déchirement. On n'a plus affaire seulement à l'avènement du libre arbitre et à la constitution de la conscience finie mais à une véritable aliénation de la conscience. Cette aliénation est le procès mythologique. L'aliénation se comprend comme une transgression contre l'Absolu qui était originellement immanent au Moi. Donc la finitude est eo ipso coupable : voilà le sens fort de la chute platonicienne, un sens chrétien. D'autre part, si la naissance de la représentation se comprend par rapport à la conscience en tant qu'individu, la transgression qui met en branle le procès mythologique concerne la conscience dans son histoire ou plutôt rend compte de l'engagement même de la conscience dans l'histoire. Les figures mythologiques naissent à un stade donné de l'évolution historique de la conscience. Si Kant interprète la représentation comme le signe distinctif de l'existence finie, à savoir d'une existence soumise aux conditions du temps (et de l'espace), Schelling va plus loin. L'assujettissement aux conditions du temps explique l'univers de la représentation en général, d'une manière quasiment atemporelle. Par contre, l'assujettissement aux pouvoirs mythologiques rend compte de cet univers comme il existe effectivement dans l'histoire. Grâce à l'éclairage théologique de la mythologie, intégrée au sein de la philosophie négative, la philosophie transcendantale a pu s'ouvrir à des dimensions – qui sont d'ailleurs les siennes propres – d'une philosophie historique, d'une philosophie de l'histoire.

KÉNOSE ET INCARNATION DANS LA *SPÄTPHILOSOPHIE* SCHELLINGIENNE

1. La christologie dans la pensée schellingienne

Le poète danois, P. Hjort fait le récit d'une visite chez Schelling en 1820. La conversation s'arrête autour du « symbole » doctrinal de l'Église luthérienne, et le philosophe déclare : l'on peut et l'on doit dire que Dieu a cheminé parmi nous[1]. Cette profession de foi illustre les convictions religieuses de Schelling, elle traduit également sa position philosophique.

Schelling, même pendant ses années de jeunesse irreligieuse, conservait intacte sa foi à la Résurrection du Christ[2] et, surtout ses textes plus tardifs, notamment sa Correspondance, attestent de sa piété à l'égard de la personne de Jésus-Christ. Or cette piété correspond bel et bien à une christologie philosophique. Tout d'abord, il ne faut pas oublier que c'est Schelling qui réhabilite le dogme à travers une construction historique du Christianisme[3]. Bien sûr, cette christologie se situe encore dans la proximité d'une spéculation sur la nature et elle n'est encore que la pièce couronnant l'édifice de la mythologie. Sans doute, « un dieu souffrant est antipodique » aux divinités grecques, néanmoins, le Christ est « le dernier Dieu »[4], fin et sommet du panthéon hellénique. Par la suite, la spéculation des *Âges du Monde*, continue à méditer sur le théologoumène du Christ, mais ce n'est que la *Spätphilosophie* qui parviendra à penser le dogme. Le Christ conserve, certes, un rapport essentiel au paganisme, à la mythologie, mais il n'obtient sa vérité qu'en et à partir de la Révélation, du Christianisme. Il est présent et agissant déjà au sein du paganisme, mais ce n'est que dans le Christianisme qu'il œuvre « comme » Christ[5]. Le Christianisme n'est rien d'autre que la doctrine concernant le Christ. Il n'est pas l'enseignement *du* Christ mais l'enseignement *sur* le Christ[6]. La mythologie n'était qu'une suite de représentations où se réfractait l'idée d'une puissance cosmique, démiurgique. Le Christianisme, lui, est une religion historique, née à partir du fait historique d'une personne effective[7].

La personnalité du Christ se trouve enserrée dans les mailles des *Potenzen*, propres à la spéculation schellingienne[8]. D'autre part, elle est repensée à partir de

---

[1] *Sch Sp.* 3, 114.
[2] *Pl.* 1 48s.
[3] *Acad. Univ.* 107sq / W V 286 sq.
[4] *Philosophie de l'Art*, tr. C. Sulzer, Grenoble, 1999, p. 123 / W V 432.
[5] *UF* 392.
[6] *UF* 397.
[7] *Révél* III 248s. / W XIV 229s.
[8] Sur la doctrine schellingienne des *Potenzen* M. Vetö, *Le fondement selon Schelling*, p. 323-340.

solides connaissances théologiques. En tant que philosophe, Schelling n'ambitionne certes pas une conformité sans faille à la dogmatique orthodoxe, mais il pense le mystère de l'Incarnation à partir de la doctrine ecclésiale, il est convaincu que sa réflexion fournit une formulation cohérente et fidèle des dogmes christiques. La christologie est déployée dans la Philosophie de la Mythologie et la Philosophie de la Révélation, plus particulièrement dans la seconde partie de la Philosophie de la Révélation[9], des textes formulés et professés dès les années trente à Munich et repensés au cours de la décennie suivante à Berlin. Sans doute, un exposé complet doit tenir compte de tous ces textes, de même que les *Nachschriften* qui les entourent. Or l'essentiel est acquis dès le commencement et se trouve formulé d'une manière parfaitement claire et cohérente dans un cours de 1832/33, récemment découvert et déchiffré[10]. Ce cours, avec moins de prétention littéraire et avec moins de détails dans l'articulation conceptuelle, contient déjà les grandes lignes des exposés plus tardifs. À savoir l'existence extra-divine du Fils et l'Incarnation comprise comme le dépouillement kénotique de cette existence et puissance extra-divines. Dès ce cours, l'Incarnation est expliquée non pas comme l'assomption de la nature humaine par la nature divine, mais comme la constitution même de cette nature humaine, et Schelling présente un exposé vigoureux de la *Menschwerdung* comme l'unique ressort et lieu de la véritable divinité du Christ, comme la condition de la Révélation de la Divinité[11].

2. Les deux stades de la kénose

Schelling veut repenser à nouveau frais la logique de l'Incarnation et il la conçoit à partir d'une solidarité étroite avec l'abaissement du Fils de Dieu, son dépouillement de sa condition divine, bref, la *kénose*. La venue de Dieu dans la chair signifie, certes, une exaltation de l'homme et une prise en charge divine de la matière, de l'être mondain tout entier. Or la clef et le ressort de l'exaltation est l'abaissement. L'Incarnation est l'accomplissement de l'Amour de Dieu qui veut racheter et renouveler la Création, et la logique de l'Amour, c'est le sacrifice, la renonciation. Le texte emblématique, véritable exergue de la théologie schellingienne, est le célèbre aphorisme de Wurzbourg : « C'est le mystère de l'éternel amour que ce qui pourrait être absolument pour soi, cependant ne

[9] *Révél.* III / W XIV..

[10] Pour ce cours, voir *Nachwort des Herausgebers* UF 729 sq.

[11] Sur la christologie de Schelling, voir parmi les nombreux travaux de X. Tilliette le plus récent : *Avant-propos* de la traduction française de *Révél.* III 5-20. De même W. Kasper, *Das Absolute in der Geschichte*, Mainz, 1965, pp. 287 sq. et C. Danz, *Die philosophische Christologie F. W. J. Schellings*, Stuttgart-Bad Canstatt, 1996.

considère pas comme une proie (*es für keinen Raub achtet*) d'être pour soi, mais ne l'est que dans et avec les autres »[12]. Ce passage auquel Schelling renvoie dans les *Recherches*[13], reste le foyer de sa spéculation tardive. Or ce texte est un écho littéral de l'hymne de *L'Épître aux Philippiens* dans la Bible de Luther : « *es für keinen Raub achtet* »[14].

Schelling est, certes, moins théologien de la Croix que Hegel, mais tout comme Hegel, il entend conserver la réalité, l'effectivité du Sacrifice du Fils. Seulement, il le pense, avant tout, à partir et en terme de son devenir homme, de son Incarnation, non pas comme d'un moment, fut-il le suprême, de la Venue dans la Chair. Sans doute, la Croix est le moment culminant de l'Incarnation, de l'Incarnation par laquelle « se trouve restaurée l'unité suprême de Dieu avec lui-même »[15], or cet événement factuel, historique n'innove pas pour ainsi dire radicalement sur l'abaissement éternel de la divinité. La kénose signifie que le Logos se dépouille /=*sich beraubt*/[16], que le Fils se prive de gloire, /=*sich entherrlichen*/[17]. Or cette renonciation à la gloire, ce dépouillement de la puissance et de la seigneurie est un « événement » cosmique, une vérité ontologique. Les humiliations, les souffrances et la Mort sur la Croix sont les moments saillants de la kénose, ses manifestations par excellence, sa « visibilisation »[18] mais l'essentiel de la kénose du Fils de Dieu, c'est de « s'être rendu entièrement et sans réserve homme »[19]. Déjà pour la philosophie de l'identité, Dieu est devenu « objectif » dans le Christ[20], or l'objectif n'est pas, bien entendu, l'observable au sens matériel, mais accuse une portée métaphysique générale qui paraîtra dans toute son ampleur dans la *Spätphilosophie*.

La spéculation schellingienne distingue deux « stades » dans la kénose, dans la séparation du Père et du Fils. La première est l'exposition du Fils dans la réalité cosmique qui culmine dans sa pérégrination au sein de la conscience mythologique. La seconde, c'est l'Incarnation historique dans Jésus-Christ, qui est la kénose *stricto sensu* dans la mesure où c'est elle seule qui résulte d'un agir volontaire. Dans la meilleure tradition de l'apologétique classique, de la théologie patristique, Schelling conçoit la mythologie comme une aliénation de la conscience humaine, mais aussi comme son chemin de guérison et, comme tel,

---

[12] *Aphor. Introd. O. Mét.*52 / W VII 174 cf. W VI 407s.
[13] *Rech .O. Mét.* 189 / W VII 408.
[14] *Phil.* 2, 6.
[15] *Révél.* III 108 / W XIV 87.
[16] *UF* 189.
[17] *UF* 396.
[18] *UF* 541.
[19] *UF* 576.
[20] Cf. *Acad. Univ.* 116 / V 298.

praeparatio evangelica[21]. Dans la chute immémoriale, la conscience perd son unité, se déchire et se déploie dans des représentations mythologiques. Ces représentations n'ont, certes pas, une vérité factuelle, elles ne reflètent pas d'événements historiques effectivement intervenus. Elles obéissent néanmoins à une logique *sui generis* que Schelling développe d'une manière suggestive et féconde. Le logos de la mythologie est, en dernière instance, le Logos lui-même, le Verbe de Dieu, la Seconde Personne de la Trinité. La *Spätphilosophie* déploie une véritable critique de la raison mythologique, elle procède quasiment à une déduction a priori des catégories de la conscience mythologique. Or cette logique transcendantale appliquée est aussi une théo-logique. Le déploiement nécessaire des images et des concepts mythologiques a comme trame et ressort ultime un principe qui accompagne la conscience dans ses pérégrinations pour la ramener vers le havre de la réconciliation. Lecteurs de Schelling, nous le savons bien, la mythologie est l'Odyssée de la Conscience, son retour vers la Patrie. Or pour le Platon chrétien[22], l'Ithaque est aussi la Galilée ou plutôt la Judée...

Le principe immanent de la conscience est la puissance transcendante de la divinité qui, exposée, « extranée » de soi-même, s'engage dans le créé. Elle prend sur soi les aberrations, les vicissitudes et les épreuves de la conscience humaine. La seconde personne se trouve hors de la divinité, quasiment hors d'elle-même, elle assume la forme de la conscience déchue mythologique. Or cette forme difforme est bel et bien celle du Serviteur Souffrant. Autant dire que le premier stade de la kénose, si l'on veut sa préhistoire, c'est l'aliénation du vrai Dieu dans les « fausses » divinités du paganisme[23].

La haute figure du Serviteur Souffrant éclaire le processus mythologique, mais elle n'exprime pas seulement le sacrifice du divin dans sa soumission au destin de la conscience, elle traduit aussi éloquemment le sens métaphysique de ce premier stade de la kénose. La séparation du Fils d'avec le Père, l'exposition du Fils dans le monde, son assujettissement au Cosmos, est quelque chose qui lui advient « sans contribution de sa part »[24], sans « sa culpabilité »[25]. Bref, quasiment comme un destin qu'il subit. Le Fils n'est présent dans la mythologie que comme une puissance naturelle, non pas comme une personne. Il en est le principe substantiel, non pas l'auteur volontaire[26]. Or la kénose, elle aussi, obéit à la logique de l'idéalisme transcendantal : la première série, la série réelle doit être

---

[21] Cf. H. Urs von Balthasar, *Glaubhaft ist nur Liebe*, Einsiedeln, 1963, p. 17.

[22] C. Kapp, *Ueber den Ursprung der Menschen und Völker*, Nürnberg 1829. Dédicace.

[23] *Révél.* III 206s / W XIV 187s. Voilà, le destin et la vocation œcuménique d'Israël...

[24] *UF* 528.

[25] *UF* 436.

[26] *Révél* III 187 / W XIV 167.

dédoublée et accomplie par la seconde série, la série idéale[27]. L'abaissement, l'abandon de soi du divin ne doit pas être seulement « posé » mais « posé par soi » !

La kénose assumée, repensée, posée par soi n'aura lieu que dans l'Incarnation historique où la réalité substantielle est sursumée dans un acte « volontaire » continu. Toutefois, la réflexion subtile de Schelling précisera que « l'objet » de la kénose, de l'abandon de soi de la divinité, n'est pas le divin proprement dit mais « l'extra-divin ». N'est kénose au sens propre que le devenir-homme historique de Dieu. Or ce devenir-homme n'est pas une fulguration de la divinité à partir d'elle-même, une descente sans préhistoire de l'Infini dans le Fini, mais le passage du Divin d'une condition en dehors de soi dans une autre condition hors de soi[28]. L'Incarnation est la sursomption de la conscience mythologique par la naissance de Jésus-Christ. Elle est la mise à mort du paganisme dans et par la mise au monde de l'Enfant de Bethléem. Dieu est engagé dans le Cosmos, et l'Incarnation est à comprendre comme un nouveau stade de cet engagement qui revient à un désengagement. À savoir au désengagement de l'extra-divin. « Le mystère inscrutable » de l'Incarnation[29], c'est qu'en et par elle Dieu se dépouille de sa gloire en devenant enfant, serviteur, supplicié. Or, dialectique suprême et fécond paradoxe, c'est par ce désengagement que Dieu « retrouve » sa divinité. Et la clef de voûte de cette vision, c'est cet extraordinaire théologoumène : ce qui est abandonné par Dieu, ce dont Il se dépouille, c'est précisément son être extradivin, sa gloire cosmique. Autant dire : Dieu ne renonce pas à sa vraie divinité mais il se dépouille de sa fausse « divinité »[30].

À première vue, la thèse semble absurde. Toute la logique anti-docétiste de la kénose paraît mise à mal par une vision où Dieu ne renonce qu'à une gloire fictive, n'abandonne qu'un être qui n'est pas le plus haut, qui n'est pas le sien propre. Après tout, si l'homme-Jésus offre son « maximum », à savoir sa vie, Dieu le Fils ne devrait-il pas renoncer à son « maximum », à la divinité ? Toutefois, dans la spéculation schellingienne le *telos* de l'« objectivation » de Dieu n'est pas d'accomplir le sacrifice le plus coûteux, de subir la plus grande perte, mais de réaliser la gloire de Dieu et le salut des hommes. Sans doute, la kénose est radicale. L'Incarnation produit « un véritable vacuum » entre Jésus et son Père[31], la nuit de la crucifixion est une impuissance béante où « personne ne

[27] Cf. M. Vetö, *Le fondement selon Schelling*, p. 650.
[28] W. Kasper, *Das Absolute in der Geschichte*, Mainz, 1965, p. 376s.
[29] *Révél.* III 172 / W XIV 153.
[30] *UF* 379.
[31] *Révél.*III 207 / W XIV 188.

saurait agir »[32]. Cela dit, la finalité de l'Incarnation n'est pas la mort mais la Résurrection. Or la Résurrection n'est pas le destin de l'homme sans Dieu ni de Dieu sans l'homme, mais de l'Homme-Dieu. Elle est l'aboutissement et l'accomplissement de l'Incarnation et dans l'Incarnation il n'y a de « place » que pour l'homme *et* pour Dieu et pour personne ni rien d'autre.

À l'origine, dans sa préhistoire cosmique, la Seconde Personne en tant que Médiateur entre Dieu et l'homme ne pouvait être ni Dieu ni l'homme mais une personnalité extra-ou paradivine[33]. Sans doute, la construction de ce « Zwischenzustand » »[34] reste problématique. Si la Trinité de Schelling, il en convient lui-même, est sabellienne[35], sa christologie, elle, n'est pas dépourvue d'éléments gnosticisants. Toutefois, les difficultés aussi bien théologiques que philosophiques de cette spéculation sont, sinon dissoutes, du moins relativisées à la lumière de l'extraordinaire doctrine de l'Incarnation que présente déjà le cours de Munich. La kénose en tant que telle est désormais comprise comme l'Incarnation et surtout, le devenir-pleinement-homme-de-Dieu signifie la plus haute perfection de la divinité elle-même.

Le *locus* par excellence de la Seconde Personne avant sa naissance à Bethléem est la mythologie. Et la mythologie, tout en étant le résultat d'une chute, tout en présentant un visage défiguré de Dieu, est d'origine et de portée divines. La mythologie où se trouve engagée la Seconde Personne fait partie de l'histoire ou au moins, de la préhistoire de Dieu. Elle est l'enveloppe qui cache la divinité[36], une figure de Dieu déguisée, inauthentique[37]. Une narration de la vie de Dieu, pleine de confusions, pullulant d'erreurs, de méprises. La mythologie, elle aussi, célèbre la grandeur et la gloire de Dieu mais elle ne célèbre, elle n'exprime qu'une fausse grandeur, une fausse gloire, et la mort du paganisme revient précisément à l'abandon de cette fausse gloire. La mise à mort du paganisme par l'Incarnation correspond au sacrifice d'être de la Seconde Personne. Or cette existence, cet être en dehors de Dieu, ex-posé hors Dieu, n'est que de l'être qui, certes, relève de Dieu mais qui n'est pas non plus son être propre. Dans le cours de Munich Schelling parle de *Nicht Gott Sein*[38] ou de *Nichtgottheit*[39]. En tant que procès mythologique, la vie de la Seconde Personne est « ungöttlich »[40], voire « contraire » à Dieu[41]. Et l'heure où meurent les

---

[32] *Révél.* III 229/ W XIV 210.
[33] *UF* 441s ; 541.
[34] *UF* 528.
[35] *Révél.* II 191 n a / W XIII 337n.
[36] *Révél.* III 184 / W XIV 165.
[37] Cf. *UF* 135.
[38] *UF* 441.
[39] *UF* 577.
[40] *UF* 397.

derniers dieux antiques pour permettre la naissance du Fils de l'Homme est le moment du « transpercement de l'extra-divin »[42], de la renonciation à toute figure de Dieu qui ne serait pas le vrai Dieu.

3. L'Incarnation comme volonté

Contre la terminologie théologique traditionnelle qui définit l'existence du Christ comme « ex duabus naturae », Schelling préfère la formule « in duabus naturae »[43]. L'Incarnation — explique-t-il — ne doit pas être comprise comme la réunion de la nature divine à la nature humaine. La divinité n'est pas, pour ainsi dire, greffée sur l'humanité, sur un être humain, le Logos préexistant n'est pas enté sur un être fini, une créature qui serait déjà là[44]. La nouveauté radicale de l'Incarnation interdit qu'elle soit conçue comme une composition de réalités autonomes. L'humanité de Jésus-Christ n'est pas le sujet, mais le résultat de l'Incarnation. Dans une certaine mesure, même la divinité du Logos n'existe pas comme telle « avant » l'Incarnation. Sans doute, la divinité subsiste aussi pendant « l'extranéation » de la Seconde Personne qui continue à maintenir son unité, son union profonde avec le Père[45]. Néanmoins, cette union était alors comme submergée et occultée par le poids de l'être extra-divin. Si Schelling insiste sur le sens de la kénose comme renonciation à l'être extra-divin, comme l'abandon de cette étrange *figura Dei*, c'est pour pouvoir rendre compte de l'Incarnation comme union pure et exclusive de Dieu et de l'homme, cette réalité métaphysique entièrement neuve. La version canonique de la Philosophie de la Révélation, écrit: « L'homme Jésus n'est pas apparu grâce à un acte de la toute-puissance divine qui eût accompagné ou qui eût été simplement *corollaire* de l'acte d'aliénation ; au contraire, il est lui-même apparu *purement* et *simplement* par cet acte d'aliénation »[46]. Mais déjà la formule plus simple des *Urfassungen* est très claire : « L'Homme Jésus n'est pas apparu grâce à un acte de la toute-puissance divine qui aurait eu lieu à côté de l'acte d'aliénation, mais purement et simplement en vertu de cet acte d'aliénation »[47].

L'Incarnation est « le résultat » de l'acte d'aliénation divin qui supprime l'extranéation, le pouvoir, l'être extra-divins. Elle est donc l'acte kénotique lui-même. Autant dire que la kénose n'est pas simplement un aspect ou un moment,

---

[41] *Révél.* III 85 / W XIV 63.
[42] *UF* 451.
[43] *UF* 573.
[44] *UF* 358.
[45] *UF* 455.
[46] *Révél.* III 177s / W XIV 159.
[47] *UF* 531.

fût-il essentiel, central, de l'Incarnation, mais elle est bel et bien l'Incarnation elle-même. Cette interprétation de la Venue dans la Chair a des implications importantes. Elle permet de comprendre l'Incarnation, ce fait unique et essentiel de l'histoire de Dieu comme l'accomplissement de l'humanité aussi bien que de la divinité. Tout ceci en vertu d'une relecture de l'événement ontologique en termes de volonté.

L'Incarnation est pour ainsi dire la face concave de ce même « acte » dont la face convexe est la kénose. Elle est traditionnellement perçue comme une réalité d'ordre ontologique tandis que la kénose est censée exprimer la manière dont la volonté de l'Homme-Dieu vit l'aventure ontologique. Or l'insistance schellingienne sur la coïncidence complète de l'avènement de Jésus-Christ avec l'acte d'aliénation divin signifie qu'il n'y a pas lieu de penser « d'abord » un état, une condition ontologique d'où découlerait, « par la suite », l'exercice de la volonté, mais qu'il faudrait plutôt réaliser que l'être de l'Incarnation est essentiellement la volonté de la Personne divine-humaine.

Schelling croit d'ailleurs ne dire que ce qui a toujours été enseigné. À savoir que l'Incarnation est une réunion parfaite du divin et de l'humain, de Dieu et de l'homme. Voire que c'est précisément en vertu de sa divinité « inaltérable » que le Logos peut devenir et est devenu « visible » comme homme[48]. Et qu'inversement, ce n'est qu'en vertu de sa condition d'homme effectif qu'il peut apparaître comme Dieu[49]. Ce qui est toutefois neuf, au moins relativement, dans cette interprétation c'est de penser le refus du docétisme qui est le nerf de toute christologie cohérente moins en termes de l'authentique condition corporelle du Christ qu'à partir de sa volonté. Selon l'Écriture le Père n'abandonne pas le Fils mais demeure avec lui parce que le Fils fait toujours ce qui plaît au Père. Or le fondement de toutes ces actions filiales qui « plaisent » au Père, c'est précisément l'Incarnation elle-même. L'Incarnation où le Fils se rend « entièrement et sans réserve homme »[50]. Ne retenant rien pour soi-même, renonçant complètement à la fausse gloire de l'être extra-divin, le Fils fait preuve d'obéissance parfaite. Et l'obéissance relève de la volonté.

Schelling est connu comme philosophe de la volonté. Qu'on pense simplement au passage célèbre des *Recherches* qui a tellement fasciné Heidegger : *Wollen ist Urseyn* ![51] Or la christologie de la Philosophie de la Révélation aura recours à une autre vision plus traditionnelle – et plus authentique – de la volonté. L'essentiel de l'argument c'est que le Fils n'est

[48] *UF* 541ss.
[49] *UF* 574.
[50] *UF* 576.
[51] *Rech. O. Mét.* 137 / W VII 350.

présent selon sa volonté *stricto sensu* que dans la kénose et que, d'autre part, la kénose n'est elle-même qu'un acte ininterrompu de la volonté.

La Seconde Personne est ex-posée de son unité avec le Père, elle subsiste dans l'être extra-divin. Or cette présence n'est que naturelle et non pas volontaire. Le Fils est présent dans le monde comme puissance « cosmique »[52], « démiurgique »[53]. Celle-ci est dans le monde, dans la conscience mythologique de l'humanité, mais elle n'y est pour ainsi dire que malgré elle-même. Elle subit les avatars de la conscience mythologique, elle accompagne l'humanité dans ses errances, mais cette présence de la Seconde Personne n'est pas selon sa vérité divine. L'authentique agir divin du Fils, son agir volontaire ne commence qu'avec l'Incarnation. Dans son devenir-homme le Logos vainc et rejette l'être extra-divin, cosmique, il retrouve son être personnel qui n'est que volonté.

Le passage de la condition démiurgique, extra-divine à celle du Logos incarné n'est pas une espèce de marche continue de la volonté divine en tant que divine. En réalité, la volonté divine n'est pas encore là, ou plus exactement ne s'exerce pas avant la venue dans la chair. La personnalité, c'est la volonté, et dans le paganisme le Christ n'est présent que comme *Potenz naturelle*, donc pas comme lui-même. Ce n'est que là où il sera et où il agira selon sa volonté que le Fils *lui-même* sera présent[54].

Toute cette onto-théologie de la volonté trouve son application féconde dans le dogme christique. Déjà l'engendrement éternel du Fils au sein de la Trinité, cet acte éternel qui traverse les siècles, est à penser dans un contexte de volonté[55]. Quant à l'Incarnation proprement dite, l'engendrement de l'Homme-Dieu, elle est un acte continu que traduit la volonté du Fils de vivre sa vie d'épreuves, d'endurer ses souffrances et sa mort en rendant sienne la volonté du Père[56].

L'ex-position de la Seconde Personne dans l'être extra-divin correspond à une condition de séparation, d'aliénation de la conscience par rapport à la divinité. Le procès mythologique lui-même a comme finalité de guérir la séparation[57], de restaurer l'unité avec la volonté divine dont le cosmos humain se trouve arraché, aliéné. Or le processus mythologique n'accomplit qu'une réconciliation incomplète, « apparente »[58], où les sacrifices sont à recommencer incessamment car la scission n'est vaincue que d'une manière « physique », donc

---

[52] *UF* 176.
[53] *Ibid.*
[54] *UF* 192, 397s.
[55] *UF* 167.
[56] *UF* 569.
[57] Voir pour cela M. Vetö, *Schelling in* F. Niewöhner et Y. Labbé (éd.), *Petit Dictionnaire des Philosophes de la Religion*, Paris, 1996, pp. 655-672.
[58] *UF* 397.

finalement, inefficace. Ce qui est exigé c'est un dépassement, une victoire « morale »[59]. C'est la volonté divine elle-même qui est séparée du monde, c'est la volonté du Père dont les liens sont rompus avec l'Homme. C'est cette volonté qui est à surmonter, à vaincre, or « *la volonté ne saurait être vaincue* (*überwunden*) *que par la volonté* »[60]. La volonté n'est acte que de la personne, c'est pour cela que l'Incarnation qui est la Réconciliation, ne saurait être œuvre que de la personne[61].

Schelling interprète l'Incarnation comme un acte ontologique éternel qui est essentiellement l'exercice de la volonté du Logos. Le devenir-homme du Fils est un acte continu dont le noyau, le cœur est l'obéissance du Fils à son Père. Une fois de plus, Schelling cite *L'Epître aux Philippiens* : « il s'humilia, obéissant jusqu'à la mort, et à la mort sur la croix ». Le Christ ne cesse d'affirmer son humanité par son obéissance. « L'Incarnation n'a d'autre contenu que... l'obéissance du Logos »[62]. Elle n'est qu'un acte de sa volonté.

4. Perspectives philosophiques

Penser la volonté comme le sens par excellence de l'Incarnation peut ouvrir de nouvelles avenues devant la réflexion théologique[63], mais elle recèle surtout une finalité philosophique. Schelling se veut théologien, voudrait « contribuer » à la dogmatique mais son propos reste pour le fond philosophique. L'exposé sur la christologie insiste sur la parfaite « *Unvermischtheit* » des deux natures[64], il entend montrer que c'est en et par l'Incarnation que l'humanité de l'homme et la divinité de Dieu sont le mieux conservées et déployées. Or la logique de cette apologie du dogme est philosophique. Si la doctrine chrétienne de l'Incarnation joue un rôle central dans la *Spätphilosophie*, c'est que cette pensée est une philosophie de la personne et le théologoumène christique est éminemment favorable à l'élaboration d'un enseignement sur la personne. Déjà les *Recherches* déclarent que seule la personne peut guérir la personne[65], et Schelling conclura pour ainsi dire sa carrière de penseur, tout l'édifice de la *Spätphilosophie*, avec le grand cri : « la personne cherche la personne » ![66] Or le

[59] *Révél.* III 187 / W XIV 168.
[60] *Ibid.*.
[61] Pour l'interprétation schellingienne de la mythologie : M. Vetö, *De Kant à Schelling* II, p. 381 sq.
[62] *UF* 579.
[63] Voir pour cela C. Danz, *Die philosophische Christologie F. W. J. Schellings*, Stuttgart-Bad Cannstatt, 1996, p. 85 sq.
[64] *UF* 575.
[65] *Rech. O. Mét.* 164 / W VII 380.
[66] *Rat. Introd* 523 / *W* XI 569.

dogme de l'Incarnation est un des principaux terrains de la construction de la personne. Depuis ses commencements, la spéculation schellingienne se veut philosophie de la liberté et l'Incarnation est précisément un lieu par excellence de la liberté. Le devenir-homme du Logos, sa renonciation à l'être et à la puissance extra-divins est « un acte libre »[67]. En fait, c'est par l'Incarnation que le Logos retrouve sa liberté, qu'il devient personne libre[68]. L'exercice de la volonté libre est l'être même de l'Incarnation. Grâce à cette volonté libre, « le sujet » incarné est complètement homme et parce qu'il est complètement homme, il est complètement Dieu.

La preuve et l'épreuve suprême de la liberté de la kénose c'est le devenir-homme du Logos qui ne prend pas sur soi la nature humaine comme un simple vêtement, mais se soumet à une véritable « conversion en humanité » ; ce n'est qu'en vertu de cette conversion qu'il retrouvera sa divinité, son unité avec le Père[69]. L'Incarnation est un devenir-homme, une venue-dans-la-chair authentique, elle ne cesse pas avec la Croix, mais se prolonge dans la Résurrection où le Médiateur continue à être Homme et Dieu[70]. La Résurrection du Fils de l'Homme est la manifestation suprême de son humanité, mais elle est aussi la condition d'apparition de sa divinité authentique. « Ce n'est que parce qu'il est entièrement et véritablement homme que le Christ est divin »[71]. Dans sa condition extra-divine, dans cette étrange pré-existence livrée aux convulsions de la conscience mythologique, la Seconde Personne vivait pour ainsi dire en exil. C'est seulement dans son humanité où elle est vraiment volonté voulant librement qu'elle retrouve et qu'elle explicite sa divinité.

La logique extraordinaire de l'Incarnation fait que le devenir-homme du Logos se révèle comme la condition par excellence de la restauration de l'unité de la divinité avec elle-même[72]. Schelling représente l'Incarnation comme une « déposition » de l'extra-divin en faveur d'une humanité véritable. Autant dire que ce sont le refoulement de l'extra-divin, sa mise entre parenthèses, sa suspension, qui permettent l'apparition, la révélation de la divinité. Par conséquent, c'est l'avènement de l'humanité du Logos qui le libérera de l'extra-divin. S'il en est ainsi, le dogme des deux natures exprime une précieuse vérité métaphysique. La présence de la nature humaine étant la condition du dévoilement, de la restauration de la nature divine, l'humanité ne saurait être supplantée ou absorbée par la nature divine car alors le divin lui-même perdrait

[67] *UF* 541.
[68] *Révél.* III 80s / W XIV 59.
[69] *UF* 576.
[70] *UF* 604.
[71] *UF* 576.
[72] *UF* 188.

ce rempart qui le sépare et le protège de l'extra-divin[73]. D'où la conclusion du cours de Munich : « Ce n'est que parce qu'il est entièrement et véritablement homme que le Christ est divin »[74].

Bien sûr, cette monstration de la divinité du Logos comme le fruit de l'Incarnation ne doit pas être confinée au plan de la Représentation. Le Logos ne se débarrasse pas de l'être extra-divin comme d'un manteau ou d'une enveloppe. Le Logos « dépose » l'être qu'il avait possédé auparavant afin de permettre une élévation. Schelling se sert d'une imagerie spatiale et il la qualifie immédiatement. Ce qui était possédé par le Logos dans la préexistence en tant qu'extra-divin va être posé « dans sa *Reinheit* et *Lauterkeit* complètes »[75]. En fait, même cette redéfinition ontologique du spatial n'est pas le dernier mot de la spéculation. La déposition de l'être extradivin ou sa purification est comme le chiffre de l'abandon de soi dans la kénose. La kénose c'est l'acte de la seconde personne qui « par le fait de soumettre librement et entièrement son être à Dieu, révèle sa propre divinité... »[76]. Toutefois, la Kénose-Incarnation n'est pas un acte particulier, une inflexion de la volonté du Logos, mais bel et bien cette volonté elle-même. Le devenir homme de la Seconde Personne n'est rien d'autre que l'exercice parfait de la volonté, or la volonté du Fils est son être. Depuis Descartes la philosophie aimer penser l'Homme et Dieu selon l'*analogia voluntatis*. C'est cette analogie qui est le ressort conceptuel de la christologie spéculative de Schelling où le déploiement parfait de l'humanité de l'Homme et de la divinité de Dieu est expliqué à partir de l'exercice, de l'actualisation de la Volonté.

---

[73] *UF* 575ss.
[74] *UF* 576.
[75] *UF* 575.
[76] *UF* 591.

PHILOSOPHIE DE L'EXISTENCE ET THÉISME SCIENTIFIQUE : PERSPECTIVES DU SYSTEME SCHELLINGIEN

1. Rationalisme et théologie spéculative

Schelling, philosophe de l'Absolu, maître de la Philosophie de la Révélation a une importante postérité théologique et P. Tillich qui a compris profondément la portée théologique de cette spéculation finira par lire en elle « les débuts de la protestation existentialiste »[1]. Or la pertinence théologique du système schellingien n'est pas fonction de préoccupations « religieuses » et si l'auteur de *l'Exposé de l'Empirisme Philosophique* aura une influence certaine sur la plupart des grandes figures de l'existentialisme, à commencer par Kierkegaard, sa contribution à cette pensée ne se limite pas – et de loin – à une « protestation ». Beaucoup de lecteurs du dernier grand idéaliste saluèrent en lui le pourfendeur du panlogisme hégélien tandis que certains de ses critiques n'hésitèrent pas à le taxer d'irrationalisme. Toutefois, si le Tournant de Schelling, son abandon des positions de l'Identité, sont fortement liées à ses intérêts religieux et à une éclosion de « sens » pour l'Existence, les finalités et les modalités de sa réflexion restent essentiellement philosophiques. Le système schellingien est, au même titre que l'hégélien, une véritable théologie *spéculative* et la dénonciation de « la divinisation du concept »[2] ne signale aucunement une rupture avec la rationalité philosophique, bien au contraire, elle conduit à son « élargissement » inédit[3]. La polémique contre Hegel reste incompréhensible si on ne rappelle pas le conflit avec Jacobi. Ce que Schelling reproche à l'auteur des *Lettres sur Spinoza* c'est précisément le refus d'une connaissance conceptuelle de Dieu. Contre cette foi de charbonnier philosophique Schelling appelle de ses vœux « un théisme scientifique »[4], et il annonce comme fin suprême de toute véritable pensée philosophique l'accès à la notion d'un Dieu personnel[5]. Dès *Philosophie et Religion*, Schelling dénonce, outré, l'abandon scandaleux par ses contemporains de l'exigence de tout savoir rationnel concernant les plus hauts mystères de l'existence[6] et s'il est prêt à confesser « notre théologie

[1] P. Tillich, *Schelling und die Anfänge des existentialistischen Protestes*, Zeitschrift für Philosophische Forschung 9, 1955, p. 197-208.

[2] *Phil. Mod.* 145 / W X 127.

[3] *Révél.* I 170 /W XIII 145.

[4] W VIII 55.

[5] W VIII 82, 84, etc.

[6] W VI 16 sq.

luthérienne »[7], c'est qu'il croit que grâce à sa philosophie, désormais « des têtes pensantes » seront en mesure de professer « la foi de nos pères »[8].

La Philosophie intermédiaire, celle des *Recherches sur la Liberté humaine* et des *Âges du Monde*, représente une ébauche du système tardif. Elle reflète les nouvelles ambitions du schellingisme mais ne possède pas encore les moyens conceptuels de la *Spätphilosophie*. Schelling voudrait élargir son système aux grandes réalités du Mal, de l'Existence, du Dieu personnel, mais ce n'est qu'au terme de longues décennies de méditation et de réflexion qu'il saura formuler ses intuitions en concept. Il préconise d'abord une pensée « positive » pour dépasser et remplacer le rationalisme exsangue de l'Idéalisme absolu, et ce n'est que plus tard qu'il réussira à construire un système où la pensée de l'Identité transmuée en Philosophie négative sera retenue dans son rôle de préparation, voire de pendant, de la Philosophie positive. Toute la *Spätphilosophie*, à savoir celle du second séjour de Munich, celle de Berlin, voire celle d'Erlangen, est à considérer comme la traduction, le déploiement graduel en concept des intuitions de la période intermédiaire. Or c'est précisément en ces décennies tardives où le discours imagé, le discours dramatique des *Recherches* et des *Âges* se décante en une construction conceptuelle systématique, que l'attention du philosophe sera monopolisée par la Mythologie et la Révélation, par les Mystères du Paganisme et les Dogmes du Christianisme. Bien sûr, les cours innombrables où Schelling expose et élabore, cisèle et parfait sa pensée sur la Religion ont une finalité profondément philosophique, une portée proprement métaphysique. Si le Savoir négatif, cette « philosophie purement rationnelle », est une théologie négative, l'exégèse philosophique de la Religion appartient au savoir positif, bien qu'elle ne soit pas identique à *toute* la philosophie positive mais en constitue seulement une partie. La Philosophie de la Religion a un rôle essentiel dans la Philosophie positive, non pas comme « application » des principes métaphysiques de la « Seconde Science » dans la sphère religieuse, mais comme une pièce essentielle de son dispositif spéculatif, comme un moment fondateur, voire le moment fondateur par excellence du savoir positif.

En philosophie négative le mouvement ascendant de la raison parvient jusqu'à l'Absolu, jusqu'à Dieu, mais seulement à Dieu « idéal »[9], à Dieu « en idée »[10]. En philosophie positive aussi, l'objectif de la Raison, la fin qu'elle poursuit est d'accéder à la connaissance de Dieu. Le Savoir positif commence

---

[7] *Rép.* 250 / W VIII 185.
[8] *Rép.* 253 / VIII 188.
[9] *Rat. Introd.* 515 / W XI 560.
[10] *Rat. Introd.* 517s / W XI 562.

avec l'Absolu. Il possède l'Absolu qui est Dieu mais ne le possède pas encore *comme* Dieu. La Raison prend ici son point de départ du *Dass* primordial, de l'Existence absolue, de l'Actualité pure mais elle ne parviendra à saisir Dieu à travers « l'enveloppe » de cette « existence brute »[11] qu'au terme d'un processus compliqué de monstration et de démonstration.

Depuis la *Darstellung* de 1801 Schelling était accusé de Spinozisme et la Philosophie intermédiaire n'arrivait pas à dépasser des positions métaphysiques panthéisantes. Seule la *Spätphilosophie* pourra se concevoir comme un véritable « théisme scientifique » et ceci dans la mesure où elle aura opéré une double clarification de la notion de Dieu. La dernière spéculation schellingienne distingue Dieu de l'Absolu de la philosophie négative mais aussi du *Dass* pur et c'est à travers cette dissociation définitive de Dieu de la Potentialité pure comme de l'Actualité pure que la pensée fondatrice du Tournant prendra, au sens strict, forme philosophique.

La motivation, le ressort proprement philosophique du Tournant, c'est la réalisation par la Raison de devoir faire appel à une médiation pour se poser en tant que Raison[12], et cette médiation passe par la notion de Dieu. L'expérience de base de la philosophie positive est celle du pur *Dass*, de l'Actualité, de l'Existence, et la Raison frappée de mutisme devant *l'Unvordenkliches* ne saurait accéder d'elle-même à l'Intelligibilité de l'Être. Si le *Dass*, cet autre de la Raison, est conçu par la Raison, c'est que l'Existence héberge en son sein l'Essence, que le *Dass* a sa vérité dans un *Was*. Et ce *Was* est bel et bien Dieu. La philosophie positive n'est rien d'autre que le processus qui montre que l'existence est essence et le *Dass* est *Was* dans la mesure où se révèle l'identité ultime de l'Absolu imprépensable avec cette intelligibilité suprême qu'est Dieu.

2. La voie négative

Depuis Iéna, mais en fait depuis *Vom Ich*, l'effort principal de la philosophie schellingienne est d'aboutir au concept de l'Absolu. La *Spätphilosophie* croit pouvoir parvenir à ce concept ultime par les deux voies négative et positive où le terme des deux savoirs – insiste-t-on – est le même. C'est la relation de la raison à ce terme qui est différente. Sans doute, cette lecture du schellingisme est correcte mais elle n'est pas pour autant évidente, elle ne va pas sans poser de problèmes. Il est vrai, si le savoir négatif finira par expliciter dans son dernier exposé la distinction entre Dieu et l'Être absolu, c'est

[11] *Phil. Offenb.* 194.

[12] W. Schulz, *Die Vollendung des deutschen Idealismus in der Spätphilosophie Schellings*, Stuttgart, 1955 (2e éd. Pfullingen, 1975).

l'Absolu qui est son objet essentiel, tandis que la Philosophie positive se veut essentiellement la déduction de Dieu, même si elle doit prendre son point de départ dans la notion de l'Absolu, de l' Être Imprépensable.

Cette distinction ultime, celle de l'Absolu et de Dieu, n'apparaît qu'au terme de longues décennies de réflexion. Avec le Tournant, l'organisme de l'Identité, ce système un, sans couture, semble céder la place à l'opposition irréductible des philosophies « logique » et « historique » entièrement « incompatibles » entre elles[13]. Or l'évolution de la réflexion va imposer rapidement la terminologie du positif et du négatif qui atteste une relation réciproque, donc une complémentarité des deux voies. La *Spätphilosophie* fournira toute une gamme de formules et de désignations pour déterminer le sens et le rôle des deux voies négative et positive au sein de l'économie totale de la réflexion qui paraît pour ainsi dire gouverné, par l'opposition du *Was* et du *Dass*.

Was et *Dass* qui s'opposent comme l'essence et l'existence se conçoivent en tant qu'objets intentionnels respectifs de deux interrogations. L'un, celui de la *quidditative* qui demande *ce qu'*un objet est, l'autre celui de la *quodditative* qui se rapporte au fait *qu'*il est[14]. La Philosophie négative est la voie par laquelle l'esprit se rapporte au *ce que* des choses. C'est une interrogation qui pratique, avant la lettre, la mise entre parenthèses phénoménologique, la réduction éidétique. Or la réduction éidétique de l'idéalisme postkantien n'est pas de la description phénoménologique mais de la construction métaphysique. La Philosophie négative – comme la *Phénoménologie de l'Esprit* ou la *Science de la Logique*, en fait comme déjà la Doctrine de la Science – part des contenus les plus élémentaires, les plus pauvres, bref, les plus contingents pour progresser vers des contenus de plus en plus nécessaires[15]. C'est un mouvement ascendant qui se conçoit comme la « purification » de la conscience[16]. La Voie négative purifie la conscience en en « éliminant » progressivement les contenus que la conscience « trouve » en elle-même, ses contenus contingents[17]. Cette purification est une espèce d'épuisement[18] qui, expulsant ce qui est « hétéronome » en elle[19], affranchit la conscience de tout ce qui n'est pas vraiment rationnel.

[13] *WA 1827/28* 14.
[14] *Révél* I 89 / W XIII 69.
[15] *Rat. Introd.* 342 / W XI 363.
[16] *Rat. Introd.* 350 / W XI 373 cf. déjà en 1803 « purgatoire » W V 158.
[17] *Révél.* I 93 / W XIII 73.
[18] *Rat. Introd.* 277 / W XI 290 cf. « Exhaustion » des possibles *Gr.* 39 n 1.
[19] *Rat. Introd.* 303 / W XI 320.

La Philosophie négative est une déduction qui, en passant par des exclusions progressives, présente des contenus de plus en plus rationnels et nécessaires. Autrement dit : la voie de la réduction passe par des concepts de plus en plus médiatisés ou plutôt auto-médiatisés, des concepts qui s'imposent avec une évidence grandissante et qui laissent toujours moins de place au contingent, c'est-à-dire à l'extérieur, à ce qui ne provient pas de l'essence même de la Conscience elle-même. Au terme de ce processus, la conscience accède à son contenu propre, au contenu auquel rien n'adhère, rien n'advient du dehors, donc à un contenu qui la « remplit » complètement et parfaitement. Dans son accomplissement, la Raison dépasse le raisonnement. Elle ne connaît plus par « la chaîne » de la démonstration mais se rapporte à son objet « par un toucher direct »[20]. Cet objet ultime, cet objet suprême qui ne contient plus rien de contingent et d'irrationnel est l'Absolu. Ce qui reste à déterminer – mais c'est l'essentiel – c'est clarifier ce qu'on entend par « l'Absolu » et comment l'Absolu se rapporte à Dieu.

Dans le système de l'Identité, mais encore dans les écrits de la Période intermédiaire, Schelling se sert sans trop de réflexion du terme « Absolu » pour désigner le concept ultime. Or la *Spätphilosophie* s'éveille à la nécessité des distinctions, des clarifications et surtout dans son dernier grand texte, « L'Exposé de la Philosophie Purement Rationnelle », elle désigne le terme de son mouvement ascendant par le vocable « Être ». L'Être n'a ici aucunement un sens « existentiel » : il signifie plutôt la Matière de la pensée[21] mais l'insistance sur le caractère « hylique » de *Seyn*[22] n'a rien à voir avec un matérialisme quelconque. Il s'agit tout simplement du rappel de la condition de corrélat de l'agir de la Raison, condition qui est propre à l'Être, à son état de Prédicat du Sujet de la noèse[23], prédicat qui ne laisse aucun vide dans la Raison mais la remplit intégralement.

L'Être de la *Spätphilosophie* se situe en continuité avec l'Absolu de l'Identité, mais Schelling est de plus en plus soucieux de mettre en évidence ses implications d'Essence. Consciente de la non-coïncidence de l'Absolu avec Dieu, la dernière philosophie mettra l'accent sur l'Être en tant qu'Essence ou plutôt en tant que système d'essences, au sens de la Compossibilité. À première vue, la Philosophie négative, savoir pur, pourrait trouver son terme, son point culminant, son objet ultime dans l'Être qui est l'Essence absolue. Or, en prenant ses distances avec sa propre spéculation d'antan et en polémiquant contre celle de

---

[20] *Rat. Introd.* 334 / W XI 355.

[21] *Rat. Introd.* 415 / W XI 446 cf. *Vér. Ét. Introd.* 538. / W XI 585.

[22] *Vér. Ét. Introd.* 538 / W XI 585.

[23] *WA 1827/28* 121.

Hegel, Schelling se doit de vouloir dissiper toute équivoque et de distinguer à l'intérieur même de la science négative Dieu de l'Être, de l'Essence, de l'Absolu. Schelling complètera ses déductions par un recours à Kant. La Dialectique transcendantale conclut son argument avec la notion de la Totalité transcendantale des Prédicats qui signifie finalement l'Être Suprême, à savoir Dieu. Or, Kant ne s'était pas contenté de construire le concept de l' Être Suprême mais il avait poursuivi son développement jusqu'à celui de l'Idéal Transcendantal, la doctrine qui – au dire de Schelling – aura exercé une influence déterminante sur toute la spéculation postkantienne[24]. L'idéal c'est la formulation, si l'on veut l'unification de l'inconditionnel qu'est l'Idée, dans un individu. En l'occurrence, l'Idéal transcendantal c'est l'incorporation du Tout inconditionnel dans un individu suprême, c'est pour ainsi dire l'éclosion de l'Être en Visage. Schelling ne parvient à cette distinction ultime que dans son dernier ouvrage, « l'exposé du système de la philosophie purement rationnelle » où il réussit à présenter un pendant quasi-complet de toutes les notions de la Seconde Science, la Philosophie positive sous un exposant négatif. Le terme et la fin ultime de la Philosophie positive est le Dieu personnel mais l'Idéal Transcendantal permet la déduction de Dieu encore au sein de la philosophie négative.

3. Philosophie négative et théologie négative

La purification de la conscience, la réduction des contenus contingents en un contenu nécessaire paraît l'exaltation de la Raison. La Raison se désencombre de tout ce qui ne relève pas vraiment d'elle-même, elle s'affranchit de toute hétéronomie. La succession des contenus est à comprendre comme un devenir noétique, un jugement, jugement issu d'une justice immanente[25] où la non-nécessité des contenus se traduit par leur apparition et leur miroitement devant la conscience, puis par leur disparition. Le résultat du processus c'est l'avènement de l'Être, un contenu qui ne « bouge » plus, c'est-à-dire qui ne « devient » plus mais reste ferme et stable. Or ce mouvement de purification, ce devenir des contenus qui aboutit au Contenu suprême revient à un affranchissement de la conscience jusqu'alors soumise à un processus qui lui est imposé comme du « dehors », auquel la conscience obéit malgré elle, comme à une « nécessité ». Or l'accès à ce qui est exempt de toute contingence, à l'Être pur transpose le

---

[24] *Rat. Introd.* 271 n 1 / *W* XI 283 n 1 voir aussi *supra* p. 172 cf. « la thèse la plus remarquable de la doctrine de Kant », *Tageb.* 8.

[25] Voir pour cela les développements admirables de X. Tilliette, *Schelling. Une philosophie en devenir* II, 2e éd., Paris, 1992, p. 281 sq.

processus nécessaire de la conscience en un agir libre[26]. Avec l'expulsion de tout contenu hétéronome, la conscience se trouve en face de « son contenu immédiat avec lequel elle se meut en elle-même, dans son propre éther »[27].La Philosophie négative, tout en permettant à la Conscience de s'affranchir de toute dépendance, tout en conduisant la Raison à l'accomplissement de sa vocation authentique, reste finalement sous le signe de l'impuissance. Avec cette première science la Raison parvient à Dieu, donc elle devient théologie, mais une théologie négative. La philosophie purement rationnelle est bel et bien théologie négative mais une théologie négative très particulière. On entend communément par théologie négative la procédure de démonstration qui, au lieu d'attribuer à la divinité des « noms », c'est-à-dire de la définir de plus en plus complètement au moyen d'une multitude de concepts, nie de Dieu tous les concepts. La théologie négative exprime la haute intuition de l'ineffabilité de Dieu, de son immensité apophatique à laquelle on croit rendre justice en spéculation par le retranchement de tout nom, la mise entre parenthèses de tout concept. On ne s'approche pas du mystère de la divinité en le couvrant d'épithètes, aucune définition finie n'est congrue avec l'Infini[28].

Le savoir négatif schellingien est une variante de cette exclusion, de ce rejet radical du fini qui, seul, permet de parvenir à une « notion » appropriée du Très-Haut. Or la Philosophie négative ne se contente pas d'exclure les attributs inappropriés, elle ne se borne pas à arracher les excroissances, les productions contingentes à l'Absolu. La Philosophie négative n'est pas seulement réduction d'essence mais aussi mise entre parenthèses d'existence. Elle aboutit à l'Être mais qui n'est que concept, à Dieu mais qui n'est qu'« idéal »[29]. La science du *Was* se meut dans son propre éther, celui du concept, elle ne saurait prétendre à saisir l'Existant qui est de « nature extra-logique »[30]. Une faille béante sépare le *Was* et le *Dass*, le concept et l'existence[31]. Grâce à la relecture de l'Idéal Transcendantal, la Philosophie négative peut donner à Dieu « son » idée, mais ce Dieu conçu dans « son » idée n'est que Dieu « dans l'idée »[32].

---

[26] *Révél.* I 126 / W XIII 102.

[27] *Révél.* I 97 / W XIII 76.

[28] En « séparant », en purifiant la notion de Dieu de tous les concepts inappropriés, la philosophie négative accomplit le Second Commandement : que ton nom soit sanctifié *Rat. Introd.* 350 / W XI 373.

[29] *Rat. Introd.* 515 / W XI 560.

[30] *Révél.* I 118 / W XIII 95.

[31] *Révél.* I 124 / W XIII 101.

[32] *Rat. Introd.* 517s / W XI 562.

4. Les deux mouvements de la philosophie positive

Cette théologie négative qu'est la philosophie purement rationnelle aboutit à son terme à l'Absolu, à Dieu, mais à un Dieu qui n'est que dans l'Idée. La Philosophie positive, elle, restitue au Suprême l'existence dont la Philosophie négative l'a privé. Ces deux savoirs ont le même objet, l'un l'a selon l'idée, l'autre selon l'existence, mais Schelling insiste : si les deux philosophies ont le même objet, elles ne l'ont pas selon la même position, dans le même site[33] ! La Philosophie négative accède à l'Absolu au terme de son mouvement ascendant, la Philosophie positive entame son parcours à partir de l'Absolu. En fait, cette comparaison est à qualifier et à préciser. La Philosophie négative finit avec l'Absolu mais – c'est l'acquis du dernier exposé – elle permet de « dégager » Dieu à partir de l'Absolu, pour ainsi dire « après » l'Absolu. Quant à la philosophie positive, elle commence avec l'Actualité pour aboutir dans son mouvement « descendant » à Dieu. En dernière instance, en dépit de leur opposition, malgré leur direction contraire, les deux mouvements, les deux déductions finissent par retrouver un véritable parallélisme : « il y a » d'abord l'Absolu, ensuite « il y a » Dieu. Avec toutefois la différence qu'en philosophie négative la Raison arrivée au terme de ses déductions n'a à « ajouter » qu'un seul développement supplémentaire pour retrouver la notion de l'Idéal transcendantal tandis qu'en philosophie positive l'Absolu est séparé de la Divinité par toute la longueur de la Nature et de l'Histoire, il ne trouvera Dieu, c'est-à-dire il ne se retrouvera en Dieu qu'après avoir traversé le Monde.L'accès à la notion ultime, celle de la divinité, se trouve au terme du mouvement « descendant », « progressif » partant du *Dass* absolu, de ce *Dass* auquel la Raison avait accédé après avoir abandonné le *Was* ultime. La Philosophie positive est donc à penser à travers ou à partir de deux mouvements. L'un qui la précède et qui la prépare, l'autre qui l'expose et la déploie. Le premier mouvement est en réalité un saut par lequel la Raison, après « la destruction » de l'Idée[34], ou plutôt son « expulsion » d'elle-même[35], se trouve « paralysée »[36], « muette »[37] devant l'Existence. L'autre mouvement consiste dans la démonstration de la divinité de l'Absolu Primordial, dans la monstration que ce pur *Dass* est bel et bien le *Was* absolu, le sens ultime, c'est-à-dire la Divinité.

---

[33] Cf. M. Vetö, *De Kant à Schelling* II, p. 408 sq.

[34] *Rat. Introd.* 520 / W XI 566.

[35] *Rat. Introd.* 520 / W XI 565.

[36] *Révél.* I 191 / W XIII 165.

[37] *Révél.* I 187 / W XIII 161.

Schelling n'a cessé de repenser la grande question du passage du négatif au positif et il a fini de l'exposer en termes de rupture, de quête de l'Autre, de l'accueil par Lui[38]. En ce qui concerne le second mouvement, il en existe deux formulations. La première est la déduction métaphysique de la divinité à partir de l'existence, l'autre la monstration par les diverses composantes de sa philosophie que l'Actualité primordiale est effectivement Dieu.

La première formulation est ébauchée dans l'*Introduction de Berlin*[39] et reçoit sa formulation canonique par « ce seul et précieux échantillon du commencement strictement indépendant de la philosophie positive » que constitue le petit opuscule, l'*Andere Deduktion*[40]. La déduction de Dieu à partir de l'Existence se fait par un argument sublime dont le nœud est l'idée de l'actualité seulement factuelle du *Dass* primordial, d'une actualité qui doit être pour ainsi dire « confirmée » par un choix libre. Ce choix libre peut se concevoir à partir du discernement en son sein d'une potentialité d'être propre à laquelle le *Dass* imprépensable renonce en faveur de l'Être mondain. Cette renonciation révèle l'essence de l'Actualité comme la Liberté Pure, l'horizon ultime du Donné primordial comme Sens suprême. La vérité de l'Existence est alors la Divinité.

Cet argument décanté de toute la *Spätphilosophie* est à comprendre comme une admirable hypothèse conceptuelle qui doit être confirmée par « les faits ». On parvient à démontrer l'identité ultime de l'Existence et de la Divinité si on peut retrouver dans l'histoire de l'Univers des moments et des étapes d'une kénose divine. L'Existence primordiale *peut* avoir des conséquences, des suites qui attestent qu'elle est générosité intelligente et libre mais « l'expérience » seule peut nous apprendre si de telles suites ont effectivement eu lieu. Or la Philosophie de la Nature comme la Philosophie de la Mythologie montrent que l'univers advient à partir d'une suprême renonciation, d'une sortie de soi du Premier qui se soumet aux vicissitudes de la finitude pour la conduire vers la réconciliation. On reconnaît l'arbre à ses fruits, la Divinité de l'Existence à partir de l'Histoire du Kosmos.

5. *L'Imprépensable*

Le schellingisme est une spéculation qui a toujours visé l'Absolu mais ce n'est que dans la Philosophie positive qu'il parviendra à le penser comme Dieu. L'acte pur qui précède et conditionne toute pensée finit par être compris comme divinité, la pensée de l'existence peut et doit se déployer en Théisme scientifique. Depuis les *Âges du Monde* la philosophie se veut « construction du concept de

[38] *Rat. Introd.* 510-513 / W XI 553-557.

[39] Cf. surtout *Révél.* I 150 sq / W XIII 126 sq.

[40] X. Tilliette, *Schelling. Une philosophie en devenir* II, p. 359.

Dieu »[41], or la construction par laquelle on monte du contingent vers l'Absolu, vers l'Être doit être reprise par une reconstruction qui, elle, va de l' Être à la Divinité.

Le Savoir positif prend son point de départ avec le *Dass* et il s'accomplit à travers l'investigation qui dévoile le *Dass* primordial comme *Was* ultime. Les textes insistent sur la différence radicale entre l'Absolu et Dieu, or la réflexion ne procède guère par négation. On nie du Prius, de l'Existence, ce qu'on attribue à l'Ultime, à l'Essence, mais le non se dit plutôt dans le langage de la précédence et de l'absence que par une dialectique de l'opposition et de la négation. Le Prius est l'actualité pure sans limites et sans origine. Il est avant toute pensée, il est sans fond et sans médiation. Le *Dass* surplombe la pensée comme l'actuel absolument factuel. Il est de fait avant toute pensée, mais aussi et surtout avant toute pensabilité. Le *Dass* primitif est l'Imprépensable, ce qui est sans fond et sans raison. Plus précisément : il est sans potentialité, sans concept et sans essence. Le *Dass* primitif, l'actualité primordiale doit être exposée en concept mais c'est une conceptualité essayant de rendre compte de la condition absolument sans concept que la Philosophie positive entend présenter à travers diverses formulations de l'Originalité.

L'originalité est d'abord déclinée selon sa condition élémentaire de « avant », de « précédent », puis va être explicitée selon sa condition « sans fondement ». Schelling n'hésite pas à parler du « Prius » en termes grossièrement empiriques, d'une contingence banale. Le *Dass* est « inattendu »[42], « im*pré*visible »[43]. Ou encore exprimé maintenant par l'affirmation, par une formulation positive : l'Acte, « diese allein Vorausgegebene »[44]. Bien entendu, cette précédence indéterminée, générale, a sa vérité dans la référence au Concept. Le Prius est ce qui existe avant toute pensée, puisqu'il existe avant tout concept[45]. La précédence la plus signifiante, si l'on veut, la précédence par excellence, la précédence essentielle, celle qui est le principe de tout « avant » est la précédence par rapport au concept. Or la véritable pré-conceptualité n'est pas seulement l'antériorité par rapport à tout concept extérieur et partiel, mais aussi à l'égard de son propre concept. Le *Dass* ne précède pas seulement « en général » tout concept, il précède aussi et surtout son propre concept Si le *Dass* ne saurait tomber sous aucun concept, s'il est inaccessible pour tout concept extérieur, partiel, c'est qu'il est privé de concept en soi-même. Il précède tout concept parce qu'il précède son propre concept.

---

[41] W VIII 269.

[42] *Révél.* II 117 /W XIII 267.

[43] *Déd. Révél.* III 362 /W XIV 342. L'italique est de nous.

[44] *Déd. Révél.* III 357 / W XIV 337.

[45] *Déd. Révél.* III 367 / W XIV 345.

Cette condition sans concept propre de l'Absolu est exprimée par l'absence de tout principe immanent, intrinsèque. Schelling se complaît à citer le célèbre texte de la *Critique* où Kant médite devant l'abîme insondable de l' Être Nécessaire « avant toute pensée »[46], et lui-même multipliera les développements sur l'Existence sans fondement. L'*Andere Deduktion* commence son argument avec le terme « existence inconditionnelle »[47] qui se trouve comme explicité dans la formule « existant *sponte*... sans principe (*Grund*) précédant »[48]. La Copie Paulus conserve l'adjectif « immanent »[49], combien signifiant contre l'arrière-fond de la polémique avec Hegel, et dans le cours sur le monothéisme on lit la formule éclatante : « die unergründliche Selbstlosigkeit des actus purus »[50]. Pour suggérer la radicalité de cette condition sans fondement, sans médiation et sans articulation, Schelling parlera à Munich de « l' Être sauvage »[51], à Berlin d'*existentia bruta*[52], et il finira par suggérer un rapprochement entre *Seyn* et *Daseyn* : *Seyn* est ce qui est déjà là, et est-ce que finalement ce n'est pas la définition propre de *Daseyn*[53] ?

Le rapprochement du *Dass* et de *Daseyn* indique la nature essentiellement « donnée » du *Dass*, sa factualité radicale. Or la tâche même de la Philosophie positive c'est de *penser* cette factualité. Schelling y parvient par la notion de l'Imprépensable, l'*Unvordenkliches*[54]. Le terme apparaît dès Erlangen où les *Initia* parlent d'une « culpabilité imprépensable »[55]. Plus tard, la mythologie va être désignée comme « une religion imprépensable »[56], et sur un plan plus général, la *Spätphilosophie* expose « la fatalité imprépensable » propre à l'Être. Toutefois, le sens véritable de ce terme que Schelling revendique comme sa découverte la plus propre[57], n'est pas de servir d'adjectif même pour des

46 *Révél.* I 189 / W XIII 163.

47 *Déd. Révél.* III 357 / W XIV 337.

48 *Révél.* I 194 / W XIII 168.

49 *Phil. Offenb.* 144.

50 W XII 88.

51 W X 242.

52 *Phil. Offenb.* 194 cf. "*Existentia fatalis*" *Phil. Mod.* 48 / W X 35.

53 *Déd. Révél.* III 373 / W XIV 354.

54 Nous préférons le néologisme « imprépensable » à « l'immémorial » qui ne correspond pas au contenu conceptuel du vocable schellingien. La difficulté de la traduction a été déjà perçue par Kierkegaard qui n'a que le mot allemand dans ses notes rédigées en Danois du cours de Schelling de 1841/2. Voir pour cela l'excellent apparat critique de Z. Gyenge dans sa traduction hongroise de *S. Kierkegaards Papirer* XIII.III.C 27, Copenhague, 1970 : *Berlini Töredék*, Budapest, 2001, p. 120 sq.

55 *IP* 69.

56 *Hist. Crit. Introd.* 238 / W XI 245.

57 *Pl.* 3 139.

réalités supérieures. Il constitue plutôt la catégorie fondatrice, le véritable point de départ de la démarche du Savoir positif lui-même. L'Imprépensable devient la définition propre du *Dass*. Il codifie en concept l'antériorité radicale de l'Acte par rapport à la Pensée. Or cette antériorité n'est pas seulement factuelle mais nécessaire. Si le *Dass* précède effectivement toute pensée, c'est qu'il précède toute « pensabilité ».

Le Prius est inconcevable, voire il est l'Inconcevable comme tel, et cette inconcevabilité doit être comprise à partir des considérations d'existence allant vers des considérations d'essence. Si l'on veut, des considérations ontologiques qui s'accomplissent en démonstrations métaphysiques. La *crux* de cette réflexion qui est peut-être l'intuition métaphysique déterminante de toute la *Spätphilosophie*, c'est que la possibilité, la potentialité, une catégorie pourtant liée de par son origine à l'actualité, par conséquent à l'existence, est aussi une catégorie de concept, donc d'essence et de sens. L'Absolu de Wurzbourg est *potenzlos*[58], et d'après la première formulation connue de la Philosophie de la Révélation l'Acte pur précède toute potentialité[59]. Or cette *Potenz* qui est négation, négation dans le sens de la possibilité de n'être pas qu'acte brut, ouvre la voie vers le *Was*.

L'Imprépensable est l'Être qui n'existe pas comme Idée[60], il est ce qui est « exempt d'idée »[61], voire « l'antipodique de toute idée »[62]. De ce Premier, il ne saurait y avoir aucune connaissance a priori[63], l'existence nécessaire est « le Prius sans concept »[64], ou comme le dira l'*Andere Deduktion* « l'Être inconcevable »[65]. L'actualité primordiale, le *Dass* pur désigne le dépassement définitif de tout savoir négatif. Exalté au-dessus de la série ascendante des contenus conceptuels, l'acte pur est sans *Was*, il est en tant que tel « l'Être indépendant et séparable de tout *Was* »[66].

L'inconcevabilité de l'Être nécessaire qui n'est l'objet que d'un savoir « aveugle »[67] résulte de sa condition sans intériorité, sans soi, bref, sans essence[68]. Le Prius est du pur *Dass* d'où manque tout élément essentiel. Il surplombe l'horizon de la pensée, condamne toute réflexion, confirme

[58] W VI 212.
[59] *UF* 83.
[60] *Rat. Introd.* 524 / W XI 570.
[61] *Rat. Introd.* 298 / W XI 314.
[62] *Phil. Offenb.* 167.
[63] *Révél.* III 153s / W XIII 129.
[64] *Révél* .I 193 / W XIII 167.
[65] *Déd. Révél.* III 370 / W XIV 350.
[66] *Rat. Introd.* 376 / W XI 402.
[67] *Déd. Révél.* III 368 / W XIV 349.
[68] *Révél.* I 192s /W XIII 167.

l'impuissance de la Raison. Par rapport au mouvement lucide et transparent de la philosophie négative, cette échelle d'essences, l'empirisme philosophique commence son parcours à partir de la réception de l'Existence exempte d'essence.

6. De l'Actualité à l'Intelligibilité

La philosophie positive trouve son origine dans l'expérience existentielle du *Dass* qui fait réaliser par la Raison sa propre contingence radicale. Or précisément, la Raison ne doit pas rester obnubilée par « le miracle de l'Existence »[69], il lui faut entamer un mouvement qui la conduira jusqu'à l'Essence. L'Imprépensable bouche l'horizon de la Raison, en exclut tout *Was* mais cette situation où le Prius occulte le Sens est « une aliénation » de la Raison[70] dont elle doit se libérer. Et sa libération passe par la découverte de Dieu comme la vérité de l'Être.

La grande polémique avec Hegel semble dominer la pensée du Schelling tardif, mais la philosophie positive est finalement la réponse ultime à Jacobi. Schelling ne cesse de dénoncer la thèse absurde, la thèse pernicieuse : un Dieu qui serait connu, ne serait pas un Dieu. Bien au contraire, toute la philosophie scande : c'est le Dieu qui ne serait pas connu qui ne serait pas Dieu[71] ! Toutefois, si Dieu est connaissable, il ne l'est pas par le sentiment[72], il ne saurait faire l'objet d'un savoir immédiat[73]. La divinité ne saurait être connue que par un savoir rationnel ; il est objet, en fait, il est l'objet par excellence de la véritable spéculation philosophique. La seconde science, la science positive « élargit » la philosophie[74] par l'inclusion du concept renouvelé de la divinité. Contre les fidéismes et les irrationalismes de toute trempe, contre la thèse misérable : « toute philosophie scientifique débouche dans l'athéisme »[75], Schelling professe haut et fort qu'on peut comprendre et dire ce que Dieu est, qu'on peut en déchiffrer le *Was*, et ceci pour la bonne raison qu'il est le *Was* ultime, le *Was* par excellence, le *Was* du *Dass* lui-même. Dieu n'est pas seulement un existant dont on peut obtenir un concept mais il est *le* concept de l'Existence. L'intelligibilité de l'Être est posée par la Divinité.

---

[69] *Aphor. O. M.* 75 / W VII 198.
[70] *Phil. Offenb.* 175.
[71] *Hist. Crit. Introd.* 179 / W XI 176.
[72] *Révél.* I 180 / W XIII 154.
[73] *Révél.* I 95 / W XIII 74.
[74] *Révél.* I 170 / W XIII 145.
[75] W VIII 85.

Dans la célèbre dernière leçon de *L'Exposé de la Philosophie Purement Rationnelle*, Schelling s'efforce de présenter un pendant négatif de l'Imprépensable. Le *Dass* abstrait, ce *Dass* qui ne désigne pas une « proposition synthétique »[76] mais reste enfermé dans la pensée, apparaît comme le dernier concept de la Philosophie Négative[77]. En réalité toutefois, si le *Dass* pourra être effectivement compris comme *eidos*[78], « un vase de contenus »[79], ce ne sera qu'au terme d'un processus positif correspondant et faisant suite au saut de la Raison, à sa sortie de soi. La *Spätphilosophie* pose la grande question, la question ultime : pourquoi y a-t-il quelque chose au lieu de rien[80] ? Or cette question n'obtient son sens véritable qu'à partir de sa reformulation : « pourquoi y a-t-il de la Science »[81], « pourquoi y a-t-il du sens et non pas du non-sens »[82], bref, pourquoi « y a-t-il de la Raison »[83] ? La réponse tombe avec simplicité : il y a Raison parce que Dieu est[84]. Cette conclusion constitue le terme et la solution de la quête de médiation de soi de la Raison qui est le ressort ultime de l'interrogation schellingienne. La Raison est un fait, une réalité « positive »[85], et ce fait positif est *là*, parce que Dieu est. Plus précisément : l'Être est intelligible parce que Dieu est ou plutôt l'Être est intelligible car Dieu en est l'essence. À travers toute son histoire, la philosophie avait cherché à prouver l'existence de Dieu. Pourtant ce qui est à démontrer ce n'est pas l'existence de Dieu mais la divinité de l'Existence[86]. L'Existence, en dépit de son actualité irréductible, de sa condition imprépensable se révèle par une monstration « a posteriori » comme le Prius, comme la prémisse de la divinité[87].

---

[76] *Rat. Introd.* 518 / W XI 563.

[77] *Rat. Introd.* 520 / W XI 565. Cette dernière leçon dont chaque ligne est de la plume de Schelling mais qui a reçu sa forme rédactionnelle de l'éditeur des *Werke*, K. F. A. Schelling, *Rat. Introd.* 510 n 1 / W XI 553 n 1, ne fait aucune mention de l'interprétation du concept de Dieu comme l'Idéal Transcendantal. Dieu, même s'il n'est plus selon « l'idée absolue », n'est toujours que selon le concept ; il est « l'unique effectif », « l'acte pur », « le *Dass* pur » *Rat. Introd.*517s / W XI 562s.

[78] *Rat. Introd.* 379 / W XI 406.

[79] *Vér. Ét. Introd.* 542 / W XI 590.

[80] *Révél.* I 25 / W XIII 7.

[81] *Vér. Ét. Introd.* 539 / W XI 586.

[82] *Gr.* 222.

[83] W X 252.

[84] *WA 27/28* 132.

[85] W X 252.

[86] *Révél.* I 155/ W XIII 129.

[87] *Révél.* I 152 / W XIII 128. Le Prius, l'apriori inconcevable doit devenir a posteriori concevable (*Ibid*).

Schelling qui dès le *Système de l'Idéalisme Transcendantal* récuse l'attribution de l'être à Dieu[88], qui depuis les *Âges du Monde* centre son discours sur la liberté souveraine de Dieu par rapport à son être[89], prodigue des définitions de Dieu comme le supra-existant[90], le supra-unique[91], le sur-être[92]. Or tous les « supra » et tous les « au-delà » ont un sens technique dans la Science positive. Dieu est au-delà de l' Être. Cela ne signifie pas qu'Il le précède mais bien au contraire qu'Il le « suit » : dans cette spéculation l'*über* veut dire *nach*. Le *Dass* imprépensable est l'Être « avant » tout être, l'actualité qui précède toute possibilité, tandis que ce qui est au-delà de l'Être, qui en est le Maître et le Seigneur ne pourrait pas être avant lui mais seulement « après »[93]. Cet « après » s'étale ou plutôt s'expose à travers le processus de l'histoire de l'univers, déchiffré et lu en termes de la kénose de la divinité agissante. Le Dieu vivant de la Philosophie positive n'est pas l'Un apophatique précédant tout être et toute effectivité. Il se laisse dire et comprendre à partir de ses « œuvres » parfaitement concevables[94] .

Preuve a posteriori, la monstration par la philosophie positive de Dieu comme le *Was* suprême, comme le *Was* qui est à la racine de tous les *Etwas*[95] revient à une reconquête de l'acquis de l'ontologie classique. Née à partir d'une métaphysique « négative » ressourcée auprès d'Aristote, nourrie par l'exégèse des dogmes chrétiens, la seconde science aboutit à une formulation renouvelée de l'identité de l'être et de l'essence à partir de la pensée de l'Existence. Dans la Philosophie positive l'Existence impensable devient pensable. Plus précisément : l'existence imprépensable, par conséquent ce qui de par sa nature est l'impensable, devient le pensable par excellence. Depuis les *Âges* Schelling enseigne que la vraie mesure n'est que dans le Suprême[96]. Quant à la *Spätphilosophie*, elle montrera que Dieu est la Mesure de toute mesure, le Sens qui initie et institue tout sens.

La Philosophie positive n'est absolument pas une espèce de capitulation complaisante devant l'Irrationnel. Bien au contraire, elle constitue plutôt un rationalisme supérieur. Schelling qui pendant toute sa vie avait admiré la doctrine

---

[88] *S. I. T* 238 / HK I 9.1 301s (=W III 603).
[89] *Âges* 292s / *WA UF* 251.
[90] *Révél.* I 176 / W XIII 150.
[91] *Monoth.*56 / W XII 46.
[92] *Monoth.* 66 / W XII 58.
[93] *Phil. Offenb.* 175.
[94] *Révél.* III 31s / W XIV 12.
[95] *Vér. Ét.* 540 / W XI 587.
[96] W VIII 240.

kantienne des Antinomies[97], finit par la repenser. La véritable contradiction, la contradiction inévitable à laquelle la Raison doit faire face n'est pas interne mais externe. La Raison n'est pas déchirée contre elle-même mais se trouve en conflit avec ce qui est en dehors et au-delà d'elle. Et la tâche de la spéculation, c'est de réconcilier la Raison avec ce qui est au-delà d'elle pour l'« élargir ». La Raison qui s'était humiliée devant la factualité irréductible de l'Existence va être rendue à elle-même par les mains de Dieu, se reçoit d'elles comme un miroir du sens de l'existence.

Les grands rationalismes, notamment celui de Hegel, apparaissent comme autant de variantes sur la preuve ontologique : ils conduisent la longue théorie des concepts vers leur actualisation, leur existentialisation. Or dans le schellingisme, la démarche de la preuve se trouve comme renversée. La preuve d'Anselme, c'est la dérivation de l'être à partir du concept, la déduction de l'existence à partir de l'essence. La Philosophie positive, elle, décrit quasiment le mouvement inverse. Elle montre l'avènement du concept à partir de l'être, elle procède à une véritable déduction de l'essence à partir de l'existence. Le respect du penseur devant le miracle de l'existence aboutit à un savoir supérieur sur l'essence. La Raison comprend l'Être car l'Être est intelligible et s'il est intelligible, c'est en vertu de la Divinité qui constitue son sens et son horizon.

---

[97] W VI 7 cf. W X 333 sq.

L'IDÉALISME ALLEMAND ET LE CHRISTIANISME*

L'idéalisme allemand est une des cinq ou six grandes écoles de pensée de l'histoire de la philosophie. Cet exposé présentera d'abord succinctement l'axe général et les quatre grandes figures de ce mouvement, dans leur rapport au christianisme. Il s'agira ensuite d'indiquer quelques lignes de force du mouvement systématico-spéculatif par lequel l'idéalisme allemand manifeste ses potentialités propres par rapport au contenu de la révélation chrétienne. L'originalité de cette école philosophique est en effet de considérer le christianisme, non plus de l'extérieur, mais comme contenant et révélant des possibilités immanentes du sujet et de la pensée. Pour préciser les possibilités d'articulation ainsi dévoilées, on esquissera dans une dernière partie la position respective des quatre grands représentants de l'idéalisme allemand par rapport à trois thèmes : la connaissance religieuse, la christologie, l'origine du mal[1].

1. Unité et pluralisme de l'idéalisme allemand

1. Quatre figures

On peut présenter sommairement l'inspiration fondamentale de l'idéalisme allemand à partir des deux termes constituant cette expression. « Idéalisme » signifie la primauté du sujet, de l'idée par rapport à l'objet, à la choséité. « Allemand » désigne cette figure historique de l'idéalisme qui érige le sujet en sujet transcendantal, en partant d'une « critique » c'est-à-dire d'une limitation des facultés de connaître, mais pour arriver finalement à un élargissement inédit des contenus de la raison. Les quatre grands représentants de l'idéalisme allemand sont Kant (l'idéalisme critique), Fichte (l'idéalisme éthique), Hegel (l'idéalisme absolu), Schelling (l'idéalisme objectif ou esthétique), le second Schelling procédant à une autocritique de l'idéalisme absolu.

Si l'on se réfère à leur situation respective par rapport au christianisme, on peut d'abord noter que trois sur quatre sont d'anciens théologiens, à l'exception donc de Kant. Kant va, rapportent ses biographes, jusqu'à la porte de

* Ce texte est la transcription d'une conférence donnée à l'Université catholique de Lyon le 13 novembre 1998. Il garde la forme et les limites de l'intervention orale.

[1] Des bibliothèques ont été écrites sur les rapports entre le Christianisme et l'Idéalisme Allemand, cette philosophie « théologique ». Pour en glaner des éléments, voir M. Vetö, *De Kant à Schelling* II, p. 494-517. Voir plus récemment Ph. Soual et M. Vetö (dir.), *L'Idéalisme Allemand et la Religion*, Paris, 2008 cf. encore *infra* p. 233-235.

la chapelle, dans une attitude respectueuse et apologétique, mais n'y entre pas. La croyance en Dieu et l'immortalité de l'âme sont déduites comme des postulats de la raison pratique, c'est-à-dire comme la clef de voûte de l'intelligibilité pratique. Mais la religion elle-même n'a aucune autonomie, elle n'est que de la morale appliquée.

Fichte est un ancien théologien, qui considère sa philosophie comme un commentaire spéculatif du Prologue de l'Évangile de St Jean. Mais il refuse toute considération des contenus dogmatiques, et déclare que celui qui préconise un concept de la divinité indépendant, fût-ce dans le moindre détail, du rapport à notre nature morale, n'a jamais connu Dieu.

Hegel, après une jeunesse plutôt critique et antireligieuse, établira finalement une dogmatique spéculative. Il entend rendre au peuple allemand la métaphysique qui lui a été ravie, en même temps qu'il veut restituer aux chrétiens la dogmatique que ses praticiens honteux relativisent ou passent sous silence.

Schelling médite le caractère historique du christianisme, cherche à déduire la vérité de la mythologie, et présente lui aussi une dogmatique spéculative, certes moins harmonieuse que celle de Hegel, mais qui a un rôle plus important pour l'économie totale de sa philosophie. Schelling était un homme pieux, président d'une association biblique ; il a au cœur la vie visible du christianisme. On peut tenter de caractériser d'une manière plus conceptuelle la situation respective des quatre penseurs. Kant relève de l'époque des Lumières, pratique encore une apologétique, et ne réalise pas bien tout ce que sa démarche contient potentiellement. Kant et Fichte sont encore pour l'essentiel dans une situation de théologie naturelle, dans son acception traditionnelle (il n'y a pas chez eux de déduction immanente des affirmations religieuses), mais par ailleurs ils manifestent la méfiance protestante à l'égard de la spéculation, notamment des constructions conceptuelles issues de la tradition aristotélicienne. Avec Hegel et Schelling, cette situation change radicalement. D'une part, le tournant romantique réhabilite le donné positif, ce qui entraîne un préjugé favorable à l'égard du christianisme thétique. D'autre part, apparaissent les possibilités spéculatives de l'idéalisme absolu qui, dans l'épanouissement de la pensée, donnent une de la pensée, donnent une place de choix pour les contenus chrétiens.

2. *Du sujet transcendantal à l'idéalisme absolu*

Si l'idéalisme postkantien a su produire de si importantes constructions systématiques dans le domaine des enseignements chrétiens, c'est que la rupture extérieure avec les Lumières a été portée par une rupture plus profonde avec le rationalisme antérieur. Le ressort principal de cette rupture se trouve dans le renouvellement du concept de sujet. L'idéalisme allemand est une philosophie de la subjectivité où celle-ci n'est ni un sujet empirico-relatif comme chez Hume, ni un sujet mystico-ontologique, en continuité directe avec Dieu. Au moins en ce qui concerne les origines, à savoir Kant, le sujet n'est pas divin ou divinisé mais parfaitement fini et humain. Mais ce sujet humain lit avec une validité a priori le monde. Les lois et réalités de ce monde ne sont que d'ordre phénoménal, ne disent rien de la chose en soi, mais dans le domaine où elles opèrent, elles sont pleinement valides. Sans être d'origine divine, ontologique, les lois de l'entendement dépassent donc l'expérience (même si elles n'ont de portée que dans un univers immanent), ce qui signifie que si la philosophie parle de la religion, elle peut et doit en parler du dedans, à partir des possibilités de pensée du sujet.

C'est cet immanentisme permettant la déduction des contenus conceptuels comme contenus d'une subjectivité transcendantale qui va s'approfondir dans l'idéalisme absolu. Plus précisément, dans la pensée hégélienne, la vérité du sujet s'universalise en « concept ». Les contenus noétiques ne sont plus simplement des moments d'un sujet *a priori,* ils deviennent moments du concept lui-même. Le sujet transcendantal métamorphosé en concept finit par être nommé comme « Esprit », et les contenus noétiques sont compris comme des productions nécessaires et légitimes de l'Esprit. Le Christianisme apparaît alors comme un produit de l'Esprit, son produit essentiel,

3. *Un nouveau rapport entre philosophie et christianisme*

Dans cette perspective, les thèmes et les thèses du christianisme peuvent devenir des vérités a priori, nécessaires, situation qui modifie de fond en comble l'attitude traditionnelle à leur égard. Au lieu d'une approche extérieure, apologétique, on aura une approche intérieure, immanente, déductive. Et par ailleurs, les possibilités formelles d'intelligibilité du contenu chrétien vont pouvoir s'épanouir grâce à de nouvelles possibilités matérielles. Les difficultés insurmontables pour la philosophie classique de prendre en charge le contenu révélé disparaissent en effet grâce à un élargissement de la métaphysique. Le christianisme est une religion historique et cette religion professe des dogmes inconcevables sans une appropriation philosophique de l'histoire. Or, la philosophie classique est an-historique, elle ignore (voire condamne et rejette) les catégories essentielles qui rendent possible l'histoire. Ainsi la philosophie classique pense qu'il ne peut y avoir de science du particulier. De même, elle considère le temps à partir d'une vision privative. Le temps n'est que l'écoulement radicalement impermanent, son essence est le moment, vision ponctualiste qui rend la succession incompréhensible. Dans le meilleur des cas, la temporalité est dépourvue de validité rationnelle, dans le pire elle est opposée à toute stabilité et à tous sens. La conséquence est que l'histoire ne peut être en aucune manière objet d'une pensée conceptuelle. Or, la liberté étant le ressort et le moteur de l'histoire humaine, c'est alors la liaison entre temporalité et liberté qui ne peut être saisie. En métaphysique classique, si la liberté peut avoir une validité d'un point de vue moral, elle ne peut pas être distinguée de la contingence. L'univers de cette métaphysique est nécessitariste, ne peut comprendre la liberté car elle ne comprend pas la nouveauté. Cette métaphysique se veut *« ancilla theologiae »* mais elle doit, pour ainsi dire, se dénaturer pour servir honnêtement comme « métaphysique de *l'Exode* ». Précisons-le sur trois exemples : a) le Christ est *« folie pour les Grecs et scandale pour les juifs »* car il est un être particulier; or ici le particulier n'est qu'un reflet diminué de l'universel ; b) l'histoire du salut est un déploiement du sens dans le temps ; or, pour la métaphysique classique, le sens n'a rien à voir avec la durée ; c) le drame du salut (sur le plan communautaire aussi bien qu'individuel) se joue sur l'arrière-fond du péché ; mais comme le péché est le fruit de la liberté, et que la liberté n'a pas de véritable statut ontologique, le mal devient aussi inexplicable, d'où les exercices souvent pénibles sur l'explication du mal comme non-être, pure privation. Bien sûr, le mal n'« est » pas comme « est » Dieu, mais n'y a t-il pas tout de même un écart entre les trous d'une serrure et les blessures du Christ... ?

La théologie scolastique a fait des prouesses pour combler ces déficits spéculatifs, et ce n'est pas un hasard si elle a fait appel aux Pères de l'Église. Mais la philosophie moderne, l'idéalisme allemand, sont autrement aptes à être « utilisés » en théologie. Comme le disait Berdiaeff, St Thomas était certes un meilleur chrétien que Hegel, mais on peut mieux penser le christianisme à travers Hegel. Ainsi l'idéalisme allemand a réhabilité le temps avec Kant, qui le pense comme forme a priori de la sensibilité du sujet. Il a donné un nouveau statut à la liberté, qui est « décrochée » pour ainsi dire de l'être, à travers la primauté du pratique chez Kant et Fichte, et devient la clef de voûte de la métaphysique. Avec l'apriorisation du temps et la refondation métaphysique de la liberté, la voie est alors ouverte à la philosophie de l'histoire et surtout à une nouvelle appréciation du positif. Le positif était jugé en philosophie comme une retombée impure et diminuée de l'universel. Maintenant il va être considéré comme sa manifestation nécessaire. Dans ces conditions, le christianisme peut recevoir une appréciation philosophique. De même, les religions particulières ne sont plus des espèces de reflets impurs, contingents, excroissances de l'unique religion nécessaire, mais peuvent être pensées comme des moments nécessaires et pleinement signifiants d'un développement dont le christianisme devient le moment culminant.

L'idéalisme allemand rend donc possible une nouvelle lecture du christianisme dans la mesure où, d'apologétique extérieure, la philosophie peut devenir une pensée (une re-pensée) intérieure, organique, du christianisme. Bien sûr, il y a des dangers, dont le plus important est que, tout en se défendant d'être une apologétique (extérieure au christianisme), la philosophie peut succomber aux tentations habituelles de l'apologétique, à savoir en faire trop. Si la déduction immanente fait des thèses de la foi chrétienne des nécessités de la raison, la liberté de Dieu et la gratuité de la grâce seront en danger. Cette réserve essentielle devant toute dérive gnostique étant énoncée, nous allons exposer la pensée des quatre philosophes de l'idéalisme allemand sur les trois thèmes annoncés en introduction, à savoir la connaissance religieuse, la christologie et le problème de l'origine du mal.

4. Connaissance religieuse, christologie et problème du mal

Kant

Au plan de la connaissance religieuse, sans doute peut-on noter qu'il y a des textes où Kant parle d'une certaine autonomie de la connaissance proprement religieuse, par exemple lorsqu'il veut soustraire la théologie biblique à la censure éventuelle de la Faculté de philosophie. Mais sur le fond, il n'existe pas, pour lui, de connaissance religieuse *sui generis.* Comme l'existence de Dieu et l'immortalité de l'âme, ces pivots de la théologie naturelle, ne sont que des postulats de la raison pratique, leur vocation est seulement de rendre possible la moralité, qui est la suprême valeur et la suprême vérité. Quant aux dogmes du christianisme, ils ne possèdent pas n'ont pas de statut propre, ils ne relèvent pas d'une conceptualité autonome. Même quand Kant essaie d'expliquer un certain nombre de thèmes comme l'Écriture, l'Église, il s'agit toujours de les comprendre dans le seul cadre de la philosophie pratique appliquée. Ainsi, par exemple, la Trinité, en tant qu'énoncé spéculatif, n'a à ses yeux aucune valeur car elle n'a pas de portée morale.

Concernant la christologie, là aussi, Kant est assez pauvre. Il y a bien un texte magnifique, inspiré par l'Épître aux Hébreux, sur le Fils unique de Dieu[2]. Mais, en tant que concept pour la raison, le Fils n'est que l'archétype de l'humanité plaisant à Dieu, l'homme parfait de la conscience morale.

b) C'est sur la question du mal que Kant innove en profondeur, en récusant l'optimisme des Lumières. Si une interprétation historique du péché originel est exclue, en revanche, la Critique reprend l'idée d'un

[2] Kant, *Rel.* 3 74s / Ak VI 60s.

mal radical, compris en termes de chute. Chute ayant lieu en chaque homme, indépendamment de tout facteur empirique, et dont chaque homme est responsable car on doit se la représenter comme si on était tombé directement, par sa volonté propre, à partir d'un état d'innocence directement précédent. Ainsi, de manière constante, l'homme se met librement dans une situation où il ne peut plus être libre. Kant est inspiré par l'idée d'une corruption originelle, qui ouvre une espèce de déchirure dans sa cuirasse de moraliste. Il faut tout faire afin de mériter le salut, mais quand tout ce qu'on a pu faire est fait, il y a toujours un état de démérite. « *Quand on a tout fait, il se pourrait que Dieu supplée à notre indigence...* ». Apparemment, c'est ici le seul cas où, chez Kant, la liberté ne se fonde pas sur elle-même, ouvrant à la possibilité d'une suppléance divine indéductible.

Fichte

a) Pour lui, la philosophie de la religion est l'étude des contenus religieux a priori de la conscience, rien de plus. Il méprise les théologiens de métier et refuse tout ce qui relève de la religion positive. Dans sa pensée, Dieu est seulement le lien entre les esprits, il constitue l'ordre moral, il est donc privé de la transcendance présente encore chez Kant. Fichte ne subordonne pas la religion à la morale, il la dilue plutôt complètement en elle.

b) La christologie est ici comprise à l'intérieur d'un schème d'autorévélation de l'Absolu, mais sans théorisation possible du mouvement même de Dieu. Fichte appelle « être-là » ou « Apparition » de Dieu ce que Saint Jean appelle le Verbe, mais il institue une béance entre l'Absolu et son Apparition, Dieu et son Verbe. Le Verbe est compris comme représentant Dieu authentiquement, mais il n'y a aucune possibilité d'expliquer cette filiation, et la dualité qu'elle implique.

c) Il y a un refus violent de la notion de péché originel et, en revanche, une forte insistance sur une sorte de « mal radical » compris comme tendance à la paresse et à l'inertie. L'homme, pour accomplir le moi, a pour vocation de vaincre tout ce qui est non-moi en lui, mais il y a aussi, en lui-même, une tendance à retomber dans le non-moi. Le mal est cet autre, cette paresse qui lutte sourdement en l'homme pour contrecarrer les aspirations au bien et au devoir.

Hegel

a) Ici, la connaissance religieuse se trouve absolument justifiée. Les dogmes étant compris comme des moments de déploiement de l'Esprit (*Geist*), la dogmatique se voit philosophiquement justifiée : la Trinité, l'Incarnation, la chute, sont de hautes vérités pour la raison. Mais si la religion est une forme nécessaire de la vie de l'Esprit, elle n'en est qu'une forme secondaire, comme « représentation » du concept. Le « témoignage de l'Esprit » est le témoignage de *notre* esprit. En dernière instance, si la religion coïncide, quant à son contenu, avec la philosophie, elle n'en est que la préparation.

b) Au plan christologique, Hegel est convaincu de la divinité du Christ, et du salut par la Croix. Mais cette « économie » est comprise à l'intérieur d'une théologie spéculative. Le Christ, personne historique effective incarnée dans l'Histoire, est aussi, comme seconde Personne trinitaire, un moment du concept. Il correspond à ce moment de la vie de l'Esprit où celui-ci entre dans l'extériorité, dans l'extranéité. La mort du Christ est alors la négation de la négation, la mort de la mort, la résurrection est ainsi impliquée par la Croix elle-même (ici l'acte du Père disparaît, la résurrection du Fils étant comme déductible par la logique de l'Esprit). La révélation étant un moment nécessaire de l'Esprit, l'Incarnation, tout en étant un phénomène unique, est aussi à comprendre comme un phénomène universel.

c) Le péché originel est pour Hegel le plus haut mystère spéculatif du christianisme. Il signifie une naturalité que l'homme, créé comme nature, ne peut pas immédiatement transcender. La nature est ce qui constitue originellement l'homme, mais qu'il a le devoir de dépasser au lieu de s'y arrêter et de s'en satisfaire. On naît dans le péché originel, mais on doit en sortir pour être dans la vérité de l'Esprit.

Schelling

a) Je parle ici du second Schelling, essentiellement de sa philosophie de la mythologie. Son originalité est d'opérer une déduction de la mythologie, c'est-à-dire de viser à justifier la conscience religieuse de l'humanité comme telle, pour montrer ensuite la continuité entre le paganisme et le christianisme. Pour la première fois, la mythologie n'est plus envisagée comme le fruit d'un imaginaire arbitraire, mais comme exprimant un sens de la vérité. Le passage du paganisme au christianisme est alors compris comme celui d'une réalisation explicite. Ainsi, les mêmes

> réalités, les mêmes enseignements sont seulement dans le paganisme des contenus immanents, des réalités noétiques, qui ne deviendront effectives et historiques que dans le christianisme. Les enseignements du paganisme ne se justifient que comme des constructions transcendantales, ceux du christianisme ont une vérité transcendante et effective. La philosophie tardive de Schelling se caractérise par la tentative de représenter sur le plan de la religion, de penser au niveau de la divinité, une dualité entre un absolu purement conceptuel et un absolu effectif et libre. Pour lui, *le fait* du christianisme, ses mystères historiquement accomplis, prouvent que l'Absolu est effectivement libre.

Le Christ est la clef de voûte du paganisme et du christianisme, la clef de l'unité de l'expérience historique de l'humanité. Schelling déploie un Messie cosmique, qui accompagne toute conscience humaine et qui, à travers les pérégrinations et convulsions de la mythologie et de l'histoire, sauve l'humanité. Pour lui, la mort du paganisme signifie la naissance du Christ, où Dieu n'est plus présent seulement dans le concept, mais en personne.

b) Mais le Christ cosmique est compris comme la réponse de Dieu à une chute prétemporelle. L'implication de Dieu, à travers le Logos, dans le monde a, en effet, comme horizon l'explication schellingienne du mal à partir d'un possible lié à l'altérité. Dieu n'est pas seulement être mais aussi vie. Pour qu'il soit vie, il faut qu'il y ait un mouvement, un devenir qui doit se comprendre comme arrière-fond d'une altérité propre à Dieu. Dieu, comme toute personne véritable, contient un autre, et c'est cet autre, en lui, qui explique qu'il y ait de l'autre en dehors de lui. Quant à l'homme, pour qu'il soit vraiment autre que Dieu, il ne suffit pas qu'il en soit ontologiquement distinct, car cela signifierait toujours une continuité. Il faut qu'une altérité réelle soit rendue possible par la liberté, qui seule permet à la créature de ne pas être seulement distincte de Dieu, mais vraiment différente. Or la véritable différence signifie la possibilité du mal, qui est la possibilité radicale d'être vraiment autre que Dieu, dés lors que l'actualité du mal ne peut absolument provenir que de la créature. Le Christ est cette réponse à l'actualisation du mal, en lui la totalité de la différence de la créature est assumée par le principe de sa différence.

Conclusion

Ainsi, l'idéalisme allemand apparaît comme un terrain propice pour repenser la dogmatique chrétienne, pour penser le christianisme à nouveau frais. Mais il l'est dans la mesure où il permet de penser le temps, l'altérité, la nouveauté, la liberté, donnant ainsi de nouveaux objets à la réflexion philosophique. Tout ceci est entré dans l'histoire des idées par le christianisme, mais c'est l'idéalisme allemand qui allait prendre en charge avec vigueur ces dimensions conceptuelles, non approfondies par les pensées antique et médiévale. Il s'est produit ainsi un double élargissement, d'une part de la métaphysique au contenu de la révélation chrétienne, d'autre part de la dogmatique chrétienne à des dimensions, jusque-là voilées, de son propre contenu spéculatif. Comme le disait Heidegger : l'idéalisme allemand est la philosophie qui, « sur la base du pas transcendantal franchi par Kant au-delà de Descartes, s'efforce de penser d'une façon absolue l'*ego cogito* de l'aperception transcendantale, et saisit en même temps l'Absolu dans la direction de la dogmatique chrétienne... »[3].

[3] Heidegger, *Gesamtausgabe* 65, p. 202s.

APPENDICES

THÈMES KANTIENS DANS LA PENSÉE DE SIMONE WEIL*

Alain voyait, dans la première grande étude de son élève, *Réflexions sur les causes de la liberté et de l'oppression sociale,* « Kant continué »[1], mais la plupart des interprètes de la pensée weilienne ne se sont guère attardés à des rapports entre l'auteur des *Intuitions pré-chrétiennes* et le philosophe de Königsberg. Dans un travail déjà ancien[2], nous avons essayé de montrer qu'avec Platon, Kant fut le philosophe qui joua le rôle le plus important dans l'élaboration de la métaphysique de Simone Weil et, dans cette communication, je tâcherai de développer davantage cette problématique. Je n'ai pas l'intention de me livrer à des exégèses textuelles pour retracer les influences kantiennes, je tenterai plutôt de montrer comment certains thèmes de la Critique ont été assimilés et transposés dans les développements des idées-clefs de la pensée weilienne en sa maturité.

On lit, dans les *Cahiers* : « Kant mène à la grâce »[3], et cette phrase indique très bien le rôle du kantisme dans la formation de la pensée de Simone Weil. D'une part, il y a des thèmes kantiens qui sont repris — enrichis, infléchis, modifiés — jusqu'à devenir méconnaissables. D'autre part, il y a l'immense élan de la formalisation kantienne, qui sera le fondement immédiat des notions centrales de sa métaphysique, à savoir la décréation, la non-perspective, l'action sans mobiles.

Contrairement aux dialogues platoniciens, les textes kantiens n'ont pas été relus par Simone Weil pendant ses dernières années, donc on n'en trouve pas de citations, mais l'inspiration des trois grands volets de la philosophie transcendantale reste décisive. Je vais analyser, dans mon exposé, la présence de ces trois grands moments du kantisme dans la pensée weilienne.

À partir de la philosophie théorique kantienne, à savoir de la *Première Critique,* Simone Weil adopte le thème du temps en tant que milieu actif de toute notre existence, celui du sujet non-substantiel et finalement celui de la double causalité par la nécessité et le bien.

---

* Nous avons conservé le style oral de cet exposé présenté au Colloque *Simone Weil. Philosophie, Religion, Politik* de Rothenfels, Bavière 19-23 septembre 1984. La version allemande de ce texte est *Kantische Themen in im Denken der Simone Weil*, *Simone Weil* : *Philosophie-Religion-Politik*, éd. H. R. Schlette und A. A. Devaux, trad. M. Yadel, Frankfurt/M., 1985, pp. 42-52.

[1] Cité dans Simone Weil, *Écrits historiques et politiques* OC II 2 (*Œuvres* Complètes, Gallimard Paris, 1988- : OC) 18.

[2] M. Vetö, *La métaphysique religieuse de Simone Weil,* Vrin, 1971, 2. éd. L'Harmattan, 1997.

[3] Simone Weil, *Cahiers. Œuvres Complètes. OC* VI 2 293.

1. La *morale* de Kant inspire le thème essentiel d'une condition sans perspective et d'un agir sans mobiles et sans motifs.
2. Et, enfin, la structure de l'action vertueuse et le mécanisme qui rend possible son accomplissement reçoivent une formulation directement inspirée par la *Critique de la faculté de juger*. C'est la coïncidence de la nécessité et de la finalité dans la beauté qui permet de présenter un exemple de l'action parfaite et c'est le thème de la finalité sans fin qui explique la possibilité d'une telle action.

I. — Je commence donc cet exposé avec la *Critique de la raison pure*. Le premier thème est impliqué par l'esthétique transcendantale et l'analytique transcendantale ; le second, par l'analytique et la dialectique ; le troisième, par la dialectique seule.

A. — Simone Weil ne cesse de répéter que le temps est le tissu même de notre être, que nous ne sommes que du temps et que tout ce que nous sommes est du temps. La couleur même de notre existence, notre savoir, notre approche du monde sont déterminés par le temps. Bien sûr, il s'agit de l'esthétique transcendantale, prolongée par l'analytique. Le temps, c'est la forme générale de notre sensibilité et, par conséquent, de notre connaissance du monde phénoménal. Le moi produit le temps et c'est le temps qui structure et constitue notre monde grâce aux schèmes, qui sont des déterminations transcendantales du temps. Chez Kant, c'est une notion purement théorique. Or, Simone Weil déclare que le temps, c'est la Caverne[4]. La phrase a une double importance : *a.* elle témoigne de la fécondité réciproque des inspirations kantienne et platonicienne ; et, *b.* montre surtout comment le thème originellement neutre, théorique, du temps se trouve refondu en fonction d'une inspiration pratique, éthico-religieuse.

La Caverne désigne la finitude de notre existence et cette finitude n'est pas une simple limitation naturelle, mais une déchéance qui est notre faute. L'obscurité de la Caverne n'est pas seulement un obstacle devant une vision adéquate : elle falsifie aussi cette vision, car elle fait prendre des ombres pour de la réalité. Notre égoïsme vide les êtres et les choses environnants de leur sens immanent, il les réinterprète en fonction de nos désirs et de nos intérêts. Et ce qui nous enfonce toujours davantage dans la caverne, c'est le futur, plus exactement, notre aspiration au futur. L'homme ne vit que par le futur ; or il n'a aucune maîtrise sur le futur. Qui plus est, le futur n'existe pas vraiment et, pourtant, c'est lui qui détermine nos désirs et nos fins.

L'ontologie classique a toujours enseigné la contingence de notre existence, fondée sur le temps qui n'est que flux et fuite évanescents, mais

[4] Cf. *Cahiers. OC* VI 3 264.

Simone Weil va plus loin. Le temps est la forme et l'énergie de notre subjectivité, mais c'est un temps moralement qualifié : le temps provient de la chute. Le monde qui est le nôtre est fonction de notre aspiration égoïste au futur comme lieu des fins et des désirs. Et c'est en tant qu'égoïste, coupable, qu'il est *la forme de notre condition.*

Cette récupération « pratique » d'un thème neutre, théorique, peut être illustrée par un exemple concret. Les opérations mathématiques sont, pour le kantisme, des synthèses *a priori.* Dans le domaine des nombres entiers, un et un restent l'un à côté de l'autre, et ne deviendront unis que si un intellect opère l'addition. Il y a donc des rapports, mais que seule l'intelligence humaine peut expliciter. Et ceci va être généralisé dans tous les domaines de la connaissance intellectuelle, où l'attention seule peut saisir et expliciter les relations intelligibles entre les réalités : « Cette vertu de l'attention intellectuelle en fait une image de la Sagesse de Dieu. Dieu crée par l'acte de penser. Nous, par l'attention intellectuelle, nous ne créons certes pas, nous ne produisons aucune chose, mais pourtant dans notre sphère nous suscitons en quelque sorte de la réalité »[5].

B. — Le second thème kantien en provenance de la *Critique de la raison pure* est celui du *moi.* Le moi est dans le temps et Simone Weil insiste sur le fait que le moi est *rien.* Ici, on est renvoyé aux paralogismes où Kant montre comment la philosophie classique s'était leurrée en développant la notion d'un moi substantiel. Il n'existe pas de moi substantiel, d'une réalité intelligible, mais seulement une pure fonction, le *Je pense,* qui accompagne toutes nos représentations mais n'est pas lui-même un contenu, c'est-à-dire une réalité particulière. Le moi, dira Simone Weil, n'a pas d'être, il n'a que de l'avoir. Et cet « avoir » est à comprendre dans un sens moral ou plutôt immoral. L'avoir, ce sont les possessions que le moi ne cesse d'arracher au monde. Le moi n'a pas de centre ou de noyau propres, car il n'est qu'une pure *fonction,* mais chez Simone Weil la pure fonction devient une tension d'appropriation et de destruction. L'apriorité du moi ne revient pas seulement à sa vocation d'organiser le monde et de l'unifier, mais de l'organiser et de l'unifier *en fonction* de ses propres désirs et intérêts.

C. — Mais peut-être la plus importante thèse née à partir de la lecture de la Première Critique est-elle celle des deux causes et c'est ici qu'on voit, d'une manière tout à fait éclatante, la convergence de Platon et de Kant. Lectrice passionnée du *Timée,* Simone Weil emprunte à ce dialogue la distinction entre la cause nécessaire et la cause bonne, mais elle l'utilise au sein d'une métaphysique dans le sillage de la troisième antinomie. Dans le *Timée, grosso modo,* la cause

[5] *Intuitions pré-chrétiennes,* Paris, 1951, p. 155.

nécessaire est censée expliquer le devenir du monde matériel tandis que la cause bonne indique la présence de l'idéal. Par contre, dans la troisième antinomie — et c'est ici que se fonde la morale de Kant — il se trouve deux explications pour chaque action humaine : l'une par la nécessité, l'autre par la liberté. L'une qui renvoie à l'enchaînement des phénomènes, l'autre qui recourt à une intention libre partant toujours du neuf.

Chez Kant, la série phénoménale est pour ainsi dire complète mais elle ne concerne que l'enchaînement des choses physiques et psychologiques et elle n'est pas qualifiée d'un point de vue moral. Quant à la série nouménale, elle est inaugurée par une liberté, et celle-ci peut être bonne ou mauvaise. Chez Simone Weil, la neutralité de la série phénoménale est conservée ; même la souffrance et le mal qui peuvent en résulter n'ont pas à être qualifiés moralement. Par contre, il en va autrement pour la cause bonne. Chez Kant, — surtout à partir de *Religion dans les limites de la simple raison* — la série nouménale peut être bonne *ou* mauvaise tandis que, pour Simone Weil, la cause bonne ne peut être que bien et amour. Cette cause est la faiblesse même, l'absence de toute puissance physique ou psychologique, et, comme telle, elle ne peut pas s'insérer dans le déroulement des séries nécessaires. D'autre part, chez Kant, la troisième antinomie ne concerne que des actions humaines moralement qualifiables ; par contre, chez Simone Weil, il s'agit d'une explication métaphysique de l'univers tout entier selon deux sphères totales : la nécessité ou l'être, et le bien. Les deux aspects de Dieu et les deux faces du réel.

II. — En morale, il y a deux grands thèmes kantiens qui pénètrent toute l'œuvre de Simone Weil. C'est, d'une part, l'universalisation des maximes qui conduit à l'obéissance complète à la volonté de Dieu. D'autre part, c'est l'abandon de tous les mobiles et de tous les motifs particuliers, qui nous fait accéder au désir, au vouloir parfaits.

A. — Dans une leçon de Roanne, on lit le passage suivant : « Kant : *Agis uniquement d'après la maxime dont tu peux vouloir en même temps qu'elle devienne une loi universelle. Agis comme si la maxime de ton action devait être érigée par ta volonté en loi universelle de la nature* ». (Autrement dit, on se place du point de vue de Dieu) »[6]. Selon l'enseignement kantien, la moralité exige le dépassement de notre point de vue partiel et partial et, par ce fait, elle implique l'accès à un point de vue universel. Et puisqu'une telle situation est la condition propre d'une volonté sainte, à savoir la volonté de Dieu, quand le sujet moral obéit aux injonctions de la raison pratique, il peut se considérer comme se trouvant dans la perspective de Dieu. L'universalisation kantienne des maximes du vouloir permet donc à Simone Weil de déployer une morale de la sainteté

[6] *Leçons de philosophie de Simone Weil,* éditées par Anne Reynaud, Plon, 1959, p. 181.

fondée sur le complet renoncement à soi, sur la dissolution du régime corrompu du moi.

B. — Ce qui rive l'homme à sa perspective personnelle, c'est la poursuite des fins que lui présentent ses mobiles. Mobile *(Triebfeder)* est un terme kantien, exprimant une représentation qui invite le moi à se détourner vers un but ou à inaugurer un mouvement. Tout ce qui sert à l'entretien ou à l'expansion de son existence personnelle peut être un mobile pour l'homme. Les mobiles surgissent à partir du moi et, par la suite, le nourrissent et l'enrichissent à leur tour.

Ici on découvre une étrange dialectique. Le moi ne désire et ne veut qu'en vertu d'un mobile, c'est-à-dire en vertu d'une interprétation du monde qui rend cette dernière fonction de ses intérêts et de ses plaisirs. Donc, subjectivisation radicale de tout savoir et de toute appréciation. Néanmoins, ne peut être objet d'un désir que quelque chose qui satisfait un désir, qui apporte un gain, donc quelque chose d'extérieur, quelque chose qui n'est pas le moi ou qui n'est pas encore le moi. La volition n'est alors jamais une fin en soi : elle n'est toujours que quelque chose de transitoire et d'instrumental, quelque chose qui est à acquérir à travers son accomplissement, à son terme. La fin du vouloir se trouve alors à l'extérieur et au-delà du moi. Or Simone Weil pense que c'est précisément cet état de fait qui est à abolir.

Il faut chercher un agir dont le prix se trouve en lui-même et non pas dans son produit — *l'action* d'Aristote en opposition à la *production* ! — mais qui exige, paradoxalement, des mobiles qui ne sont pas fonction de notre subjectivité mais de l'universel. Et cette exigence est inscrite dans notre être : « Nous sommes constitués par un mouvement vers le bien. Mais nous avons tort de chercher le bien dans telle chose... Le bien n'est que dans notre mouvement même »[7]. À première vue, on serait tenté de lire ce passage dans un sens prométhéen, comme célébration de l'effort, de l'héroïsme, etc., mais il n'en est rien. Simone Weil ne pense pas qu'à défaut d'une conquête effective du vrai bien, c'est la lutte et la tension vers lui qui sont à rechercher et à apprécier. Non, le fait que le bien réside dans notre mouvement même, indique plutôt la suprême efficacité de notre mouvement vers le bien. Pour chaque désir particulier, le prix est un objet futur, tandis que dans le désir du vrai bien le terme est dans le présent. Une chose particulière ne peut être désirée que comme se trouvant dans le futur et comme extérieure à nous. Il en va autrement pour le vrai bien. « C'est pour les faux biens que désir et possession sont différents ; pour le vrai bien, il n'y a aucune différence »[8].

---

[7] *Cahiers. OC* VI 3 189.
[8] *Cahiers. OC* VI 4 202.

Et Simone Weil continue à broder sur ce thème : « Mais, me dira-t-on, ce bien existe-t-il ? Qu'importe ? les choses d'ici-bas existent, mais elles ne sont pas le bien. Que le bien existe ou non, il n'est pas d'autre bien que le bien »[9]. Pour les faux biens, c'est-à-dire des biens particuliers, il est nécessaire qu'ils soient possédés, c'est-à-dire qu'ils entrent dans la sphère de l'existence du moi, qu'ils y soient intégrés. Or, le vrai bien n'a rien à voir avec mon moi déchu, corrompu, égoïste, il ne relève pas du plan de son existence. Simone Weil n'est pas agnostique : elle ne dit pas que la réalité du vrai bien, c'est-à-dire de Dieu, soit indémontrable, inconnaissable. Elle pense simplement que le vrai bien est sur un autre plan d'existence que le nôtre et qu'il entre ou non en notre « possession », dans notre sphère d'être, il reste lui-même.

Ici, on retrouve une grande notion de la morale de Kant : celle de *l'autonomie*[10]. On ne doit pas vouloir en vue d'une fin extérieure, mais en vue de la loi morale et on ne doit vouloir l'accomplissement de la loi que pour elle-même, par respect pour elle. Le vouloir du bien est alors le bon vouloir. Le vrai bien ne peut être voulu que pour lui-même, c'est-à-dire on ne peut pas vouloir le « posséder ». D'autre part, seul, le vrai bien peut être voulu ainsi : toute autre chose ne peut être voulue qu'en vue d'une manipulation ou d'une possession. Donc, le vouloir du vrai bien est le véritable bon vouloir[11].

III. — Simone Weil pense que l'exigence d'un vouloir pur, sans motif et sans mobile, est inscrite dans notre être, qu'elle est requise par la raison pratique. Mais quelle est la structure propre de ce vouloir et de cet agir et surtout qu'est-ce qui rend possible que nous voulions ainsi ? Les réponses de Simone Weil à ces grandes questions du kantisme sont inspirées par la troisième *Critique*.

A. — Quelle est la structure métaphysique d'une action vertueuse ? Il y a en elle une coïncidence parfaite entre la physique et la morale. Elle a lieu dans le monde de la nécessité, mais elle obéit parfaitement à des lois qui ne relèvent pas de ce monde. Elle s'accomplit dans l'univers de la cause nécessaire, mais elle traduit et exprime l'agir de la cause bonne. La seule « illustration » d'une telle action est l'œuvre d'art (ou plus exactement l'agir qui la produit). Dans un texte de 1928, un commentaire de Kant, on lit : « la beauté » est définie « par un

---

9 *Cahiers. OC* VI 4 219.

10 Bien sûr, si Simone Weil s'approprie la notion kantienne à un niveau très profond, elle ne la rend pas sienne sur un plan terminologique. L'*autonomie* dénote, chez elle, la condition métaphysique d'un égoïsme agressif. Pour cela, voir M. Vetö, *La métaphysique religieuse de Simone Weil*, p. 23 sq, 39ss, etc.

11 Pour tout cela voir notre étude *Le désir du bien dans la pensée de Simone Weil. Historia Philosophiae. Hommage à Alexis Philonenko,* sous la direction de Miklos Vetö, L'Harmattan, Paris, 2007, p. 213-252.

accord miraculeux de la nécessité et de la finalité »[12]. Cette phrase est une glose sur le concept du génie en qui la liberté et la nécessité coïncident, qui se donne, ou plutôt qui *est*, sa propre loi. Dans l'action du génie, il n'y a pas d'écart entre la fin, c'est-à-dire l'idéal et la réalité, effective, physique, matérialité de l'œuvre d'art. Si Simone Weil insiste aussi fortement sur l'unité-identité du bien et du beau, c'est que le bien, c'est la perfection, or, dans ce monde, le seul échantillon « observable » de la perfection est la beauté.

B. — La création artistique permet de se représenter l'action parfaite, mais comment est-on capable d'agir ainsi ? L'homme est constitué de telle sorte qu'il ne peut pas vouloir sans être mû par une fin. Or l'exigence est précisément l'abandon de toute fin partielle et alors la « solution » qui s'impose, c'est de trouver une fin qui ne soit pas partielle, c'est-à-dire extérieure et future. Dans la *Critique de la faculté de juger,* Kant décrit la notion de la finalité sans fin. Un être naturel ou une œuvre d'art ne s'analysent pas, ne s'expliquent pas seulement en termes de leur structure mathématique, on ne peut pas ne pas les penser indépendamment d'une forme qui les individualise et les détermine. D'autre part, on est incapable de représenter ou, plus exactement, de démontrer l'existence d'une forme particulière, c'est-à-dire d'une fin déterminée dans une chose individuelle. Il ne reste alors qu'à faire appel à l'idée d'une finalité sans fin. Simone Weil s'empare de cette notion et la transpose sur le plan de sa métaphysique religieuse, l'infléchit dans un sens moral-spirituel.

L'homme ne peut pas agir sans fin, donc même pour l'agir pur une fin est nécessaire. Or il n'y a pas de fin naturelle dans ce monde. C'est le monde de la nécessité où ne se trouvent que des causes et non pas des fins. Il n'existe de fins que dans l'univers du moi : des fins coupables et illusoires. Il ne reste alors qu'une seule fin possible, une fin qui n'en est pas vraiment une. C'est l'ordre du monde tout entier — l'ordre de la nécessité — en tant qu'il est conçu comme une obéissance à la volonté de Dieu. Le monde se trouve alors vidé de toute fin particulière et il sera, dans sa totalité, pris pour fin de Dieu. On suit alors une finalité, mais qui ne relève pas de notre univers. Mais est-il possible d'agir en vue d'une telle fin non-particulière, non-personnelle ? Kant dit que la liberté rend possible l'obéissance à l'impératif catégorique, mais ce n'est qu'une possibilité « positive », qui nous *fasse* obéir effectivement. Ce qui nous fait obéir à Dieu, c'est ce qui nous fait désirer de suivre sa volonté et de vouloir selon une finalité sans fin. Le mécanisme de cette opération où le désir s'exerce sans objectifs naturels est analogue à la jouissance esthétique que procure le sentiment de la finalité sans fin dans la perception d'un objet.

---

[12] « *Commentaire d'une remarque de Kant pour faire partie d'une dissertation sur Poésie et Vérité* ». *OC* I. 94.

Comment désirer quelque chose qu'on a ? Comment désirer quelque chose sans vouloir le toucher ou se l'approprier ? On répond avec Kant : le plaisir qu'on ressent dans la contemplation du beau se renforce et se reproduit lui-même. Par conséquent, la continuation du plaisir de la contemplation a sa source dans la contemplation elle-même. Cela vaut pour l'art et la nature également. Mais comment appliquer ce « mécanisme » sur l'agir moral de l'homme ?

L'agir moral quotidien de l'homme est le *travail,* surtout le travail manuel où on rencontre constamment de la nécessité, où on doit renouveler sans cesse ses efforts, sans pour autant trouver un mobile particulier. Il faut répéter les mêmes gestes, la même suite de gestes sans la présence des fins immédiates. On pourrait recourir soit à la résignation stoïcienne, soit à la révolte, soit encore à la débauche. Mais Simone Weil propose de « lire » dans les objets et dans les actions de notre travail des *symboles* surnaturels. Dans les processus de la nature vivante pour l'agriculture, dans les lois de la physique pour le travail industriel. Tous ces symboles rappellent à l'homme l'admirable obéissance de la création à Dieu, à Dieu qui est le bien. En discernant la beauté des choses du monde, on lit en elles l'obéissance de la création à la volonté de Dieu et on se trouve soi-même inspiré par cette obéissance. Notre propre obéissance entre dans la grande obéissance cosmique et la joie profonde qu'on en éprouve, se renforce et se reproduit. Voilà comment « Kant mène à la grâce ».

FICHTE ET LA TRANSFORMATION DU CHRISTIANISME

Avec son livre sur Fichte[1], le Professeur Brito vient de mener à son terme une entreprise d'un quart de siècle : l'historiographie quasi-intégrale de « la théologie » des grands postkantiens. Après deux livres sur Hegel – trois, si on compte l'étude sur saint Thomas et Hegel - deux autres sur Schelling, un sur Schleiermacher – et un extraordinaire « excursus » sur Heidegger – les huit cent pages imprimées à petit caractère de l'ouvrage consacré à Fichte reconstituent le parcours et l'œuvre du penseur de la Doctrine de la Science en ce qui concerne ses thèses et ses implications en pensée religieuse, en théologie. L'idéalisme allemand a l'ambition de fonder la subjectivité humaine sur Dieu (12), il accuse de profondes affinités avec la mystique et surtout, œuvre de théologiens de formation, il veut renouveler la compréhension du Christianisme et de la dogmatique chrétienne. Brito étudie la contribution fichtéenne à ce « travail » par un ouvrage qui d'abord, expose le discours théologico-religieux du philosophe à travers la succession de ces écrits (39-403), puis, présente sa « théologie » selon l'ordre des raisons et des thèmes (407-775).

La pensée fichtéenne a deux grandes époques : une première philosophie où l'inspiration kantienne submerge quasiment les éléments proprement chrétiens de sa formation. La notion même de Dieu n'est pas thématisée dans les *Principes* de 1794, l'inspiration éthique qui anime le pathos de la philosophie transcendantale laisse peu de place à des thèmes chrétiens. Or la Querelle sur l'Athéisme provoque un véritable tremblement de terre dans cet idéalisme moral, elle en infléchit la marche vers une prise en conscience explicite des enseignements chrétiens. La thèse de Brito - elle est surtout démontrée à travers la seconde section *systématique* de l'ouvrage - c'est que si la *Kehre* fichtéenne permet au philosophe de relire et de repenser son système à partir d'un christianisme johannique, de traiter des grands moments de la dogmatique chrétienne, même la *Spätphilosophie*, y compris la grande *Staatslehre* de 1813, ne sont qu'une tentative à moitié réussie, très hétéronome, de la reconstitution spéculative du Christianisme. La seconde philosophie se déploie à partir d'une fondation ontologique de l'idéalisme, elle implique « un approfondissement non-dogmatique du savoir absolu de l'Absolu », une relecture de la Doctrine de la Science comme Doctrine de Dieu, en tant qu'exposé de l'être-là de l'Absolu

[1] Emilio Brito, *J. G. Fichte et la transformation du christianisme*. Bibliotheca Ephemeridum theologicarum lovaniensium CLXXV. – Leuwen University Press. Uitgeverij Peeters Leuwen-Paris-Dudley, MA. 2004, pp. XV, 808. Les chiffres arabes dans le texte qui suit renvoient à la pagination de cet ouvrage. Plus récemment E. Brito a publié *La théologie de Fichte*, Philosophie et Théologie, Cerf, Paris, 2007, p. 196.

qu'est le moi (220). Toutefois ce passage « d'un système spéculatif purement moraliste à une doctrine spéculative de Dieu » (11) accuse toujours de la distance par rapport à la lettre et à l'esprit du Christianisme.

Surtout dans ses textes d'après la Querelle, Fichte traite, « à sa façon », pratiquement tous les dogmes chrétiens (25), or –contrairement à un Hegel ou à un Schelling – ce qui l'intéresse ce n'est pas une reconstitution de la dogmatique ecclésiale mais le développement d'« une théorie du Christianisme ». Il professe l'accord essentiel entre la Doctrine de la Science et le Christianisme (419), il ne veut aucunement développer une nouvelle religion mais seulement déduire les vérités chrétiennes à partir la raison (190). Or le résultat est plutôt ambigu. Fichte entend expliquer la rationalité profonde de l'Histoire à travers le Christianisme. Il veut parvenir à cette fin par « l'élaboration d'une véritable science de l'apparition de l'Absolu » (747). Les contenus de la Foi, les croyances chrétiennes sont utilisées-ou plutôt réutilisées – en philosophie. Toutefois, privés de principe propre, les thèmes théologiques ne sont que de la matière livrée à la domination d'une forme hétérogène (754). Ils représentent les étapes et les moments de l'auto-déploiement du Moi, ils permettent au philosophe « la transformation du christianisme effectif en intelligence génétique » (582), mais ils ne tiennent pas vraiment compte de la spécificité, de la vérité *sui generis* du Christianisme.

La distance des positions fichtéennes par rapport aux enseignements ecclésiaux concerne quasiment tous les domaines de la foi. Fichte récuse radicalement jusqu'à l'idée même d'une création par Dieu (506sq), et il ne reconnaît qu'une Trinité économique, non pas immanente (494). Certes, il vénère la personne du Jésus qu'il considère comme la figure de proue de l'Histoire, mais il pense aussi que les vérités qu'il avait *révélées* sont désormais accessibles à la raison par la Doctrine de la Science (463, 580, etc). Il a la plus haute admiration pour de la Bible, mais sa lecture de l'Ecriture reste fortement marquée par l'exégèse de l'époque des Lumières (433). D'autre part, il fait très peu de cas de l'Ancien Testament et s'il professe une admiration fervente pour saint Jean, les Synoptiques et Paul jouent peu de rôles dans ses développements. Et surtout, quand la Bible expose des vérités spirituelles et morales essentielles, en tant que telle, elle ne saurait posséder une autorité doctrinale proprement dite (409). Fichte se veut dans la postérité de Luther et il revendique l'héritage de la Réforme. Or, il n'accepte pas vraiment les grands enseignements du Réformateur sur la justification (603), et surtout, il lui manque la véritable compréhension du sens du péché (577), de la réalité du mal (667). Quant aux sacrements et à l'Église, il professe un « spiritualisme » qui ne tient guère compte des structures positives de l'existence chrétienne. Finalement – Brito l'explique avec beaucoup de pénétration – ce grand écrivain a, certes, laissé d'admirables textes que leur pathos spirituel semble situer dans la proximité de la mystique ; en réalité toutefois, l'Absolu que le philosophe invoque avec ferveur ne semble pas avoir de relations avec l'individu, la personne singulière (604). Fichte « a tenté une apologie grandiose du Christianisme », mais « sa transformation du christianisme » aboutit pour l'essentiel à une spéculation qui « prétend que l'inouï hypostatique est destiné à tous » (774f).

Brito craint que la « théologie » fichtéenne n'aboutisse à une espèce de « jésulogie » et pense – avec nombreux représentants importants de l'historiographie de l'idéalisme allemand – que la spéculation fichtéenne conduit à la dissolution des doctrines chrétiennes dans l'auto-réflexion de la subjectivité rationnelle (748s). Or l'historiographe-théologien n'entend pas oublier l'inspiration religieuse de cet homme qui tout de même a su se préserver de quelques grandes dérives de l'histoire de la philosophie. Contrairement aux Stoïciens, pour le penseur allemand, le moi philosophe n'est pas Dieu (470). Il est certes, tenté par le monisme ontologique, néanmoins, sa métaphysique éthique garantit l'indépendance des êtres finis *libres* (487). Il subordonne la religion à la morale, mais il entend en préserver la réalité *sui generis* (cf. 661). Et surtout, en dépit de sa « tendance gnostique » (448), Fichte ne prétend pas à un savoir absolu. La Doctrine de la Science n'est pas un savoir absolu avec un contenu absolu mais un savoir absolu selon la *forme* (486). Elle surmonte la théologie mais elle n'est *Gotteslehre* qu'en tant que savoir des actes de Dieu (479). L'Absolu, Dieu lui-même demeure inconnaissable : il n'est pas le chiffre de « la synthèse suprême... mais le Rocher sur lequel la synthèse suprême, notre savoir absolu, se fonde et se brise » (516).

L'ouvrage monumental de Brito est une somme de savoir fichtéen. Il s'interdit certes d'entrer dans l'exposé proprement métaphysique des traités théoriques mais il relève tout ce qui a de l'intérêt pour la religion et pour la théologie dans la totalité du *corpus*. Il rassemble également l'essentiel de l'historiographie. Ayant une commande magistrale de l'historiographie plus récente, il exploite au maximum l'apport des auteurs plus anciens. Il apprécie à leur juste valeur les contributions de ce très grand historien de la théologie qu'était Emmanuel Hirsch, mais il traite également en détail des travaux de Gogarten et réhabilite des fichtéisants injustement oubliés comme O. H. Nebo, H. G. Haack, R. Paulus. Rédigé dans un style simple et limpide, guidé par un grand souci pédagogique, le livre du Père Brito représente un moment important de l'historiographie fichtéenne. A côté des œuvres de K. Fischer, de X. Léon, de W. Janke, d'A. Philonenko, ce volume de 800 pages sera une fiche de lecture obligatoire pour tous ceux qui étudieront l'auteur de l'*Initiation à la vie bienheureuse*.

SCHELLING ET COTTA

Après avoir publié le premier tome de la correspondance de Schelling jusqu'à 1809[1], pour compléter l'ancien recueil de Plitt, Horst Fuhrmans nous présente les lettres échangées avec Johann Friedrich von Cotta, le fils Georg von Cotta et avec leur librairie ; elles embrassent une période de quarante-six ans (1803-1849) de la vie de Schelling[2]. Ces décades sont caractérisées avant tout par sa volonté tenace de créer le système parfait du monde tel qu'il est dans l'entendement divin[3], et aussi par son incapacité à réaliser ces projets grandioses. Pourtant en 1803 il est encore au sommet de sa gloire : Fichte commence à s'effacer, Hegel est encore presque inconnu. Schelling a atteint trop vite et, si l'on peut dire, trop facilement ce sommet et il va payer maintenant pendant tout un demi-siècle, par un travail sans répit et toujours recommencé, par le silence et par l'isolement ; vers la fin il commencera à être oublié. Dans le dernier extrait de cette correspondance, daté du 22 mars 1849, la librairie Cotta répond à une lettre (d'ailleurs perdue) où Schelling demande si on va rééditer ses écrits publiés un demi-siècle environ auparavant et épuisés : « Nous pouvons dire avec certitude que dans les dix dernières années il n'y a eu aucune demande ; c'est pour cela que nous n'étions pas en mesure d'entreprendre des démarches pour une nouvelle édition... Aucun libraire ne laisse manquer des ouvrages qui sont demandés » (249s).

Cependant le véritable drame de Schelling était non pas qu'on ne le lisait plus mais qu'il entrait dans une phase de son développement où, comme dans certain stade des processus théogoniques qu'il décrivait si magnifiquement, il n'était plus lui-même capable de donner une existence durable et parfaite à ses œuvres, tout au moins il ne les jugeait plus assez bonnes pour pouvoir être soumises au jugement de ses contemporains. C'est le sujet central, la mélodie tragique à travers toute cette correspondance : des œuvres qui ne se réalisent pas ou dont l'auteur devient presqu'aussitôt insatisfait. Il fallait la patience et la générosité sans limites du vieux Cotta pour tolérer pendant vingt-cinq ans les promesses réitérées et jamais tenues de Schelling. Déjà en 1807 — il s'agissait de reprendre les *Conférences sur les Études Universitaires* et le dialogue *Bruno* — Schelling dit qu'il a fini plus de la moitié du travail sur les *Conférences* (20 5 1807) et il se propose de compléter le *Bruno* avec un autre dialogue (18 10 1807)

---

[1] *Schelling. Briefe und Dokumente* 1, Bonn, 1962 (=*Fu*)

[2] *Schelling und Cotta. Briefwechsel 1803-1849*, éd. H. Furhmans et L. Lohrer, Stuttgart, 1965. Nous allons référer à la pagination de cet ouvrage par les chiffres arabes entre parenthèses dans le texte.

[3] *Conf. O. Mét.*203 / W VII 421.

puis avec un troisième qu'il veut nommer le « Rêve de Kyrsos » (cf. la note de Fuhrmans, 287s). En réalité les *Conférences* et le *Bruno* ont été réédités sans changement et les deux autres dialogues n'ont jamais vu le jour. Puis il parle des « fragments de son esthétique » (5 4 1812) et de ses projets d'écrire des lettres sur la philosophie allemande (10.4.1812).

Mais tous ces projets avortés sont peu de chose, comparés aux *Âges du Monde (Weltalter)* qui deviendront comme le destin de Schilling. Œuvre la plus hardie qu'un penseur ait jamais entreprise, ils se proposent de raconter « l'histoire » de Dieu, son passé, son présent, son futur : le temps où « il n'était pas encore Dieu », et le temps où il sera « tout en tout ». Le devenir de l'être lui-même n'est qu'un épisode, quoique majeur, dans la vie de l'Absolu. « L'œuvre la plus universelle selon le contenu, la plus compréhensible dans son exposition » (3.8.1811), « le fruit de tous mes efforts depuis presque vingt années » (19.8.1814), dira Schelling. Grâce à cette correspondance on peut, nous semble-t-il, préciser la date où Schelling a commencé à travailler à la première version des *Âges du Monde*. Le 30 janvier 1811, il écrit à Cotta : « Je suis au travail sans cesse depuis deux mois. Une œuvre à laquelle je me suis adonné intérieurement depuis de nombreuses années doit enfin prendre pour Pâques une forme extérieure ». C'est donc vers la fin de 1810 que Schelling se mit à rédiger les *Âges du Monde*[4] .Mais qu'est-ce que ces « nombreuses années » ? Aucune indication ne permet d'affirmer qu'à Iéna ou à Wurzbourg, ou même au commencement du premier séjour à Munich, Schelling se préoccupait d'écrire une théogonie ou ontogonie quelconque. Très probablement il s'agit d'une « grande œuvre définitive » dont il devait rêver vaguement depuis longtemps et dont *L'exposé de mon système de philosophie* de 1801 n'aurait dû être qu'une sorte de préface.

Les lettres publiées par Plitt témoignent éloquemment de sa lutte avec les *Âges du Monde* et la correspondance avec son éditeur est naturellement centrée autour de l'œuvre qui ne réussit pas à voir le jour. Rien n'illustre mieux combien Schelling était absorbé et possédé par son travail que le passage où il parle à Cotta de son mariage. À cause de l'amitié qui les liait depuis Leipzig (1797-1798), il pouvait confier à Cotta la mission délicate de se renseigner sur la santé et les qualités « morales » de Pauline Gotter. Cotta reporta « le plus beau et le meilleur » de la jeune fille (14 4 1812). Schelling alla la voir et ne fut pas déçu. « J'ai pris vite ma décision, et, considérant l'importance que je dois attribuer à mon temps, presqu'aussi rapidement je l'avais réalisée » (16 8 1812). *C'est-à-dire qu'il épousait Pauline Gotter.* Seul un homme obsédé par la conscience

[4] On lit dans le calendrier de l'année 1810 « Die 3 Weltalter in d. Nacht » 15 septembre cf. « Die 3 Weltalter ernstl. Angefangen » 27 décembre. *St.* 216.

d'une mission supérieure peut écrire de telles phrases avec une parfaite simplicité, surtout si on pense à la profondeur de l'union de Schelling avec sa première femme et à l'harmonie parfaite de son mariage avec Pauline[5]

Les *Âges du Monde* devinrent une hantise pour le philosophe. En avril 1811 il n'est pas sûr qu'ils seront prêts pour juin. En automne il dira : « De l'œuvre *Les Âges du Monde* je ne peux toujours pas me séparer. C'est un enfant de l'amour que j'aimerais choyer pendant des années. C'est la solitude qui me manque. Mais ils paraîtront sûrement pour Pâques » (21 10 1811). Six mois plus tard : « Je me suis vainement efforcé d'arriver à la foire de Pâques avec *Les Âges du Monde.* Mais vous pouvez vous assurer qu'ils seront prêts pendant le courant de cet été » (5 4 1812). À la fin de 1812 Schelling décide d'abandonner la première version et d'en entreprendre une autre[6]. Pendant que les dernières guerres napoléoniennes éprouvent si durement l'Allemagne, il se tait, attendant de meilleurs temps pour les lettres et les arts[7]. La paix revenue, il écrit (19 8 1814) qu'il a décidé de faire paraître séparément le premier volume des *Âges du Monde,* car il ne pourra pas mener l'œuvre entière à son terme pour Pâques 1815. Puis c'est de nouveau le silence. Schelling se divertit par *Les Divinités de Samothrace,* opuscule énigmatique et étrange auquel il attribue une importance tout à fait exagérée (cf. 13, 26 9 1815).

En fin de compte, après presque deux années d'attente, Cotta demande timidement : « Que deviennent *Les Âges du Monde ?* » (11 6 1816). Schelling répond avec passion : « Avec ce livre je suis comme le gourmet et son vin : pendant la longue attente il m'est devenu tellement cher que j'aimerais le garder encore. Cependant un terme doit être mis à ces hésitations car je ne peux rien présenter d'autre avant que ce fondement ne soit posé. Et ainsi je pense qu'il paraîtra certainement au cours de cette année » (25 6 1816). Puis une nouvelle promesse, comme d'habitude pour la Pâques prochaine, et Schelling ajoute même qu'il espère qu'un très grand succès le récompensera du sacrifice qu'il a « fait pour la science » (1 3 1817). Pendant quatre ans il ne parlera plus à Cotta des *Âges du Monde* mais d'autres lettres de cette période témoignent qu'il continue à y travailler (cf. les notes de H, Fuhrmans, 324). En 1821, il donnera à Erlangen des cours sur la mythologie « qui peuvent être considérés comme les précurseurs immédiats des *Âges du Monde,* lesquels, enfin, paraîtront certainement (19 9 1821).

À partir des années d'Erlangen les textes se développant en une *Philosophie de la Mythologie* prendront la place des *Âges* dans la correspondance avec Cotta. Schelling se dit heureux de pouvoir se décharger

---

[5] Cf. Carmen Kahn-Wallenstein : *Schellings Frauen : Caroline und Pauline*, Berne, 1959.

[6] *Âges* 131-213./ *WA UF* 109-184.

[7] *Pl.* 2 340.

« des idées et des constructions qui depuis si longtemps se sont accumulées en moi et que je suis incapable d'exposer dans Une [seule] Œuvre. Maintenant je vais me mettre à celle-ci avec un esprit considérablement plus soulagé et plus libre... L'œuvre sur la mythologie... donne l'éclaircissement complet sur le sens de mon système d'une façon telle que personne ne pourra douter de sa signification si je déposais aujourd'hui la plume...» (12 3 1824).

Si la *Mythologie* n'est qu'un « éclaircissement », sur les *Âges du Monde,* elle en partage le destin. Schelling fait imprimer dès 1821 une grande partie de ces cours, puis décide de ne plus les envoyer à l'éditeur... Trois ans plus tard s'imprime une nouvelle version qu'il gardera, elle aussi, dans ses tiroirs[8]. Une troisième fois, en 1830, il fait imprimer des cours sur la mythologie, puis refuse de les publier. Cotta continue à attendre, croit ou fait semblant de croire aux promesses toujours renouvelées de son ami. Il meurt en 1831 : son fils semble hériter de sa patience, mais ses relations avec Schelling finiront par se gâter. Ce dernier annonce de nouveau (27 10 1835) que le premier volume de sa Mythologie est prêt et demande à l'éditeur des honoraires très élevés. Le pauvre Georg von Cotta se souvient d'une autre lettre annonçant que la Philosophie de la Mythologie contiendrait au minimum six volumes (29 3 1833), c'est dans cette lettre que *Les Âges du Monde* sont mentionnés la dernière fois par Schelling : « la philosophie positive (système des *Âges du. Monde) un,* probablement *deux* volumes ». Cotta supplie Schelling de lui indiquer au moins le nombre exact des volumes (30 10 1835). Or le philosophe continue à louvoyer — puis il y a un silence de six ans. On sait qu'il se préoccupe toujours de la publication de ses œuvres (cf. notes de H. Fuhrmans, 339s), mais il n'en dit rien dans sa lettre à Cotta.

En 1841, Schelling arrive à Berlin. II annonce d'abord que « le premier volume » sera prêt pour Pâques 1842, puis il parle de l'hiver 1843-44 mais ces dernières années sont déjà dominées par le conflit avec la philosophie hégélienne ; deux autres conflits majeurs avaient été ceux avec Fichte et avec Jacobi. Schelling était extrêmement sensible à toute critique adressée à sa pensée ou à sa personne et finissait par dire que les coups qu'il recevait dans les polémiques philosophiques étaient des « blessures du Christ »[9]. En 1806, il n'en est pas encore là, cependant la première lettre à Cotta que l'on connaisse (25 6 1806) est typique : « Fichte attaquait dans ses trois derniers livres la Philosophie de la Nature d'une façon telle que la cause et mon honneur ne me permettent pas de me taire ». Mais le beau livre qu'il écrira contre Fichte est plein de dignité : Schelling est encore au sommet de sa gloire, il se sait très

[8] Ces cours semblent être perdus. Pour un autre cours d'Erlangen voir *infra* p. 245-248.
[9] *Pl.* 3 182.

fort et il respecte toujours Fichte.

Cinq ans plus tard, nous le retrouvons amer et éprouvé. Jacobi a fini, dit-il, par révéler « sa rancune et sa folie persécutrice » à son égard et il perdrait sa bonne réputation de philosophe s'il se taisait. Déjà en 1803, il avait rédigé à moitié une critique de Jacobi qu'il n'a pas eu le temps de finir[10]; maintenant il se limite, provisoirement, à une courte explication (16 11 1811) car il ne faut pas que son travail sur les *Âges du Monde* en souffre. Il en fut tout autrement ; en quatre semaines à peine il écrit contre le vieux Jacobi un livre entier qui inaugure à ses yeux « une nouvelle époque dans le développement » de son système (10 2 1812) *et* représente une bonne préface des *Âges du Monde* (3 1 1812)[11]. De toute façon, il prépare soigneusement sa contre-attaque et prie Cotta de garder le secret car il voudrait savourer une victoire totale. Quand le livre paraît, plein de passages terribles et cruels contre Jacobi — que l'on pense simplement à « la vision de Schelling» [12] — il annonce joyeusement à Cotta : « Mon écrit... est tombé sur la ville [= Munich] comme une bombe. Il avait causé une sensation incroyable et tout le monde... le considère avec jubilation... (31 1 1812).

Quant à la polémique, on plutôt à la lutte haineuse contre Hegel, « l'ami de sa jeunesse », elle n'a jamais cessé même si elle a perdu de son acuité pendant les dernières décennies de sa vie. C'est elle qui, indirectement, provoquera, la rupture en 1845 avec Georg von Cotta. Faisant allusion à sa *Préface à Cousin*[13] où il critique de façon plus ou moins voilée Hegel, Schelling parla de « la nullité totale de ce qui est tenu peut-être pour le plus important » (9 8 1834). Neuf ans plus tard une lettre nous offre une assez importante déclaration qui ne fait d'ailleurs que répéter en partie ce qu'il disait pendant les années trente à l'occasion de la philosophie du droit de Stahl réputée inspirée par « le nouveau système » de Schelling : « II est faux que je me déclare contre le rationalisme *pur* ; il faut dire : contre le falsifié (qui veut atteindre du positif) ou l'*exclusif*. Personne n'a placé plus haut que moi le rationalisme pur dans ces derniers temps. Je n'ai pas parlé *moi,* à propos de Hegel, du « gigantesque » ni d'un vouloir-sentir de l'Absolu comme caractéristique de la philosophie positive. Personne ne s'est déclaré plus vigoureusement que moi contre le vide et la superficialité du théisme. Le terme désignant mon système est monothéisme » (12 11 1843).

On sait que Schelling a été appelé à Berlin pour combattre les hégéliens et évidemment les adversaires ne lui manquaient pas. L'*Allgemeine Zeitung,* dont

[10] Ce texte, d'ailleurs perdu, est mentionné en W VIII 52.
[11] Cf. aussi W VIII 21.
[12]W VIII 83 sq.
[13]W X 212.

Cotta était le propriétaire, avait gardé sa sympathie pour Schelling mais de temps en temps elle ouvrait aussi ses colonnes aux voix contraires. Un article particulièrement violent et caricatural paru dans ce journal a provoqué entre Schelling et Cotta un échange de lettres amères et finalement une rupture. Les rédacteurs de l'*Allgemeine Zeitung* « tranquillement assis sur un sofa confortable » attaquèrent, dit Schelling, « un homme qui est descendu librement dans la caverne du lion [des hégéliens], uniquement pour pouvoir en sauver son prochain... et qui souffre maintenant des douleurs et des privations indicibles... » (25 3 1845). Or Cotta s'est déclaré solidaire de ces gens-là !

Malgré cette susceptibilité et ce manque total d'humour, notre jugement sera peut-être plus indulgent si on se rappelle que Schelling croyait que sa pensée pouvait être le salut de ses contemporains. On sait qu'à partir de 1810-1812 il s'est considéré comme philosophe chrétien et même comme *le* philosophe du Christianisme, le jeune Engels dira avec mépris le « philosophe in Christo ». L'intensification de sa religiosité personnelle allait de pair avec la conscience de sa vocation de philosophe chrétien. Deux petites indications en apparaissent dans cette correspondance. Dès 1807 il est révolté par un écrit qui semble se moquer de « Notre Seigneur le Christ » (16 3 1807). Quatre années plus tard il déclarera lors d'une décision importante et difficile : « Mon esprit mortel en est devenu tout confus... Dans de pareils cas il est réconfortant de penser qu'il y a un Autre au-dessus de nous qui décide » (26 11 1811).

Pourtant Engels ne savait pas que Schelling avait pensé à écrire *des sermons*. Il mentionne une fois ce projet en écrivant à Cotta. Assez curieusement il croyait que les *Âges du Monde* étaient une œuvre facile à lire et finalement il dut se rendre compte que malgré tout ils ne sont accessibles qu'aux gens cultivés. Or « Je me sens pressé de déposer dans le cœur de mes contemporains la vérité que j'ai reconnue, de laisser derrière moi quelque chose pour tout mon peuple » (19 8 1814). Il va donc écrire « des sermons sur toute la doctrine chrétienne ». Cependant il ne peut pas se soumettre à l'orthodoxie ecclésiastique[14]. La doctrine chrétienne est la vérité mais le véritable développement de cette doctrine se trouve dans les *Âges du Monde*. Il écrira donc des « Sermons dans une forme habituelle, mais avec un contenu fort différent ». Il ne choisit la forme « sermon » que parce qu'« à une pareille entreprise la religion positive doit être prise comme base, oui, on ne peut pas choisir pour mettre au monde un contenu noble, une forme qui soit suffisamment courante ». Bien entendu ces sermons n'ont jamais été rédigés et Schelling n'en parlera plus.

---

[14] Cf. *Cont. O. M.* 222 / W VII, 442.

Toute cette correspondance est comme un inventaire pénible de l'impuissance à achever la construction complète de « son système définitif ». Elle renforce le cliché habituel du « Protée de la philosophie », épithète que les Histoires de la Philosophie attribuent si généreusement à Schelling. Pendant presque un demi-siècle, il devait construire des châteaux en Espagne, dévorer sans répit sa propre progéniture spirituelle, se décevant et, dira Kuno Fischer, décevant volontairement les contemporains en annonçant la parution imminente d'œuvres inexistantes. Pourtant, même si on laisse hors du compte l'immense quantité de manuscrits détruits pendant la guerre à Munich, même si on n'attend rien de vraiment neuf des Archives de Berlin, on devrait comprendre que si Schelling n'a pas réussi à construire l'intégralité de *son système,* il avait au moins *écrit son système de philosophie positive.* Il n'a jamais achevé *Les Âges du Monde*, mais il a écrit la *Philosophie de la Mythologie* et la *Philosophie de la Révélation*. Il a également déployé l'essentiel de la philosophie négative dans son *Exposé de la Philosophie Rationnelle Pure*. Pourtant, le mythe selon lequel l'œuvre de Schelling est restée un fragment; continue (exception faite surtout de H. Fuhrmans, W. Schulz et E. Benz) à régner même parmi les historiens de la philosophie moderne. Peut-être est-ce parce que l'on pense obscurément que si « les romantiques » aimèrent tellement s'exprimer en fragments, l'œuvre du « philosophe du romantisme », elle aussi, devait rester fragmentaire. Ou bien est-ce parce qu'aujourd'hui on aime considérer Schelling comme le précurseur d'un existentialisme tragique : le *Dasein* se brise nécessairement contre l'Être et ne pourra donc jamais achever son œuvre... Mais Schelling n'était ni le philosophe du romantisme ni le précurseur de l'existentialisme ou, s'il l'était, il ne l'était *qu'entre* et *après* bien d'autres choses. Il est le dernier grand philosophe de l'idéalisme ; tout son effort tend vers le système définitif et total d'une métaphysique eschatologique et, même s'il découvre l'ambivalence et l'opacité de l'Être, s'il retrouve le mal en son cœur, l'ambivalence, l'opacité et le mal seront intégrés dans le *tout,* ils le serviront et ainsi acquerront un sens.

SCHELLING À ERLANGEN

La grande édition critique des œuvres complètes de Schelling, préconisée par l'Académie Bavaroise des Sciences, est toujours dans un stade élémentaire de préparation[1]. En attendant, on nous offre le texte intégral des notes qu'un certain Fr. L. Enderlein a prises lors des cours de Schelling du semestre d'hiver de 1820-21[2]. Tous les lecteurs de Schelling connaissent le beau fragment, intitulé par son éditeur, *Conférences d'Erlangen*[3]. Ce qu'on ne savait pas jusqu'alors, c'est que les 38 pages de l'édition de 1861 peuvent très bien ne pas avoir été écrites par Schelling lui-même mais établies par son fils à partir de deux *Kollegnachschriften* (cf. XXI-XXII). Le fils de Schelling n'a publié que 10 des 38 cours professés par son père[4], et depuis l'incendie de 1944 qui a détruit le *Nachlass* de Munich, on n'avait guère l'espoir de jamais apprendre ce que Schelling disait en 1821 (et répétait en 1822). Cependant on retrouva en 1962 une troisième *Nachschrift,* celle qui vient d'être publiée. Sans doute, son auteur, Fr. L. Enderlein, ne rend pas littéralement les paroles de Schelling qu'il ne parait pas d'ailleurs avoir toujours bien comprises. Néanmoins, son texte nous permet de reconstituer avec une certaine précision, sinon la lettre de l'exposé, du moins le mouvement de la pensée.

Le philosophe est arrivé à Erlangen après la décennie la plus difficile de sa vie, celle qu'il a employée à faire et à refaire *Les Âges du Monde.* Ce qu'on connaissait jusqu'alors de la période d'Erlangen, les 38 pages des *Conférences* et quelques passages des leçons sur *l'Histoire de la Philosophie Moderne*[5] pouvaient suggérer à l'historiographie qu'il s'agissait d'une nouvelle étape dans la pensée de Schelling, qu'on se trouvait en face du commencement de la dernière philosophie. Sans doute, ce jugement doit être nuancé à la lumière des notes d'Enderlein qui témoignent d'une authentique continuité avec les structures spéculatives des *Âges du Monde* mais il nous semble tout de même un peu exagéré de penser, avec H. Fuhrmans; qu'il ne s'agit là que d'un « morceau des *Âges du Monde* » (XIV). Bien au contraire, nous dirions même qu'on relève dans

---

[1] Cette recension date de l'année 1971. Le premier volume de l'édition critique HK a paru en 1976. À ce jour moins d'un quart du contenu des volumes de W (1856-61) a été publié dans l'édition critique.

[2] Schelling, *Initiae Philosophiae Universae. Erlanger Vorlesung WS 1820/1821*, herausgegeben und kommentiert von Horst Fuhrmans, H. Bouvier, Bonn, 1969. Les chiffres arabes et romains entre parenthèses dans l'étude qui suit se réfèrent à cet ouvrage. Ailleurs dans ce volume on se réfère avec le sigle IP à ce livre.

[3] *Erl. O. Mét.* 261-304 / W IX 209-246.

[4] Cf. W IX 4.

[5] *Phil. Mod.* 107 n a, 112-114, 180-182 / W X 91-92, 96-98, 161-164.

cette *Introduction d'Erlangen* un retour vers les positions d'avant 1809 et, surtout, une nette orientation vers les grands thèmes tardifs. D'ailleurs, H. Fuhrmans lui-même voit très bien que le pathos cosmique des années 1810 est une chose du passé (230 n. 1) : douze ans après la rédaction des *Recherches sur la Liberté Humaine,* Schelling s'était mis finalement à l'élaboration d'une *philosophie de la liberté.* L'ontologisme théosophisant des *Âges du Monde* est entamé de trois côtés : par une certaine réapparition de la problématique transcendantale, par la « rechute » dans un pessimisme pseudo-platonicien, et surtout par le mûrissement de l'idée d'un Dieu transcendant.

Si les *Âges du Monde* ont quasi systématiquement ignoré la problématique transcendantale, celle-ci ne pouvait pas ne pas se manifester dans un texte où il s'agit bien plus de liberté, de conscience et d'activité philosophique que des « naissances » en Dieu. On sait, surtout grâce à W. Schulz, que la doctrine des *Potenzen* dans la dernière philosophie articule un noyau transcendantal[6], et peut-être doit-on dire la même chose de *l'Introduction d'Erlangen* où apparaît leur désignation définitive comme *Seinkönnende, Seinmüssende* et *Seinsollende (75* ss). Par rapport à la transcendance de la liberté absolue, les *Potenzen* représentent *l'immanent* qui correspond chez ce postkantien à ce qui était le domaine *transcendantal* dans la *Critique.* D'autre part ne serait-on pas amené à interpréter à travers la notion du *moi transcendantal* cette phrase énigmatique : « chacune de ces *Potenzen* est une égoïté mais qui reste cependant éternellement en possibilité » (105) ? Peut-être ne faudra-t-il pas trop forcer une interprétation transcendantale des cours d'Erlangen, c'est-à-dire l'idée d'un retour à 1800, mais il y a certainement une réminiscence de 1804 : au cours de cette année 1821 Schelling condamne l'être (c'est-à-dire l'être concret) aussi catégoriquement qu'il l'a fait dans *Philosophie et Religion.* Contrairement à la conception plus équilibrée de la dernière philosophie qui intégrera la chute dans une perspective sotériologique tout en délimitant la sphère qu'elle avait corrompue, *l'Introduction d'Erlangen* reprend le pessimisme étrange et sommaire de 1804[7]. Sans doute Schelling affirme qu'il ne s'agit là que d'une simple analogie, mais il reste que le désir de l'être est mis en parallèle avec la convoitise du péché (116-117) et l'exposé systématique commence ainsi : « Les plus anciennes doctrines nous disent que tout ce qui apparaît maintenant comme enfermé dans l'être, est d'abord tombé de la liberté primordiale dans le monde effroyable de l'être. Il est naturel qu'à cela se trouve lié l'idée d'une culpabilité imprépensable (*unvordenkliches*) par laquelle la

[6] W. Schulz, *Die Vollendung des deutschen Idealismus in der Spätphilosphie Schellings*, Stuttgart, 1955, p. 190ss.

[7] À ce propos voir A. Bausola, *Metafisica e Rivelazione nella Filosofia positiva di Schelling*, Milan, 1965, p. 160.

liberté éternelle est tombée dans cet état de l'être. Ce fut la plus ancienne question du genre humain : comment est sorti hors de soi ce qui était à l'origine liberté éternelle ? » (69).

Ce texte est éminemment caractéristique de Schelling dont il unifie vingt-cinq années de méditation. Depuis l'âge de vingt ans il n'a pas cessé d'être fasciné par le mystère du passage primordial de la Monade à la Dyade. En 1795 il interprète la question kantienne sur la possibilité des jugements synthétiques a priori comme étant celle de la « sortie » de la pensée de l'Absolu et de son passage à son opposé[8]. Vers ses trente ans il croira pouvoir résoudre cette question en attribuant *le fait* du passage au fini qui fait défection de l'infini[9] et s'il y a jamais eu une mutation dans sa philosophie, elle s'est manifestée par le retournement de cette problématique : désormais il voudra comprendre le passage à partir de l'Absolu mais d'un Absolu conçu comme liberté et personne.

Dès 1813 Schelling déclare que Dieu a été libre de poser ou de ne pas poser l'être, mais c'est seulement à Erlangen que cette souveraineté divine se trouve au centre du discours où Dieu est thématisé comme liberté éternelle. Il est tellement libre qu'il n'a même pas de rôle à jouer dans le processus théogonique c'est dans ce qui n'est pas Dieu que s'effectue la transformation faisant apparaître Dieu *comme* Dieu : Dieu, lui, reste immobile, « intouché » par tout ce devenir (150-151). Quant à la création proprement dite, aucune raison interne ne pouvait motiver la décision divine : « c'est seulement par des représentations de la *créature future* que Dieu pouvait être amené à sortir de son intériorité... » (155). C'est la transcendance divine que visent les fréquentes assertions sur l'Absolu comme séparé des *Potenzen,* comme exclu du devenir (cf. 140, 145). Similaire au Premier Moteur d'Aristote, le Dieu de Schelling meut et nécessite sans être mû ni nécessité à son tour (112). C'est un être *particulier* (151) qui est « le Seigneur du tout » (150) et avec qui toute déduction atteint son terme, car il est Dieu non pas en vertu de raisons particulières mais parce qu'il est Dieu jure positivo » (90). Qu'il s'agisse d'un tournant vers un Dieu personnel, Schelling lui-même l'observe : Dieu n'est pas « simplement *das* Ewige mais... *der* Ewige. C'est le moment digne d'attention où on passe du neutre au masculin... » (85). Cependant ce n'est que le commencement de la réflexion qui mène vers le Dieu personnel, et la confusion de la pensée se fait bien sentir au niveau de l'expression. La dernière philosophie tendra vers la construction d'un Dieu personnel par « un système de liberté » que Schelling lui-même distinguera à Munich de sa philosophie précédente, cette dernière ne constituant qu'un « système de vitalité (Lebendigkeit) »[10]. Toute l'*Introduction d'Erlangen* n'est qu'une aspiration vers

8 *Dogm. Crit. Pr. E.* 163 / HK I 3 60 (W I 294).

9 W VI 28ss.

10 Selon une *Nachschrift* de 1833/34. H. Fuhrmans, *Zu Schellings Spätphilosophie*, Blätter für

un système de liberté mais la liberté est encore « comme ensorcelée dans le filet des *Potenzen* » (103) ou plutôt captive d'un ontologisme vitaliste. Faisant écho à un texte o ù , le premier parmi les idéalistes, le jeune Schelling préconisa l'action causale de la liberté dans la nature, c'est-à-dire du noumène parmi les phénomènes[11], il déclare maintenant : « la loi suprême de toute vie est : il faut que la liberté soit » (106). Qui plus est, six jours à peine après avoir insisté sur Dieu comme éternel au masculin, il le désignera comme « éternité personnelle ou vivante » (92). Vitalité et personnalité, c'est-à-dire vitalité et liberté ne sont pas encore très bien distinguées et cette confusion caractérise fort bien l'Introduction d'Erlangen où la spéculation tendue vers un Dieu transcendant n'a pas encore réussi à se dégager des structures des *Âges du Monde.*

Comme il s'agit d'un texte qui ne reproduit pas littéralement les conférences de Schelling et dont l'auteur a été souvent incapable de suivre la pensée du philosophe, l'éditeur a dû y ajouter de nombreuses explications (175-199) et des notes (201-268). Les notes, qui présentent souvent de véritables anthologies miniatures des idées schellingiennes, situent les développements d'Erlangen dans l'œuvre totale du philosophe ; elles aident à les comprendre à la lumière des passages parallèles mais elles sont aussi souvent trop longues et trop détaillées. Sans doute, le commentateur a une connaissance incomparable de Schelling qu'il interprète magnifiquement de l'intérieur de son œuvre, mais avec cela ses efforts s'arrêtent. Il n'essaye même pas de retrouver l'origine des quelques citations dont se sert le philosophe, voire il omet même les six références par lesquelles le fils de Schelling a complété les *Conférences d'Erlangen. L'apparat* lui-même n'est pas exempt d'erreurs techniques : où est, par exemple, la note 46 de la première partie et depuis quand les *Conférences de Stuttgart* se trouvent-elles au volume X des *Œuvres* (259 n. 80. 261, n. 91) ? Finalement en réimprimant les 38 pages de l'édition de 1861, on aurait dû en reproduire la pagination. Ce sont, sans doute, de petites choses qui ne compromettent aucunement le grand intérêt de la documentation mais un *apparat* plus court et plus technique, plus proche du texte lui-même, aurait peut-être mieux servi le lecteur. Ceci dit, la publication de cette *Introduction d'Erlangen* est un événement de l'historiographie schellingienne qui progresse depuis 30 ans, surtout grâce à Horst Fuhrmans.

---

deutsche Philosophie 14 (1939/40), p. 267.
[11] HK I 3 140s (W I 248).

UN DISCIPLE FRANÇAIS DE BAADER*

« Parmi les quelques personnes qui accompagnèrent Franz von Baader à sa dernière demeure au cimetière du Sud à Münich, le 25 mai 1841 à 16 h, figurait un Français totalement inconnu, Sougey-Avisard » (9). Disciple de dernière heure du maître, Sougey-Avisard (1816-1888) n'allait jamais se soustraire à son influence et pendant un demi-siècle dans une obscurité morne il ne cessa de méditer les « splendides idées » (695) de celui que F. Thiersch appela « un Schelling délirant ». Sougey-Avisard était un de ces jeunes Français qu'attira le soleil tardif de la philosophie et de la théologie allemandes et qui demeura pour ainsi dire obnubilé à jamais par la spéculation romantique - jusque dans une période où celle-ci était reniée et récusée en France comme en Allemagne. Après avoir passé une bonne dizaine d'années en Allemagne Sougey-Avisard revient dans son Isère natale où il se voit contraint à se consacrer à des occupations d'industriel sans jamais pouvoir retourner à ses chers Munich et Erlangen. Cependant, il ne cessera jamais de s'occuper de la pensée allemande et même, dans les années difficiles de la guerre de 1870 et celles qui la suivirent, il demeura un ami et un admirateur fidèles de l'Allemagne (cf. surtout 465 sq.). Sans doute, il se tenait entre deux feux. Le philosophe de la Kabbale chrétienne, Molitor, le sermonne sur cette France qui n'a pas encore « accédé à une spiritualité plus profonde » (271) - par contre E. Quinet, irrité par la germanolâtrie de son ami, lui propose la vision de « cet abîme de Baader, éclairé par le soleil de Bordeaux, par celui de Montaigne : voilà à quoi il faut tendre » (303). Sougey-Avisard, lui, se veut médiateur entre les deux cultures, tâche à laquelle le convie le vieux Varnhagen von Ense qui l'introduit ainsi auprès de Heine : « C'est un ami et connaisseur de notre langue et de notre littérature, comme il se trouve rarement parmi les Français. Il a vraiment pénétré jusqu'aux profondeurs de la philosophie allemande et c'est précisément pour ceci qu'il n'est pas pressé d'en écrire - pourtant il en serait bien plus capable que la plupart de ceux qui jusqu'alors s'y essayèrent en France... » (375).

N'ayant jamais rien publié de son vivant ni même rédigé quelque chose en vue de la publication - avec l'exception d'un petit texte obscur, *Considérations sur les principes linguistiques en langue allemande* (527, n. 178) - on se demande quel est l'intérêt de l'« œuvre» de ce petit entrepreneur de l'Isère, enterré dans son château de Chépy, où, après avoir « échangé l'excédent de /ses/

---

* Eugène Susini, *En marge du romantisme. Portrait et correspondance d'Auguste Sougey-Avisard*. Beihefte zu Francia I. Herausgegeben vom Deutschen Historischen Institut Paris, München, Wilhelm Fink Verlag, 1975, 750 p. Les chiffres arabes entre parenthèses dans le texte qui suit correspondent à la pagination de cet ouvrage.

peines morales contre les soucis de l'Industrie » (437), il vécut trente-cinq années longues et moroses ? À notre sens l'épais volume de ses écrits, édité si soigneusement par le plus grand maître des études baadériennes, E. Susini, contribue à l'historiographie, sinon à l'histoire de la philosophie du XIXe siècle et illustre souvent magnifiquement l'imagination spéculative du romantisme tardif.

À vingt-et-un ans Sougey-Avisard écrit à Sainte-Beuve : « Vous autres prédestinés, envahissez le monde entier; nos âmes et nos yeux vous rencontrent partout comme le Dieu de *Spinoza* » (274). Hanté par la présence fulgurante des grands esprits du siècle Sougey-Avisard éprouve un désir irrésistible de se mettre en rapport, au moins épistolaire, avec eux. E. Susini a pu trouver dans ses dossiers des lettres inédites de Sainte-Beuve et d'E. Quinet, une longue correspondance avec Amiel, des missives de Saint-René Tallandier, de Gratry, de Sénancourt, une courte lettre de Gobineau. Parmi les Allemands ce sont Schubert, Schaden, Molitor, Varnhagen von Ense, H. Thiersch, c'est-à-dire des auteurs sans doute intéressants mais tout de même de seconde catégorie qui lui répondent. Et surtout rien de significatif en philosophie ne se trouve dans leurs lettres : comme si ses interlocuteurs étaient impressionnés par la fougue et la sensibilité intellectuelle de ce jeune Français, mais sans pour autant vouloir s'engager dans un véritable échange d'idées avec lui. La plus belle partie de cette correspondance n'est cependant pas à chercher parmi des textes d'écrivains et de philosophes, mais dans la longue série de lettres que Sougey-Avisard a échangées pendant vingt ans avec la veuve du philosophe E. A. Schaden, mort prématuré, dernière étoile de la spéculation romantique. Cette volumineuse correspondance a une véritable valeur littéraire, surtout en ce qui concerne les lettres de Caroline von Schaden. C'était une femme cultivée, pieuse et profonde qui - tout en relatant les douloureuses expériences de son veuvage - réussit à mettre en vue le malheureux dépérissement de la philosophie spéculative allemande dans la période positiviste où il ne reste que des gens « cachés » un peu partout en Allemagne poux lire les œuvres posthumes de Schelling (455). D'un point de vue historiographique les « extraits de cahiers personnels » sont peut-être encore plus intéressants que les lettres. Sans doute, les comptes rendus des cours de Schelling de Munich sont très superficiels et ne nous apprennent rien de neuf (677 sq.), par contre, Sougey-Avisard donne des détails sur le crépuscule de Baader, de ce Baader qui, à la veille de sa mort, relit et annote le *Mysterium Magnum* de J. Boehme, qui assure son jeune interlocuteur que quatre évêques étudient sa philosophie en Russie, et qui meurt dans une telle pauvreté qu'au moment où « on a voulu l'habiller pour l'ensevelir, on s'est aperçu qu'il n'avait ni pantalon ni habit... » (646 sq.).

Quant aux *idées* philosophiques de Sougey-Avisard, il ne les avait jamais développées, de même qu'il n'a jamais fini ses études universitaires (voir sa lamentable correspondance avec ses parents, 95-218), et pourtant ses correspondants appréciatifs de ses dons intellectuels ne cessent de l'encourager, de le pousser vers un travail continu et systématique. Saint-René Tallandier demande au jeune homme : « Que faites-vous ? Allez-vous en Allemagne ? Quand donnerez-vous quelque chose ? Quand vous déciderez-vous à produire ? Quand forcerez-vous au travail cette intelligence si bien douée, mais trop rêveuse, trop dédaigneuse de l'action...? ... dans le monde de l'esprit, il ne suffit pas de jouir, il faut agir » (532). Et trente-cinq ans plus tard Amiel écrit brutalement au châtelain vieilli : « Vos lettres, mon cher oracle, ne se composent que de soupirs et de questions. Vous qui pensez beaucoup, émettez donc quelques idées afin que l'on raisonne sur quelque chose. La meule sans le blé ne fait pas de farine » (608). Sougey-Avisard est plus que conscient de sa carence et il en parle avec un accent déchirant, souvent sublime. « Je me suis résigné - écrit-il - à adorer Dieu jusque dans le mystère douloureux de mon insuffisance » (308). Jeune étudiant à Strasbourg il parle déjà du « syllogisme désordonné de /son/ être» (621), de cette condition où « doué d'un sentiment profond, je souffre et je m'inutilise » (623). Plus avancé dans l'âge il aura une tendance à attribuer sa stérilité aux circonstances extérieures défavorables. Il parle d'« un ralentissement de la vie extérieure qui entrave jusqu'aux fonctions de l'esprit » (362), de l'obligation quotidienne d'« avoir à s'aiguillonner dès le matin pour que le soir il se trouve un sillon de plus creusé dans l'aride champ de l'existence » (391). À quarante-quatre ans il écrit à Caroline von Schaden : « Rien sur moi n'apparaît que l'effigie d'un passé arrêté dans son essor » (451). À Varnhagen il avoue : « Soit que je traduise ou que je compose, il me semble toujours être resté en deçà de mon texte ou de mes facultés mentales » (383). Mais ne déclarait-il pas auparavant se contenter « de n'être jamais que l'ombre d'un apôtre et la préface d'un écrivain » (308) ?

Pourtant cette préface contient quelques belles pages. Sans doute, la prose de Sougey-Avisard ne manque pas de phrases ridicules. Il note par exemple d'avoir « lu ce soir quelques vers... sur l'antéchrist. Son voyage aérien est décrit avec une charmante vérité » (676). Un peu plus tard il déclare - et ceci comme illustration de sa ressemblance avec Novalis ! - « J'ai longtemps trotté pour découvrir un coin où je puisse me consumer en sécurité » (685). Mais l'homme a des dons satiriques : « M. Bautain est... une idée qui s'ennuyait d'elle-même et qui s'est tonsurée pour se distraire » (645). Il a l'art de la belle formule : « On n'a la conscience que du lieu habité, le reste c'est l'espace, toujours l'espace, l'horizon indiscernable n'a pas de ceinture pour les souhaits trébuchants des créatures inquiètes » (619). Il sait offrir des définitions frappantes : « Les règles sont... le mode intérieur, de l'esprit comme figé et accusé à la surface des choses » (656). Sans doute, il n'est qu'un épigone tardif de ses maîtres, mais il traduit leurs idées en très bon français : « La philosophaille a toujours séparé le feu de la lumière. Le feu, principe élémentaire qui brûle, détruit tout ce qui le captive hors de sa région natale, et ne s'apaise, ne se réconcilie qu'au sein de la lumière » (692). Et puis il y a ces formules où son sentiment de vie - tout en conservant ses couleurs personnelles (cf. 699) -prend une dimension quasi cosmique : « Ne sommes-nous pas tous dans la vie comme tombés de la Lune ? Tâchons seulement d'en décrire des cercles de plus en plus étendus, compréhensifs... ce froncement, ces rides légères qu'en y prenant sa place l'homme cause à la surface du monde, n'expriment que son inquiétude circonscrite, l'effet sitôt disparu de sa présence et son inconcevable mais inutile désir d'exister à tout jamais » (704). Et un peu plus loin : « Usons de patience pour abattre en nous cette fièvre du temps, cessons de pressurer nos jours jusqu'à l'amertume et puisqu'il est avéré que nous existons, résignons-nous à ne le sentir que de loin en loin et n'entretenons, n'alimentons qu'un seul désir, celui d'approfondir qui nous sommes, car si le mot de notre espèce énigmatique venait à être trouvé, l'enchantement où nous tient la loi se rompant du coup, nous serions rendus à notre entière spontanéité » (705).

Nous voulons conclure sur ce qui nous semble être parmi les tout derniers échos de la philosophie et de la *Naturphilosophie* romantiques surtout en France. Il déclare à Varnhagen que lors d'une grave maladie qui l'avait conduit au bord de la tombe il entrevoyait l'immortalité dans « la continuité de notre imagination au travers de la mort » (384). En parlant de son ami défunt E. A. von Schaden, il donne un véritable résumé de la doctrine romantico-théosophique de la survie. Schaden « a intimement survécu à la perte de ses organes de relation, par et dans sa totalité spirituelle... et... quoique n'étant pas dans le cas d'actualiser ses conceptions... il se délecte pourtant de sa propre substance et récupère par la généralisation illimitée de son procédé mental ses jouissances variées d'autrefois...» (424). Ailleurs c'est dans la plus dure veine schellingienne qu'il disserte sur les couleurs qui « sont les organes de la lumière » et les « signes de l'excellence relative des choses » ou encore les caractéristiques intimes des diverses phases de la vie des plantes (658 ss). Et puis emporté par un magnifique élan lyrique Sougev-Avisard donne dans un raccourci saisissant une véritable somme de la doctrine:romantique de l'homme et de la nature : « Cette grâce d'en haut qu'on nomme communément la lumière, embellit, échauffe, soulève il est vrai chaque créature; mais quand l'heure du délaissement est là, il survient un affaissement universel pendant lequel la nature rêve de ses œuvres. Oui, durant l'austère nuit, alors que le fascinant éclat s'est perdu, que l'entrain est tombé et que les cliquetis se sont tus, le *vrai* des choses réapparaît, les êtres livrés à leurs propres forces sondent et sentent leurs bornes et leur vide intérieur et leurs bases chancelantes, et alors s'il est un homme que le souci de savoir et la profonde langueur de son âme ont tenu éveillé, l'aspect de ce monde décevant naguère et maintenant opprimé sous ses ténèbres et muet au loin, l'émeut; et bientôt s'agenouillant au souvenir de sa prêtrise innée et de ses propres défaillances en face de ce monde funèbre, il élève sa voix et dit : *peccavi* (659).

INDEX DES NOMS

S

T

V

W

Y

INDEX DES THÈMES

PROVENANCE DES TEXTES

Jacob Böhme et l'idéalisme postkantien, Les Études Philosophiques, 1999, p.167-180

Kant et les nouvelles intelligibilités, Une Pensée Singulière. Hommage à Jean-François Marquet. Textes réunis par Pascal David et Bernard Mabille, L'Ouverture Philosophique, L'Harmattan, Paris, 2003, p. 217-250

Le rôle de Fichte dans l'histoire de l'Idéalisme Allemand, Inédit

L'Image fichtéenne, paradigme d'une métaphysique de la subjectivité, Inédit

Le Témoignage de l'Esprit selon Hegel, M.Vetö, *Philosophie et Religion. Essais et études,* L'Ouverture Philosphique, L'Harmattan, Paris, 2006, p. 169-185

La Ruse de la Raison : théorie de la connaissance et philosophie de l'histoire, Hegel-Studien, 33, 1998, p. 177-190

Le cristal et le pyramide : l'art symbolique selon Hegel. L'Esthétique de Hegel, Véronique Fabbri et Jean-Louis Vieillard-Baron (éd.), L'Ouverture Philosophique, L'Harmattan, Paris, 1997, p. 145-162

Les métamorphoses de la causalité dans la logique de Hegel, Revue Philosophique de Louvain, 98, 2000, p. 519-548

Kant et Schelling, Années 1781-1801. Kant. Critique de la Raison Pure. Vingt Ans de Réception. Actes du 5ème Congrès international de la Société d'études kantiennes de langue française. Montréal, 27-29 Septembre 2001, Claude Piché (éd.). Vrin, http://www.vrin.fr, Paris, 2002, p. 29-42.

Mythologie et philosophie négative selon Schelling, Existentia III-IV, 1993-94, p. 191-197,

Kénose et Incarnation dans la Spätphilosophie schellingienne. M. Vetö, Philosophie et Religion. L'Ouverture Philosophique, L'Harmattan, Paris, 2006, p. 187-198

Philosophie de l'existence et théisme scientifique : perspectives du système schellingien. Études sur Schelling en Hommage à Xavier Tilliette. Iris, Annales de Philosophie, 24, 2003, p. 41-58

L'Idéalisme Allemand et le christianisme, Theophilyon V, 2000, Lyon, p. 245-259

APPENDICES

Thèmes kantiens dans la pensée de Simone Weil, Cahiers Simone Weil, VIII, 1985, p. 42-49
Fichte et la transformation du christianisme. Titrz original : Emilio Brito, J.G. Fichte et la transformation du christianisme. (BETL, 175) Leuven, University Press-Peeters, 2004. (16x24), xv-808 p. ISBN 90-429- 1465-3. Eu 90,00, Ephemerides Theologicae Lovaniensis, 81, 2005, p. 540-542
Schelling et Cotta. Titre original : Schelling und Cotta. Briefwechsel 1803-1849. Hrsg. Von Horst Fuhrmans und Liselotte Lohrer. Ernst Klett, Stuttgart, 1965, Archives de Philosophie, 30, 1967, p. 453-459
Schelling à Erlangen. Titre original : Schelling und Cotta. Briefwechsel 1803-1849. Hrsg. Von Horst Fuhrmans und Liselotte Lohrer. Ernst Klett, Stuttgart, 1965, Archives de Philosophie, 30, 1967, p. 453-459
Un disciple français de Baader. Titre original : Eugène Susini : En marge du romantisme. Portrait et correspondance d'Auguste Saugey-Avisard. Beihefte zu Francia I. Hrsg. Von Deutschen Historischen Institut Paris, 1975, Wilhelm Fink Verlag, München, Les Études Philosophiques, 1978, p. 502-506

TABLE DES MATIÈRES

L'HARMATTAN, ITALIA
Via Degli Artisti 15 ; 10124 Torino

L'HARMATTAN HONGRIE
Könyvesbolt ; Kossuth L. u. 14-16
1053 Budapest

L'HARMATTAN BURKINA FASO
Rue 15.167 Route du Pô Patte d'oie
12 BP 226
Ouagadougou 12
(00226) 50 37 54 36

ESPACE L'HARMATTAN KINSHASA
Faculté des Sciences Sociales,
Politiques et Administratives
BP243, KIN XI ; Université de Kinshasa

L'HARMATTAN GUINÉE
Almamya Rue KA 028
En face du restaurant le cèdre
OKB agency BP 3470 Conakry
(00224) 60 20 85 08
harmattanguinee@yahoo.fr

L'HARMATTAN CÔTE D'IVOIRE
M. Etien N'dah Ahmon
Résidence Karl / cité des arts
Abidjan-Cocody 03 BP 1588 Abidjan 03
(00225) 05 77 87 31

L'HARMATTAN MAURITANIE
Espace El Kettab du livre francophone
N° 472 avenue Palais des Congrès
BP 316 Nouakchott
(00222) 63 25 980

L'HARMATTAN CAMEROUN
BP 11486
Yaoundé
(00237) 458 67 00
(00237) 976 61 66
harmattancam@yahoo.fr

535012 - Juillet 2013
Achevé d'imprimer par

1livre.com
du rêve à la réalité !